JN113293

東北キリシタン探訪

仙台白百合女子大学カトリック研究所編

教友社

目次

第Ⅰ部　キリシタン再発見――5

潜伏キリシタンが問いかけるもの……高祖敏明　6
キリスト教の伝来と戦国日本……平川新　57
日本のキリスト教受容の諸相をふりかえって……川村信三　90
生誕百年の遠藤周作『侍』と東北キリシタン
――殉教・聖徒の交わり・人生の次元……山根道公　118

第Ⅱ部　東北に息づくキリシタンの足跡　163

地域の人々の活動に生きる隠れキリシタン——東北のキリシタン聖地……高橋　陽子　164
光へ続いている道——米沢・北山原の殉教……高橋　陽子　200
『米川新聞』からみえるキリシタンと地域社会……佐藤和賀子　249
福島のキリシタン——泰西王侯騎馬図屛風伝来に関する一考察……佐藤　芳哉　267
物語の中の慶長遣欧使節……川上　直哉　298
カトリック教会における殉教の意義——愛は死を超えて……加藤　美紀　342

あとがき　389

執筆者紹介　395

第Ⅰ部　キリシタン再発見

《紙本著色聖母子十五玄義・聖体秘跡図》京都大学総合博物館蔵

潜伏キリシタンが問いかけるもの

髙祖　敏明

1.『潜伏キリシタン図譜』とは何か

この度は第三一回コムソフィア賞に、私どもの『潜伏キリシタン図譜』を選んでいただき、誠にありがとうございます。また、本日の受賞記念講演に、上智大学二号館の国際会議場まで足を運んでくださった皆様にも御礼を申し上げます。

実は、授賞の知らせを受けたとき、すぐに「私はプロジェクト実行委員会の委員長を務めましたが、私ひとりで実現したものではありません」とお伝えしました。実際、執筆者だけでも三〇人を超えています。しかし選考委員会から、「その代表として受けてほしい」とのお言葉をいただき、そういうことであればと、謹んでお受けした次第です。

本日は幸いにも、この会場に『潜伏キリシタン図譜』の監修責任者である東京大学名誉教授五野井隆史先生、編集代表人である、かまくら春秋社社長伊藤玄二郎先生もお見えです。刊行に当たったいわば三役が揃って授賞式に臨めることとなり、願ってもない幸運と関係者皆で喜んでおります。

S1：記念講演のテーマは、「潜伏キリシタンが問いかけるもの」としました。『潜伏キリシタン図譜』（以下、『図譜』と表記）が収めた文化財をできるだけ多く見せてほしいとの声もあり、欲張って準備したところ、講演が持ち時間の六〇分を超えそうです。少し時間をオーバーしてもお赦しいただきたく、あらかじめお願いいたします。

画面左側は、鳥山玲画伯が『図譜』のために制作してくださった表紙オブジェで、中央部分には「おらしよ　あべまりあ」と書き込まれています。右上は北陸金沢教会の内陣で、復活したキリストを真ん中にして、ステンドグラスには、金沢でも活躍した高山右近の姿も見られます。

コムソフィア賞受賞記念講演　2022年11月15日　金沢教会

潜伏キリシタンが
問いかけるもの

聖心女子大学学長　髙祖敏明
『潜伏キリシタン図譜』プロジェクト
実行委員会委員長

表紙オブジェ(鳥山玲作)

S1

最初に『図譜』の概要と特徴を紹介しますと、この書は、第一に、世界遺産に登録された長崎と天草地域にとどまらず、北は北海道から南は九州まで全国に散らばって、今に伝わる潜伏キリシタン関連の遺物、幕府や各藩の取調文書、それに関連する場所の景観などを約一五〇〇点のカラー写真に収め、歴史的背景の説明を概説として示した図鑑です。

第二に、世界への発信も考慮して、概説も各種項目の説明もすべて日本語と英語の完全対訳で解説しています。その甲斐あって、ローマのグレゴリアナ大学、イギリスのブリティッシュ・ライブラリーやオックスフォード大学・ボードリアン図書館、フランスの東洋言語文化大学、アメリカのボストン・カレッジやロヨラ・メリーマウント大学（ロサンジェルス）、韓

S2

国の西江大学、台湾の輔仁大学、フィリピンのアテネオ・デ・マニラ大学などにすでに所蔵されていますし、「英語で書かれているので重宝だ」との嬉しい反応も届いています。

第三に、現時点で潜伏キリシタンとのつながりが強く推測されながらも確証が得られていない文化的遺物も、その旨説明を加えて収録しています。それは、研究素材を広く提供して、今後、新たな研究が進められるのを期待しているからです。

第四に、サイズは菊倍判で、函入りの上製。八〇〇頁を超えており、写真映りのいい極上質紙を使った関係で重さも約四キロ、産まれたばかりの赤ちゃんよりも重いものです。二〇二一年一月に五年越しで、ようやく完成に漕ぎつけました（かまくら春秋社刊）。

S2：『図譜』は一〇〇〇部の限定出版で、すべてに通し番号を付けています。二〇一九年一一月に来日されたフランシスコ教皇から刊行に期待するお言葉をいただきましたので、〇〇〇一番はローマ教皇に謹呈しました。すると一週間も経たないうちに、「この書から慰めとインスピレーションを受けることができます。日本のキリシタンを知る上で明らかに有益な貢献を果たします」との礼状が届きました。

『図譜』の内容構成は第1表の通りで、冒頭は、教皇フランシスコからいただいたお言葉。私の「発

第1表：『図譜』の内容構成（1）

教皇フランシスコ「発刊に寄せて」（2-3頁）
凡例と目次（4-17頁）
発刊の言葉（18-19頁〈髙祖敏明〉）
総論（20-69頁：潜伏キリシタン図譜・概説〈五野井隆史〉、コラム1個）
第1章　九州地区（70-355頁）　第2章　中国・四国地区（356-427頁）
第3章　近畿地区（428-569頁）　第4章　北陸・中部地区（570-625頁）
第5章　関東地区（626-695頁）　第6章　東北・北海道地区（696-795頁）
あとがきに代えて〈伊藤玄二郎〉
キリシタン年表他（796-814頁）
付属DVD　奈留島に伝わるオラショ（808頁に短い解説あり）

刊の言葉」に続いて、監修責任者五野井隆史先生ご執筆の「潜伏時代に重点を置いたキリシタン史総論」が全体的鳥瞰図を描き出しています。次いで、九州地区から、中国・四国、近畿、北陸・中部、関東、東北・北海道の六章構成をとり、巻末には、五島の奈留島に伝わるオラショを収めたDVDを付けています。なお、五野井先生は四国の概説や多くのコラムも執筆しています。

第2表：『図譜』の内容構成（2）

総論（伏キリシタン図譜・概説、前田枢機卿のコラム一個）

		概説	遺物	コラム
第1章	九州地区	五種	一〇七項目	一〇個
第2章	中国・四国地区	三種	一九項目	九個
第3章	近畿地区	四種	三五項目	七個
第4章	北陸・中部地区	三種	二三項目	一個
第5章	関東地区	一種	一〇項目	七個
第6章	東北・北海道地区	六種	二二項目	五個
	計	二三	二一六	四〇

次に、『図譜』の総論から第六章東北・北海道地区までのそれぞれの章に、概説、遺物、コラムがいくつ含まれているか、その数を示したものが第2表です。遺物やコラムは、九州地区が圧倒的に多いのですが、概説の数では、東北・北海道地区が九州地区を上回っています。全体を合計すると、概説が二三種、遺物は二一六項目、コラムは四〇個に及んでいます。

なお、概説はすべて、『図譜』が採用した以下の四つの時代区分に則って書かれています。第一期：一五四九年のフランシスコ・ザビエルの来日から一六一四年の江戸幕府の全国的禁教令までの宣教時代、第二期：この禁教令以降、島原・天草一揆を経て一六四〇年代前半に小西マンショの殉教によって日本に司祭がいなくなるまでの禁教時代前期（以下、「禁教前期」と表記）、第三期：司祭不在の二二〇年余を経て、一八六五年に長崎の大浦天主堂でカトリック司祭によって信徒が発見されるまでの禁教時代後期（以下、「禁教後期」と表記）、第四期：信徒発見から大日本帝国憲法発布までの解禁時代です。

この時代区分に基づいて「潜伏キリシタン」という概念を説明しましょう。幕末に長崎で「信徒発見」の出来事がありましたが、それ以降、①カトリック教会とつながった「復活キリシタン」グループ、②ご先祖からの在り方を堅持して「かくれた」まま、カトリックには戻らなかったグループ、③迫害下にあって、旦那寺としてお世話になった仏教寺院にそのまま残ったグループと、大きくは三つに分かれます。

このうち厳密には、②が「かくれキリシタン」と呼ばれるグループで、今回の「潜伏キリシタン」は、江戸幕府の全国的禁教令が出された一六一四年から、こうした三つのグループに分かれた時点（一八六五年頃）以前のキリシタンをすべて含む概念です。

幸いにも多くのマスコミから注目され、好意的な紹介記事を掲載していただきました。二〇二一年二月には『毎日新聞』夕刊の文化欄が、「『潜伏キリシタン図譜』刊行　美しい「信教の自由」」と題して紹介し、同年五月には『日本経済新聞』朝刊文化欄が、「潜伏キリシタン　多彩な姿　失われゆく全国の遺物・習俗を調査、ありのままの生き方を検証」と題する記事を掲載しました。『産経新聞』（八月）

や『中国新聞』（一〇月）がこれに続き、同年九月～一二月には私が月刊誌『かまくら春秋』に、四回連載で「潜伏キリシタンの『秘宝』を巡る旅」という記事を書かせていただきました。二二年三月には、『朝日新聞』朝刊「ひと」の欄が、「潜伏キリシタン図譜」を完成させた人物として私を取り上げ、インタビュー記事を掲載しました。

2.『潜伏キリシタン図譜』に取り組むきっかけ

構想から五年もかけ、この大部なものを編集出版しようと思った、そもそもの狙いとかきっかけは何ですか、とよく聞かれます。それは、一言でいえば危機感の共有です。

『図譜』の編集代表人、伊藤玄二郎先生は十数年前、長崎県平戸のかくれキリシタンを先祖に持つお宅で、オラショを唱えるときの作法を見る機会に恵まれ、実際に聞いた祈りが心に残ったものですので、時を経て再訪したのですが、その折には、「もうやめました。遺物も処分しました」と言われて、愕然とした経験を語っておられます。

S3の画面左側は、生月の壱部集落に伝わる「御前様の常設祭壇」、右側は個人所蔵の「受胎告知」で、父なる神が中央上部にましまし、肩に羽を持つ天使が、左にいるマリアに「神に選ばれてイエスを宿すことになる」とのメッセージを伝えている場面です。この掛け軸の絵にも、ヨーロッパから伝わった原画があったはずですが、本当に日本化した衣装とお姿です。随分日本の様式に順応したというか、変化した人物像で、実に興味深いものです。

S4：私自身の場合は、「長崎と天草地方の潜伏キリシタン関連遺産」の世界文化遺産登録運動との関わりが出発点です。皆さんも二〇一八年六月に、この潜伏キリシタン関連遺産がユネスコの世界文化遺産に登録されたことを記憶しておられると思います。

S5：長崎県は、この運動を盛り上げる説明パンフレットを作成し、一二の構成資産の写真を掲げてその所在地を示し、その魅力を伝えるよう努めました。画面は一二の構成資産の所在地を地図上に示したもので、島原半島の原城址から、平戸の聖地と集落（春日集落と安満岳、中江ノ島）、天草の﨑津集落、

生月・壱部集落、御前様の常設祭壇（平戸市生月町博物館・島の館提供）

生月に伝わる受胎告知（個人蔵）

S3

S4

長崎・外海・五島・平戸・島原・天草

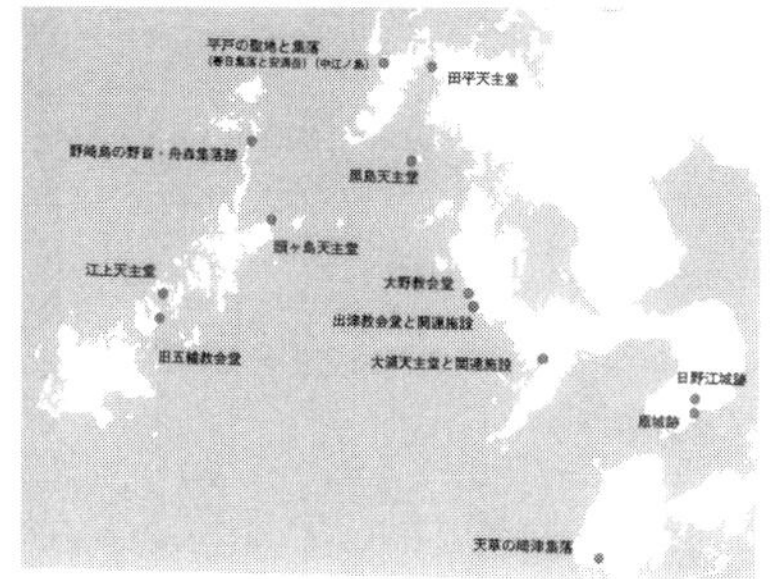

S5

外海の出津集落と大野集落、佐世保沖に浮かぶ黒島の集落、五島の野崎島や頭ケ島の集落、久賀島と奈留島の集落、それから信徒発見の舞台となった大浦天主堂で構成されています。

「長崎と天草地方の潜伏キリシタン関連遺産」の登録運動は、もとは「長崎の教会群とキリスト教関連遺産」で申請していました、ところが、ユネスコの世界遺産登録に関わる諮問機関イコモスが、二〇一六年一月、これらの教会が建立される前の「禁教期に焦点を」当てるようにと、構想の練り直しを勧告しました。そこで同年五月、この勧告に沿った歴史研究を行って民間の立場からも登録運動を盛り上げようと、有志で「禁教期のキリシタン研究会」を立ち上げ、その会長に私が推挙されました。

以来、専門家や各地の郷土史家との交流を深める一方、先祖が潜伏キリシタンだった世話人の案内で、五島、天草、外海、有馬などのキリシタン遺跡や痕跡が残る場所を実際に歩いたり、その子孫から聞き取りしたり、伝承されてきた儀式に参加させていただいたりして、その実態と実像をできるだけ捉えるよう努めました。

しかるに、そこで目にしたのは、各地で代々受け継がれて来たはずの「潜伏キリシタン」の信仰活動が失われつつあり、その伝承者も激減している現実でした。祈りや信心具などの有形無形の文化財が散逸し、隠れた祈りの場所やお墓などの文化的遺産も風化が進み、このままでは消滅してしまうとの、危機感を抱いたのです。

しかし同時に、今すぐ、これらを学術的にも耐え得る形で調査し、その記録をまとめて世に残すなら、後代の人々が改めて研究する素材となり得るだろうと考え、研究会として挑戦することにしました。

そうした折、伊藤玄二郎先生が『図譜』刊行の企画を持ってこられ、共通する危機感のもと、長崎と天草に限らず、日本全国に視野を広げた『図譜』プロジェクト実行委員会が二〇一六年一二月に誕生し、監修責任者はキリシタン史の碩学、五野井隆史先生に、書名は「潜伏キリシタン図譜」、実行委員長は高祖とすることなどを定めて、活動を始めたのでした。

3．宣教時代から禁教時代前期にかけてのキリシタン文化遺産から

（1）京都の南蛮寺とその周辺

キリスト教伝来：ザビエル一行の来日

大阪府茨木市千提寺の東家から発見されたザビエルの図像

S6

S6：ご存知のように、日本へのキリスト教伝来は一五四九年八月一五日、薩摩出身のヤジローに導かれたザビエル一行が鹿児島に上陸したことから始まりました。この日は聖母マリアが天に上げられた「聖母被昇天の祝日」であり、ザビエルは未知の国での宣教に聖母マリアのご保護を祈っていましたので、この日を特に選んで上陸したとも考えられます。

「第3表：キリスト教伝来からの発展」（次頁）に見る通り、ザビエルは一五五一年二月頃に堺を経て都に上り、天皇や将軍から宣教の認可を得ようとしましたが、都は応仁の乱による荒廃が続いており、わずか一〇日ほどで辞去しました。その後は、当時、西の京と言われて繁栄していた大内義隆の山口と、大友義鎮（後の宗麟）が治めていた豊後の府内（大分）で宣教し、一一月には、新たな宣教師を派遣する計画を胸に

日本を去り、インドのゴアに帰って行きました。

第3表：キリスト教伝来からの発展

一五四九年八月一五日：聖母被昇天の祝日
　ザビエル一行、鹿児島上陸
一五五一年二月頃
　ザビエル都に入る。一〇日ほどで辞去し、山口と府内（大分）で宣教
一五五一年一一月一五日
　インドのゴアに向け、豊後から離日。以来、後続宣教師の働きもあり、民衆、
　武士、大名の間に広がる
一五七五年　都の南蛮寺着工、竣工七八年春
一五七六年八月一五日：御上天のサンタマリアへの奉献式を挙行
一五八二年二月　天正遣欧少年使節が長崎から出航
一五八七年七月　秀吉「伴天連追放令」を発す
一五九七年二月五日　日本二六聖人が長崎にて殉教
一六〇〇年頃　全人口約三千万人のうち、およそ三〇万人がキリシタンとなる

以来キリスト教は、民衆から武士、大名に至るまで多くの人々の心をとらえ、一時は織田信長、豊臣秀吉にも関心を持たれました。秀吉が伴天連追放令（一五八七年）を発し、一五九七年に二六人を長崎で磔にしたものの、関ヶ原の戦いの一六〇〇年頃には、全人口約三千万のうちキリシタンは少なく見ても三〇万人を数えたと言われます。

S7：当時の教会の様子は、狩野内膳が描いた「南蛮屏風」（神戸市立博物館蔵）に覗えます。その右上隅には、画面の通り和風の教会堂が描かれており、祭服を着た司祭がミサを捧げている場面のようです。

「南蛮屏風」（部分）狩野内膳筆（神戸市立博物館蔵）

S7

「都の南蛮寺図」（扇面）狩野宗秀筆
（神戸市立博物館蔵）

イエズス会紋章入り
桔梗蒔絵螺鈿書見台
（南蛮文化館所蔵）

S8

S8：扇に描かれた教会堂もあり、狩野宗秀作の「都の南蛮寺図」（神戸市立博物館蔵）がそれで、都の最初の教会の姿を伝えています。伴天連ウルガンことオルガンティーノやルイス・フロイスらが高山右近父子の協力を得て一五七五年に着工、一五七八年春に竣工しました。しかし完成前の一五七六年、ザビエル来日記念日に当たる八月一五日に「御上天のサンタマリア」への奉献式を挙行しています。三階建ての和

『平安城東西南北町并之圖』「たいうすづし」とその周辺（京都大学附属図書館所蔵）

S10

銅鐘（妙心寺・春光院所蔵）

S9

風建築で、一階が聖堂。ザビエルの「都で宣教を」という願いが叶った教会でした。しかし、この南蛮寺は、残念にも伴天連追放令に伴い破却されました。スライド8の画面の右隅は、もう少し時代が下った時代のものですが、イエズス会紋章入り桔梗蒔絵螺鈿書見台（南蛮文化館蔵）で、日本の匠を強く感じさせる作品です。

S9：都の南蛮寺は、当時の地図に地名が刻まれるほどで、かなり知られていたはずですが、完全に破壊されましたので、その遺品はおろか、正確な場所すらも歴史に埋もれています。そうした中で、京都妙心寺・春光院に銅でできた釣鐘が所蔵されています。この鐘は国宝で、画面の右側上段には一五七七という数字、下段にはイエズス会の紋章が刻まれています。一五七七という数字は年号を表すと考えられ、そうであれば、扇に描かれていた最初の都の南蛮寺のものであったと見なせます。

S10：次に都に教会が開かれたのは、秀吉が亡くなった後の一六〇〇年です。当時の都の地図の上京に「たいうすづし」（だいうす辻子（小路））との地名が見られることから、このあたりにイエズス会上京教会があったものと考えられます。
その他、これに少し遅れてフランシスコ会の教会が、また下京五条にはイエズス会の南蛮寺が再建され、「都のアカデミア」も付設されていました。ここには天体の動きを説明する天文機器が展示され、天文や数学の知識に優れていたカルロ・スピノラが新しい知識を伝えたことで評判を呼び、徳川秀忠や後陽成天皇までもが訪れたそうです。のちに背教者として名を残すハビアンが、朱子学者林羅山と教義や地球球体説をめぐって論争を展開したのも、このアカデミアでした。しかし、これらは幕府による一六一二年と一六一四年の禁教令によってすべて破壊されてしまいました。

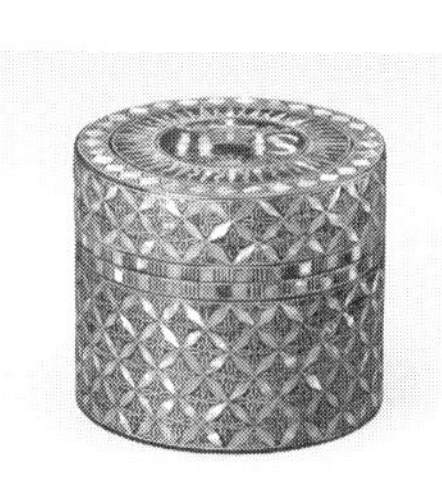
イエズス会紋章入七宝繋蒔絵螺鈿聖餅箱（南蛮文化館所蔵）

萩蒔絵螺鈿聖餅箱（徳川ミュージアム所蔵）

葡萄蒔絵螺鈿聖餅箱（鎌倉の東慶寺所蔵）

S11

S11はミサで用いられるパン（聖餅）を入れる容器で、いずれも蒔絵螺鈿の傑作です。大阪の南蛮文化館、水戸の徳川ミュージアム、鎌倉の東慶寺がそれぞれ所蔵しております。

S12：ザビエル以降、聖母マリアへの祈りもパーテル・ノステル（主の祈り）やケレド（信仰箇条をまとめたクレド）とともに基本的な祈りとされて広く伝えられ、潜伏キリシタンもこれを伝承しています。

アレッサンドロ・ヴァリニャーノと天正遣欧使節が一五九〇年の帰国に際してグーテンベルク方式の活字印刷機を持ち帰り

キリシタンの祈り　基本的なオラショ

右：ぱあてるのすてる
Pater noster
主の祈り

中：あべまりあ
Ave Maria
天使祝詞

左：けれど
Credo
使徒信条（信仰告白）

S12　オラショ断簡
（上智大学キリシタン文庫蔵）

ましたが、スライド画面の「おらしょ断簡」は、さっそくこの印刷機を使って主要な祈りを一枚刷りにしたものです（尾原悟編『きりしたんのおらしょ』（キリシタン研究第42輯、教文館、二〇〇五年）の見開きより）。

右から「ぱあてるのすてるPater noster」＝主の祈り、「あべまりあAve Maria」＝天使祝詞、「けれどCredo」＝使徒信条の三つの祈りで、原語のラテン語の音訳を一部残しつつも、達筆な漢字交じりの平仮名の活字を鋳造して印刷されています。なかなか美しい活字で、一五九〇年代にはもう、アルファベットの活字に加えて、こうした平仮名や漢字の活字が作製され、印刷に使われていることは驚きです。

(2) ローマや南欧諸国とつながっていた日本のキリシタン

日本への鉄砲の伝来（一五四三年）もキリスト教伝来（一五四九年）も大航海時代が背景にありました。ヨーロッパ世界からアフリカ南端喜望峰を回って東に向かうインド航路の発見、コロンブスやアメリゴ・ヴェスプッチらの西回り航路によるアメリカの発見、マゼランたちの世界一周航海の成功、これらが五大陸を結ぶ新時代を拓いたのはご存知の通りです。

航海による人の往来と交易の促進、船が運ぶ手紙や報告書の往来によって世界はつながり、ようやく世界史が誕生した、今でいうグローバル化時代が始まったと言われます。

この時代の日本は、インドや東南アジアの文物を含む南蛮文化を受容するのみでなく、銀によって世界的な交易網を担い、アジア諸国への渡航、日本文化の発信もなされています。

S13：例えば、ザビエルらの宣教師が日本やインドからヨーロッパに書き送った書簡類は、ヨーロッパで日本への関心と宣教熱を掻き立てました。画面左は河野純徳神父が日本語に訳した『聖フランシスコ・ザビエル全書簡』の裏表紙で、ザビエルの自筆署名が紹介されています。

この時代に展開した一五四九年から一六五〇年頃までの日本キリシタン史を「キリシタンの世紀」と名付けたのは、イギリスの歴史家チャールズ・ボクサー（Charles R. Boxer, *The Christian Century in Japan*, London, 1951）です。同じ画面の右側は、二〇二一年六月に刊行されたその日本語訳本『キリシタン世紀の日本』（高瀬弘一郎訳、八木書店刊）の表紙です。

『図譜』が採用した時代区分の「宣教時代（一五四九－一六一四年）」と「禁教時代前期（一六一五－一六四三年頃）」は、まさに「キ

キリシタンの世紀

『聖フランシスコ・ザビエル全書簡集』
河野純徳訳（平凡社、1985年11月）

ザビエルの自筆署名

C・R・ボクサー原著
高瀬弘一郎訳
（八木書店、2021年6月）

S13

リシタンの世紀」で、ローマやヨーロッパのカトリック諸国とのつながりをさまざまなキリシタン遺物が示しています。ここでは、禁教前期にも踏み込みますが、その代表的なものを異なる分野からいくつか紹介しましょう。

S14：日本への関心が高まっていた下地のもと、伊東マンショ、千々石ミゲル、原マルティノ、中浦ジュリアンの四人の天正遣欧使節は、一五八〇年代のヨーロッパに日本ブームを引き起こしました。画面左側のレッジョ版『天正遣欧使節記』（一五八五年）は、こうした日本ブームの端緒となった一冊で、

天正遣欧使節

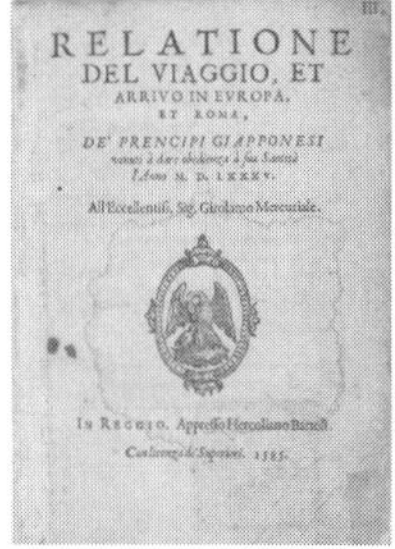
RELATIONE
DEL VIAGGIO, ET
ARRIVO IN EVROPA,
ET ROMA,
DE' PRENCIPI GIAPPONESI

『天正遣欧使節記』レッジョ版　1585年
（東京国立博物館所蔵）TNM Image Archives

天正遣欧少年使節顕彰之像
（長崎県大村市）©長崎観光連盟

S14

教皇シクストゥス５世の間の天井画

教皇シクストゥス５世の即位を祝ってのラテラノ教会への行列

白衣で馬に乗っているのが日本人使節

S15

使節のポルトガル、スペイン、イタリアでの事績、特にローマ教皇グレゴリウス一三世の謁見の模様などを逸早く紹介しています。

彼らが教皇グレゴリウス一三世の謁見を得たのは一五八五年三月。実にこの一五八五年だけで使節に関する書物やパンフレットが五〇種も刊行されています。それもイタリアはもとより、使節が訪問しなかったフランス、ベルギー、ドイツ、チェコにまで及んでいます。

S15：当時の日本ブームの痕跡はローマ教皇庁にも残されています。教皇グレゴリウス一三世は、日本からの使節を迎えて間もなく崩御され、使節がローマ滞在中に新しい教皇、シクストゥス五世が選ばれました。新教皇は慣例に従ってラテラノ大聖堂への巡礼を行いましたが、その大行列の様子が教皇庁内シクストゥス五世の間の天井に描かれています。下から二列目の右から三列目の右にかけて、白衣を着て馬にまたがり、行列に加わっている日本からの使節の姿も見ることができます。

こうした天正遺欧使節の体験を、当時のヨーロッパ世界の動向や日本国内の情勢の変化と絡ませながら描き出した名著に、若桑みどり著『クアトロ・ラガッツィ　天正少年使節と世界帝国』があります。ぜひご一読をお勧めします。また現在、「信仰とロマンに生きた少年たち『天正遺欧少年使節』出版プロジェクト」が進行中で、再び私が実行委員長となって、二〇二四年五月に『天正遺欧少年使節記録図譜』を刊行する予定です。どうぞ、こちらもご期待のほどお願いいたします。

第4表（次頁）は禁教前期の主要な出来事を並べた年表です。一六一四年の全国的な禁教令以降、弾圧

第4表：禁教時代前期主要年表（一六一四―四三頃）

一六一二年九月　幕府、天領・旗本に禁教令発布。この頃キリシタン六〇万人を数える
一六一三年一〇月　慶長（支倉）使節、月ノ浦を出航
一六一四年二月　幕府、全国に向けて禁教令発布
　京都のキリスト教会などを破却、焼き払う
一六一五年一一月　支倉一行、教皇パウルス五世に謁見
　潜伏イエズス会員：司祭二二名・修道士七名
一六一八年　アンジェリス、蝦夷に渡る
一六一九年一〇月　京都で五二名が殉教
一六二〇年八月　パウルス五世のジュビレヨ（大贖宥）と日本信徒慰問状が日本に届く
一六二〇〜二一年　各地の信徒代表、奉答書を教皇パウルス五世宛に書き送る
一六二二年三月　イグナチオ、ザビエルが列聖される
一六二二年九月一〇日　長崎にて元和大殉教
一六二三年一二月四日　江戸（札ノ辻）の大殉教
一六三七年一二月〜三八年四月　島原・天草一揆。平定後、宗門改め強化、寺請・宗門人
　別帳作成
一六四三ないし四四年　小西マンショが殉教し、日本に活動する神父がいなくなる

は執拗な詮索と検挙、迫害へと先鋭化し、キリシタンは殉教、棄教して転宗、あるいは潜伏、のいずれかの選択を迫られることになり、ここに「潜伏キリシタン」が誕生します。島原・天草一揆を経て迫害は一層強まり、一六四〇年代前半の小西マンショ神父の殉教により、日本には神父が一人もいなくなってしまいます。そこに至る禁教時代前期の、ローマや南欧諸国とつながっていたキリシタンの事例を紹介します。

S16：最初は、一六二一年に作成されたイタリア人宣教師デ・アンジェリスの「蝦夷地図」で、ローマ・イエズス会文書館の所蔵です。アンジェリスは一六一八年、宣教師として初めて北海道、当時の蝦

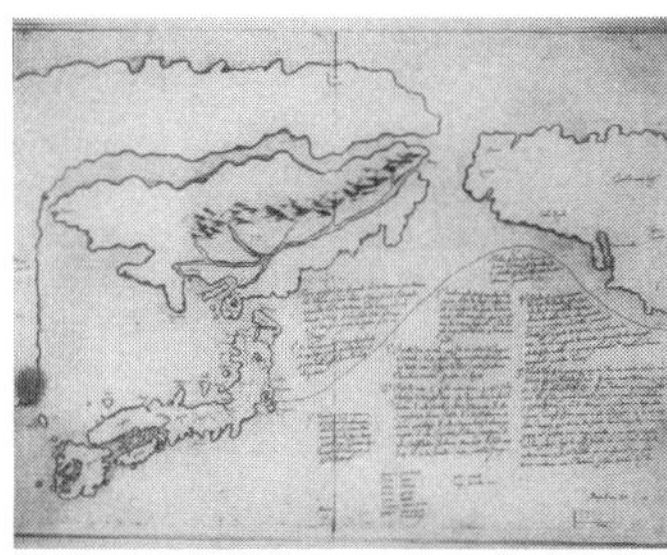

アンジェリスの蝦夷地図（1621年）
©Archivum Romanum Societatis Iesu, Jap. Sin. 34, f. 50.

アンジェリス殉教（1623年）の図
A.F.カルディン『日本の精華』所収

S16

慶長（支倉）使節

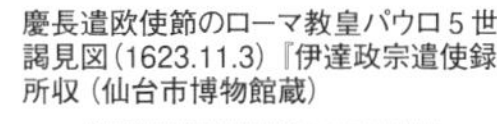

慶長遣欧使節のローマ教皇パウロ５世謁見図（1623.11.3）『伊達政宗遣使録』所収（仙台市博物館蔵）

ローマ　クイリナーレ宮殿の慶長使節群像
Segretariato Generale della Presidenza della Repubblica

S17

ローマ教皇パウルス５世宛奉答書（1621-22年）

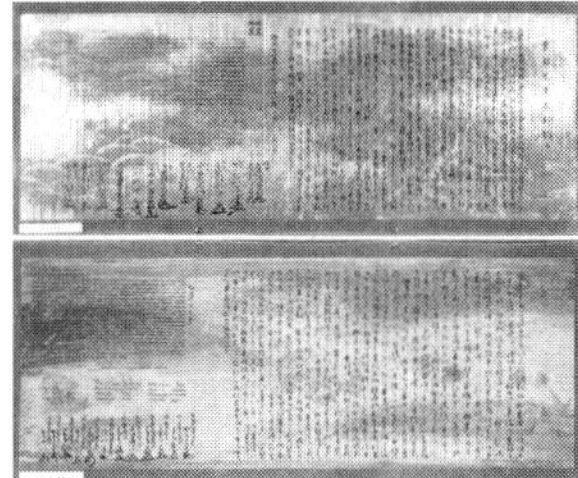

都・伏見・堺・大坂キリシタン12名連署（バルベリーニ文庫蔵）

有馬キリシタン代表者の奉答書
他にも、中・四国、長崎、奥羽地方の代表者の奉答書、計5通がローマ・バルベリーニ文庫に残されている

S18

夷に渡り、一六二一年に再訪して、蝦夷の気候風土、産物、アイヌの人々の暮らしぶりなどを地図に書き込んで、ローマに報告しました。

その時に付けられたのが、この蝦夷地図です。極東の未知の国、日本の、未知なる地、蝦夷をヨーロッパに紹介した最初の報告書です。北海道がユーラシア大陸の半島ではなく、独立した島であることを明らかにした地図として有名です。北海道を強調するためか、北海道が随分大きく描かれています。アンジェルスは、一六二三年、江戸の大殉教で火あぶりの刑に処されました。

S17：次は、仙台藩主伊達政宗が支倉常長を団長として、スペイン国王とローマ教皇とに使節を送った、いわゆる慶長遣欧使節です。一六一三年に宮城県石巻の月の浦を出港して太平洋、大西洋と航海して渡り、同じルートをたどって一六二〇年に月の浦に帰ってきました。しかし、ノヴァ・エスパニャつまりメキシコとの貿易を目論んだ伊達政宗の企てはうまくいかず、仙台藩でも禁教令が敷かれていたため、支倉は悲劇の主人公となってしまいました。

ローマでは、時の教皇パウルス五世の謁見を得ました。画面右側です。

一行がローマ滞在中にクイリナーレ宮殿が完成し、使節が帰国後、画面左側のフレスコ画「慶長支倉使節群像」が描かれたと伝えられています。滑稽味もありますが、皆とてもいい顔をしています。左側の白っぽい服を着ているのが支倉で、その右横の茶色い修道服を着ている人は、使節を導いたフランシスコ会のソテロ神父です。

S18：三つ目は、ローマ・バルベリーニ文庫所蔵の日本各地から届いた「ローマ教皇パウルス五世宛奉答書」です。画面上は「都・伏見・堺・大坂のキリシタン一二名連署奉答書」、下は「有馬キリシタン代表者の奉答書」です。他に、中国・四国、長崎、奥羽地方の代表者からのもの計五通があり、『図譜』はいずれも収録しています。これらは、迫害下にある日本の教会を励ますため、教皇パウルス五世が信徒に宛てて書き送ったジュビレヨ（大赦宥）と慰問状が一六二〇年八月に届き、これへの御礼をしたためて二〇年から二一年にかけて教皇宛に送られた奉答書です。金をあしらった鳥の子紙に日本語とラテン語とで書かれ、署名には花押が書き込まれています。

S19：二〇二二年はロヨラのイグナチオとザビエルの列聖から四百周年です。この二人は教皇パウルス五世によって一六二二年三月一七日に聖人に列せられました。画面左の「マリア十五玄義図」は大阪茨木市の下音羽地区の原田家が旧蔵していたもので、下半分には、ご聖体を仰いでいるイグナチオとザビエルが描かれています。Sanctus と聖人の尊称が付けられていることから、一六二二年以降の作品と考えられています。

面白いのは右側のメダイで、ご聖体を仰ぐイグナチオのポーズも、胸を両手で開くザビエルのポーズも、玄義図のそれによく似ています。ただし右下のザビエルのメダイはよく見ると、尊称は Beatus です。これはザビエルが列聖の前段階として一六一九年一〇月二一日に列福された、その記念メダイなのです。こうした列福と列聖を峻別したメダイが茨木市の山中、千提寺の東家で保持されていたことは、当時のキリシタンの広がりを物語っています。

イグナチオ・ロヨラとザビエルの列聖（1622年3月）

「マリア十五玄義図」1622年以降
原田家旧蔵（京都大学総合博物館蔵）

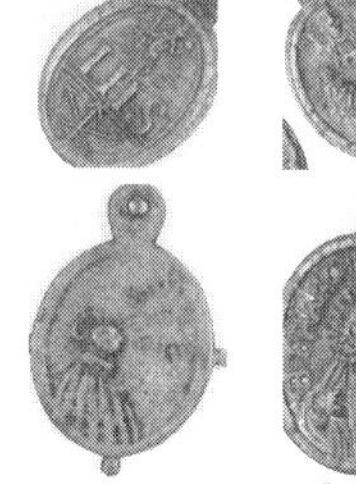

メダイ：聖イグナチオ
日本26聖人記念館蔵
（天草・崎津採集）

S19

白蝶貝のメダイ（左：イグナチオ、右：ザビエル）

A面　Side A

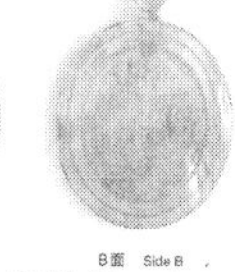

B面　Side B

資料4
白蝶貝メダイ
日本二十六聖人記念館所蔵
（崎津採集）
縦6.1×横4.5cm

Article 4. South Seas pearl devotional medal
Twenty-Six Martyrs Museum, found in Sakitsu
L6.1xW4.5cm

A面　Side A

B面　Side B

資料1
白蝶貝メダイ
崎津教会史料館所蔵
縦5.4×横5.1cm

Article 1. South Seas pearl devotional medal
Sakitsu Catholic Church Museum
L5.4xW5.1cm

日本26聖人記念館蔵
（崎津採集）

天草・崎津教会資料館蔵

S20

元和８年（1622）長崎大殉教図

東京文化財研究所提供

S21

S20：日本独特のものに、白蝶貝で作られたメダイがあります。左がイグナチオ、右がザビエルで、それぞれA面とB面を示しました。いずれも天草の﨑津か、その周辺で作成されたもので、これらも『図譜』に収録されています。

S21：二〇二二年はまた、一六二二年九月一〇日の長崎元和大殉教から四百周年です。画面はその様子を描いたものです。日本のカトリック教会は、九月一〇日を日本二〇五福者殉教者の記念日と定めています。翌二三年には高輪札ノ辻で江戸の大殉教が起き、二八年からは絵踏みが始まるなど、禁教前期の時代でも苦難の度合いが強まっていくことになります。島原・天草一揆以降はさらに厳しく、一六三七年に五人組の規定を明確化、三八年には宗門改を強化、翌三九年には宗門改役を置き、寺請と宗門人別帳を制度化しています。

4．禁教時代後期におけるキリシタン弾圧強化を物語る例

（1）取り締まった側の文書から

こうした弾圧強化の動きを、『図譜』が収録した取り締まった側の資料から見てみましょう。『図譜』の目次に掲げられた遺物の項目数は、全部で二一六、うち二二項目、一〇・二％が取り締まった側が作成した文書類で、宗門改や類族改が中心です。九州地区の七種、東北地区の八種が群を抜いていますが、兵庫（播磨）の三種、金沢の二種がこれに続きます。

これらについては、今後詳細な史料研究、比較研究が俟たれます。ここでは、史料の表題を追うに止めますが、それだけでも多面性と、ある種の傾向を読み取ることができます。

S22：例えば、岩手県から青森県に広がっていた南部藩の「領内きりしたん宗旨改人数覚」は、寛永一三年（一六三六年）の大捜索の成果とされますが、その表題を見ると、ひら仮名で「きりしたん」と書かれています。ただしその中には、「盛岡きりしたん之覚」「郡山貴理志端改申事」「遠野分貴理志談之覚」「籠ニ而煩果候キリシタン之覚」などの表記が見られます。

こうした文書を『図譜』の中から年代順に見ていきますと、上述のように、島原・天草一揆（一六三七―三八年）の終結後にキリシタン弾圧が一層強化されますが、それでも例えば、姫路藩の一六四九年の「隠れ吉利支丹御請状」では「吉利支丹」という表記が使われています。

しかし、それから一五年を経た一六七四年ころになると、かつてフランシスコ大友宗麟が治めていた豊後の国の一角、日田藩の文書には「切死丹宗門親類書」と、「切る、死ぬ」という忌み嫌われる言葉が当てられています。

さらに、一七〇〇年代になると、武蔵国渡瀬村の「古切支丹類族帳」（一七三五年）に見られるように、現代でもなじみの漢字表記が定着するようです。

このように、取り締まった側がキリシタンを、どういう文字を使って表記しているかを調べてみると、ひら仮名、カタ仮名、漢字の表記があり、漢字表記も多様です。時代が下がるにつれて、尊い教え、幸せや利得を意味していた「吉」や「利」などの漢字から、「切る」「死ぬ」という不幸をイメージする漢字が当てられるようになっていく傾向が読み取れますが、このあたりもさらに実証的な研究が俟たれるところです。

取調文書の中で、私がエッと思ったのは、一六六一―七二年の尾濃崩れ、美濃尾張にいたキリシタンが発覚し、検挙逮捕、処刑と続いた迫害の顛末を記した「犬山旧事記」（尾張藩）です。この中に、「一六六一年、伴天連一人と美濃境で五九人が捕縛」と書かれていたのです。

定説では、一六四三年か四四年の小西マンショの殉教により、日本で活動している神父は皆無となった。それなのに、「犬山旧事記」の記す「伴天連一人」が神父を指すのであれば大発見ですし、キリシタン史も書き換えなければなりません。

そこで記事の著者に確認を取ると、取り締まる側のキリシタン認識にはあやふやなところがあり、「犬山旧事記」の「伴天連」はキリシタンのリーダーの意味で、神父の意味ではないとのことでした。誤解を生まないように、図譜にもその旨、注記を加えました。

S23：東北の津軽藩には、一六二四年から四三年にかけての取調書「伴天連市左衛門白状」が残されていますが、市左衛門という名の神父は当時の資料に一度も出て来ません。これも「キリシタンのリー

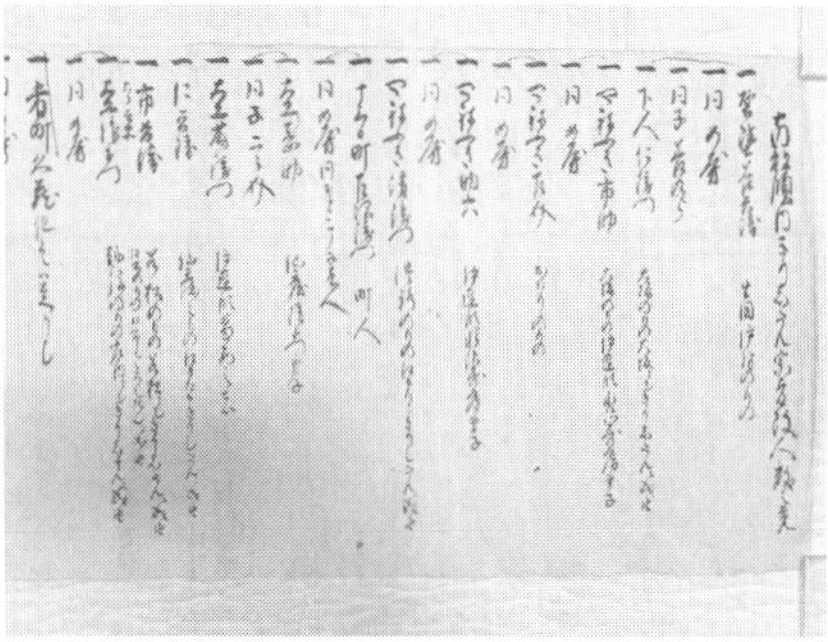

南部領内きりしたん宗旨改人数之覚（1636年の大捜索の成果）
もりおか歴史文化館所蔵

S22

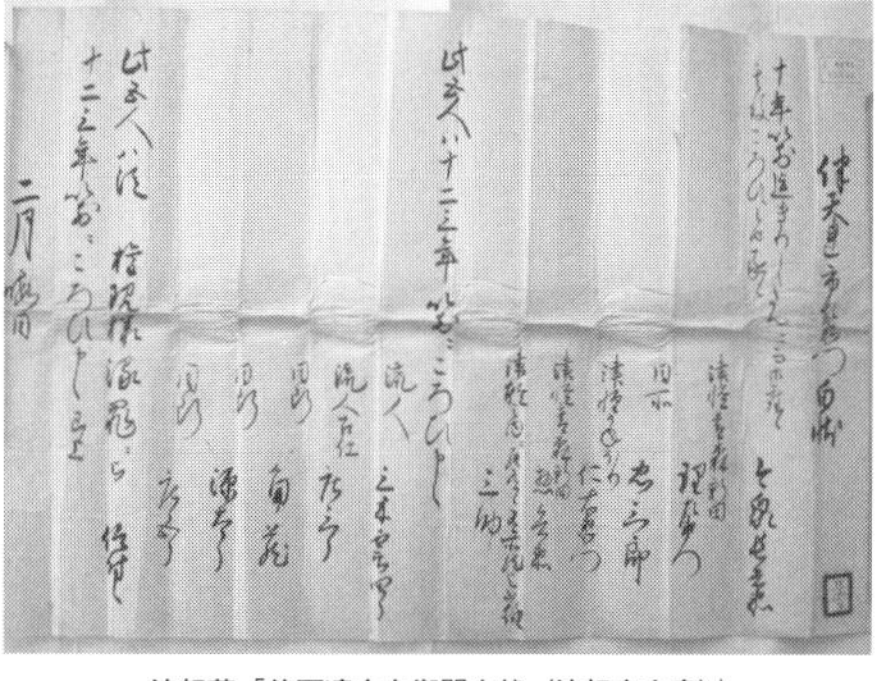

津軽藩「伴天連市左衛門白状（津軽家文書）」
（1624～43年間の調書）弘前市立弘前図書館蔵

S23

ダー」という意味で使われているものと考えられますが、外国人宣教師に日本名を付けて、役人の目から守っていた事実も伝えられておりますので、そうした面からの研究も俟たれます。

一方、島原・天草一揆の頃まで、キリシタンのことを「伴天連宗門」と呼んだ例も見受けられ、長崎県平戸の一部の村や佐賀県唐津市の馬渡島（まだらしま）の村では、自らをバテレン宗と呼んでいたそうです。あながち、取り調べる側の理解不足とは言えない面もあり、ここでも、さらなる研究が期待されています。

（2）十字架上のキリスト像の代表的な例

以前、『図譜』が収めたマリア観音像を紹介したところ、「潜伏キリシタンは神やイエス・キリストに祈るのでなく、聖母マリアに祈っていたのでしょうか。キリストのご像はないのですか」と尋ねた人がいました。そこで、今日まで伝えられ、『図譜』が収めたキリスト像の代表的なものを紹介しましょう。

キリシタンは父なる神、また神の子である主イエス・キリストに祈りを捧げていました。マリアにも祈りますが、それは、神への取次ぎを願っての祈りです。マリアを神として礼拝するのではなく、母マリアが私たちの祈りや願いを、父である神、とりわけ御子イエス・キリストに仲介してくださるよう祈るわけです。

S24：例えば、左は、水戸徳川家が水戸周辺から没収した厨子入り「キリスト像」です。中央は、踏絵に使われた「十字架上のキリスト」で、現在、東京国立博物館が所蔵していますし、右は、宮城県登米市のカトリック米川教会所蔵の「位牌箱」なのですが、納められているご像はキリスト像と紹介されています。

S25：画面の左側もカトリック米川教会が所蔵するもので、十字架とは切り離された珍しいご像で、キリスト像と紹介されています。

中央は、愛媛県のかつての宇和島藩領内にあった平地（ひらじ）で、安政年間に里の人が通称「切支丹畑」と呼ばれていた畑から掘り出した青銅製の「キリスト十字架像」です。宇和島藩主伊達氏が所蔵していたものですが、一八七七年（明治一〇年）に藩医であった谷世範が旧藩主よりもらい受けたもの

『図譜』が収めた多彩なキリスト像 (1)

キリスト像
徳川ミュージアム所蔵

真鍮踏絵
「十字架上のキリスト」
東京国立博物館蔵

位牌箱（キリスト像）
カトリック米川教会所蔵

S24

『図譜』が収めた多彩なキリスト像 (2)

キリスト像
カトリック米川教会所蔵

愛媛県宇和島近郊の平地で
見つかった青銅キリスト像

厨子入象牙彫キリスト磔刑像
茨木市音羽の大神家旧蔵

S25

で（『えひめブックス　伊予のかくれキリシタン』一九九八年）、四国の宇和島にもキリシタンがいた証拠になりますので、興味深いところです。

右のご像は、有名なザビエル像が見つかった大阪府茨木市の山間部、千提寺のお隣、下音羽地区の大神家が所蔵していた「象牙彫りのキリスト磔刑像」で、立派な厨子に納められています。大正期に入って一九二〇年頃に発見された、キリシタンの秘宝の一つと言われます。

5. 禁教時代前期と禁教時代後期の多彩な「マリア観音像」

ここからは『図譜』に収録された「マリア観音像」を集中的に紹介していきます。

S26：「マリア観音」と聞くと、普通は白磁の子安観音像や白衣観音像が想起されます。例えば、画面のご像で、高さ三七・五㎝。東京国立博物館の所蔵です。これらは潜伏キリシタンが聖母マリアのイメージを見出して祀っていた中国製観音像で、福建省から長崎に船載されたものと言われます。浦上のキリシタンたちが秘匿していたこの種のご像が特に有名ですが、これらは長崎奉行所が「浦上三番崩れ」（一八五六年）の折に没収したものです。ただし奉行所の取調調書には「ハンタマルヤとか申すご像」との記述が見られ、キリシタンたちがこのご像を「マリア観音」とは呼んでいなかったことを伝えています。

S27：ところが、長崎の『日本二十六聖人記念館　所蔵品カタログ』（二〇一七年二月）には、記念館所蔵の白磁のマリア観音像が六体紹介されています。興味深いのは、白磁製と言えば中国産とされるのですが、その中に平戸焼のご像が三体含まれていることです。画面の右から見た三体がそれです。中国製とお顔の表情がいくらか異なるようですが、平戸でもこうしたご像が作られていたことは留意しておきたいと思います。需要があったからこそ作られたと考えられるからです。でも、これらが、なぜ「マリア観音」と呼ばれるのでしょうか。

S28： 皆さんは、一六一四年の幕府による全国に及ぶ禁教令から二五〇年も経った一八六五年に、キリ

『図譜』が収めた多彩なマリア観音像

マリア観音像
原所有者城之越舜民
東京国立博物館蔵／
TNM Image Archives

S26

「平戸焼のマリア観音」日本26聖人記念館所蔵

S27

大浦天主堂での「信徒・神父発見」

創建当時の大浦天主堂

1865年3月17日

出典：ヴィリオン『鮮血遺書』

S28

シタンの末裔が発見された、「信徒発見」の次第をご存知でしょう。

一八六五年三月一七日の昼下がり、長崎大浦天主堂に一四～一五人の一団が見物に参内し、その中のひとりの婦人がプチジャン神父に近寄って、「我らの旨あなたと同じ」と語りかけ、すぐに「サンタマリアのご像はどこ？」と尋ねました。この天主堂は、一か月前に献堂したばかりで日本二六聖人に捧げられていました。二六〇年も前、豊臣秀吉によって京都や大阪で捕らえられ、一五九七年二月に長崎の西坂で磔にされて殉教した人々で、日本人ではパウロ三木が有名です。これらの殉教者は、幕府が開国してから数年後の一八六二年、教皇ピウス九世によって聖人の位に挙げられ、大浦天主堂はこの「日本二六聖人」に捧げられた教会でした。

S29：プチジャンに案内されて聖母マリアのご像と対面した彼らは、「本当だ、サンタマリア様だ」と声を上げ、自分たちは浦上の者で、村中が同じ信仰をもっていると打ち明けたのです。これが「信徒発見」と言われるものですが、実際は、浦上の潜伏キリシタンによる「神父発見」でした。一六四〇年代前半に最後の神父が殉教して、日本に神父がいなくなってから二二〇年余り。「七代後にローマから司祭が来る」と先祖代々言い伝えてきた潜伏キリシタンが、ようやくこの言い伝えの実現を見たのです。

こうした出会いの感激を見ながら、先の「浦上三番崩れ」の時に「ハンタマルヤ」のご像をすべて没収されていたキリシタンの心情を思いやれば、「サンタマリアのご像はどこ？」との問いかけには、聖母マリアを大事にするローマ・カトリックとのつながりを確認しようとする意図もあったはずですが、観音像の背後に見ていた聖母マリアへの強い渇望があったものと想像できます。

では、「マリア観音」という呼び名はどこから来たのでしょうか。実はマリア観音という言葉は、明治初期に作られた新造語なのです。長崎純心大学片岡瑠美子学長によると、一八七三年二月に切支丹御禁制の高札が降ろされ、ここに切支丹の潜伏時代が政府の方針上は終わります。とはいえ、各地で迫害は続いていたし、信教の自由が制限付きであったにしろ認められるのは、一八八九年の明治憲法を待たなければなりません。

御禁制の高札撤廃から六年後の一八七九年頃、長崎奉行所が没収し保管していたキリシタン関連のものを、まず政府の内務省社寺局に移し、次に東京国立博物館に移管しました。その際、分類名称として「マリア観音像」という用語が当てられ、それ以来マリア観音像という呼び名が使用されるようになり、徐々に一般化していきました。ただし、日本各地に伝わるマリア観音像は、本来は仏教の観音菩薩像ですので、その所持者が正真正銘のキリシタンであり、聖母のイメージを読み込んで祀っていたという確かな証拠がなければ、マリア観音とは見なされません。

このことを前提にして、各執筆者が「マリア観音像」と題して紹介するご像で、『図譜』に収められたものを見ていきましょう。ただし、それらをキリシタンたちが本当に「マリア観音」として祀っていたかどうかは、ひとまず棚上げして話を進めます。

大浦天主堂と「信徒発見」の聖母

『キリシタン文化Ⅳ「マリア像」が観た奇跡の長崎』長崎文献社、2006年

S29

「マリア観音像」として紹介されるご像には、浦上キリシタンが所持していた白磁製のもの以外の例も多く、お姿も多様ですし、素材も石像や木像、真鍮製や鋳造製など、多彩です。ここでは、材質による区分に基づいて紹介していきます。

S30：まず木像では、山口県長門市油谷に子安観音と地元では呼ばれている二体があります。この地は、一六〇五年までキリシタン武将熊谷元直の知行地で、殉教者も生んでいます。一方の、常徳院所蔵のご像は、太平洋戦争後に一檀家から古くから家に伝わる観音様だと言って、持ち込まれたものです。風貌

小像差込式子安観音
長門市常徳院（角山）所蔵

S30

小像差込式子安観音
長門市向津具水岬

S31

聖母子像（マリア観音像）
カトリック米川教会所蔵

マリア観音像
カトリック米川教会所蔵

S32

はグロテスク、中国のジャンク船の船首の像だろうと説明されています。高さ六〇㎝、赤子を胸の正面に抱えるご像で、赤子を差し込む形になっています。

S31：もう一方のご像も蓮華台に乗り、赤子をおなかの前に入れる形で、祈るとき赤子を装着したと伝えられています。観音像の高さは三五㎝、台座は三〇㎝、正面に刻まれた家紋は、キリシタン大名有馬晴信の有馬家のもので、有馬家没落後かつての家臣が毛利家に従った折に持参したと言われています。この二体は一六〇〇年代の比較的早い段階、禁教時代に入って間もなく、禁教前期に作成されたものだと推察されています。

S32：宮城県登米市東和町のカトリック米川教会には、江戸時代のキリシタン遺物がいくつか展示されています。その中にマリア観音像と銘打たれたものが二種あり、一つは画面左側のご像で、本来は東和町内から出たもので、宮城県名取市の方から寄贈を受けたそうです。聖母子像（マリア観音像）の立像は台座を含めて二五・五㎝、台座正面に「十字」がはっきりと彫られています。もう一つは右側のご像で、鉄製、高さ一一・五㎝と小柄です。幼子イエスを抱いた聖母マリアは、ふくよかな顔立ちで、光背の裏側に黄銅製の十字架が象嵌されているそうです。

S33：秋田県横手市曹洞宗春光寺のマリア観音像は、高さ三一・七㎝のご像で、独特の色、また独特の衣装をまとった姿かたちから、仏像ではなく、西洋風の木像とされます。ご覧の通り、残酷にも顔面の側頭部が刃物によってそがれており、両腕も肘から先がありません。胸の右寄りから下に向けて三か所止めの釘の跡があり、子供を抱いていたと思われますが、その子供はもぎ取られています。所蔵する春光寺は、秋田藩初代藩主佐竹義宜の側室岩瀬御台によって開かれ、一六二〇年代に離縁されたその理由はキリスト教に傾倒したためとも言われます。このように、ご像も迫害と受難の時代を迎えていました。

S34：次は石像です。静岡市の曹洞宗大雲寺には観音像を浮き彫りにした石像があり、図柄からマリア観音と呼ばれています。一方で、海難から守る「阿ぬく観音」として祀られていたとも言われていますが、石柱は縦一五〇㎝、横五〇㎝、奥行き三〇㎝のかなり大きなものです。眠っている子を抱きかかえているような姿は、十字架から降ろされたイエスを抱きかかえる聖母マリアの姿、ピエタを想起させると言われます。

石像の背面には、建立者向井正興の名前と一六六五年建立との銘文が刻まれています。その銘文は、向井正興が曾祖父向井伊賀守政重を弔うためにこの碑を建てたとの内容で、政重は一五八二年、徳川家康との戦いで討死にした武将です。

S35：画面左側は、秋田県南部、湯沢市川連の麓の観音祠に納められているマリア観音像で黒滝観音像と呼ばれ、高さ七〇㎝、石材は花崗岩です。抱かれた赤子が母の胸に刻まれている星を指していることから、聖母マリアが幼子イエスを抱いた聖母子像とされます。この地区には白沢鉱山や大倉鉱山があり、キリシタンが身を隠していた雄勝町の院内銀山との関わりがあったとも伝えられています。

右側の秋田県湯沢市の寺沢地区の北向き観音は、聖母が幼子イエスを抱くマリア観音像と目されています。この寺沢地区は院内銀山に近く、潜伏キリシタンが多くいた村でした。一六二四年九月四日に、この地のキリシタン一六名が捕縛され、殉教しています。そのきっかけは、竜音寺とその檀徒たちの告訴に対し、訴えられたキリシタンたちが寺を焼き、住職を追放したからとされます。この寺があった山林の丘に設置されたのが北向き観音で、村人がキリシタン慰霊のために観音堂を建て、聖母子像を祀ったと伝えられています。

マリア観音像
横手市の曹洞宗春光寺所蔵

S33

阿耨観音
静岡市駿河区
曹洞宗大雲寺蔵

S34

マリア観音像
秋田県湯沢市川連字麓

北向き観音
秋田県湯沢市寺沢字平方

S35

S36：次に真鍮製では、福岡県筑前町の久野家に伝わるマリア観音像があります。久野家はキリシタン大名黒田直之の秋月藩の、藩家老の家柄です。このご像は形態も素材も特異なもので、右腕で幼子を抱き、幼子をかばうように左手を添えています。イエスと思われる幼子像は釘で後付けされており、その釘はよく目立つ形で幼子の左胸に打ち込まれています。これはキリストの苦難を表しているとされます。先に見た山口県長門市の二体とともに、潜伏期の比較的初期、一六〇〇年代前半の禁教前期の作品とされています。

S37：一方鋳造製もあり、長崎県五島市奈留町には北川家伝来のマリア観音像があります。奈留町は、長崎の西の海上に浮かぶ五島列島のほぼ中央部に位置する島、奈留島にあります。

S38：画面は、一見したところ普通の観音像ですが、奈留島矢神集落のかくれキリシタン北川家に代々伝えられてきたご像で、優しい顔立ちをしており、納入箱も歴史を物語っているようです。現在は、奈留島に開設された阿古木かくれキリシタン「海辺の資料館」が、後継者を欠いた北川家の関係者から託されて、所蔵しています。

S39：そのほか珍しい例として白磁製の、兵庫県丹波篠山市大渕長徳寺のマリア観音像があります。地元では子安観音像として知られていたようで、高さ二一・八㎝のご像です。ご覧のように、顔料が厚く塗られ、膝の上、正面に子供を抱いています。足下に竜を踏み、左右の両脇には男女の子供像がいて、内厨子に「明和四丁亥二月吉日」（一七六七年）の銘があります。「足下に竜を踏む」という構図は、カトリックでは無原罪の聖母マリアの特色とされ、左右に子供像が置かれていることも、浦上のキリシタンが祀っていたマリア観音像と同種のものですが、色付けされている点では異彩を放っています。

S36

久野家の真鍮製マリア観音像
福岡県筑前町の久野家に伝来
『キリシタン遺物の研究』より転載

五島列島

宇久島
小値賀島
六島
野崎島
有福島
中通島
奈留島
久賀島
若松島
福江島

S37

丹波篠山市長徳寺マリア観音像及び内厨子銘文
長徳寺所蔵（参考：明和 4年＝ 1767年）

S39

S38

マリア観音像
五島市奈留島
かくれキリシタン
「浜辺の資料館」
所蔵

こうして『図譜』が収めたマリア観音を見てきますと、潜伏キリシタンのマリア観音像は、大きく二つのグループに区分できるようです。一つは、一六一四年の全国的な禁教令発令から一六六〇年代頃（禁教後期の初期）までの、聖母マリアの面影や残像をどこかに残しているように思えるご像。もう一つは、浦上キリシタンが秘匿していた白磁製の子安観音、白衣観音に代表される、いわば聖母マリアのイメージを読み込んで祀られたと思われる観音菩薩像ですが、丹波篠山長徳寺のご像を先例として、一七〇〇年代の後半頃から流布しています。無論、このことを明言するためには、さらなる事例の収集と、一層綿密な比較考証が必要なのは言うまでもありません。

ところが、冒頭で紹介した昨年五月の『日本経済新聞』朝刊の『図譜』の記事を読んだ人から、「『図譜』に収録されていないマリア観音がまだあります」との言葉を添えて、写真資料や掲載書が送られてきました。いずれも東北地区の事例でしたが、ここでは、それらから二か所三例を紹介しましょう。表記が「マリア」、「マリヤ」と異なりますし、ご像の高さも不明なものが多いのですが、そのままお示しします。

S40：第一は、筒井義之責任編集『カトリック山形教会一〇〇年史』（二〇二一年三月）が紹介するマリア観音です。山形県東根市の龍泉寺に伝わるもので、一九二八年（昭和三年）に「キリシタン遺物のマリア観音像」だと専門家による調査結果が発表されるまで、子安観音あるいは慈母観音と呼ばれて地元でも尊ばれていたご像です。

S41：詳しい由来は知られていませんが、紹介者筒井氏によれば、「蓮華、宝珠、輪宝、数珠といった観音菩薩共通の持ち物はなく」、他方、十字架のしるしなども付いていない。ご像を見た人が一様に「母性愛にあふれ、何ともいえない優しさが感じられる」と感想を漏らすそうです。

特に幼子の衣服の襟と袖口にはフリルが付いており、天正遣欧使節が教皇グレゴリオ一三世から贈られたという服装を連想させるとし、同時に、マリア観音全体の写真とともに、「住職がマリア観音の手から取り外して見せてくれた幼子像」の写真を掲げ、昔の住職から聞いた話として、「役人が来るのが分かっていれば、幼子像の代わりに花束を持たせた」という言い伝えがあるとの、興味深い話も書き留めています。

『カトリック山形教会100年史』2021年3月

S40

マリア観音
山形県東根市龍泉寺所蔵
『カトリック山形教会100年史』より転載

S41

S42：第二は、久保田玄立というお坊さんが地道な実地調査の結果をまとめた『私考・宮城県南の奥州隠れキリシタン』（一九八七年）の表紙を飾るマリア観音で、宮城県南部の川崎町支倉の円福寺に安置されています。

S43：その二〇年ほど前の書、紫桃正隆著『仙台領キリシタン秘話』（一九六八年）にも同じマリア観音が紹介されており、著者紫桃氏が、支倉という地名は慶長遣欧使節の支倉常長を連想させ、気になったので、当時の住職に「支倉家の菩提寺ですか」と尋ねると、「いや菩提寺でなく、祈祷所でしたろう」と、こともなげに返答のあった話を書き記しています。抱かれた子供を包む産着の腹の部分に十字が刻まれており、この幼子はイエスではないかと言われているとのことです。

第三は、同じ久保田氏の書の口絵冒頭のマリア観音（子安本尊）。上の二例とは打って変わった細身の観音菩薩像で、宮城県南部の村田町在住の升富太郎氏の秘蔵とされます。所蔵者も明らかなマリア観音として伝えられている点は、キリシタンとの関連を吟味する上でも重要な情報ですので、注目しておきたいところです。

以上の、『図譜』収録のマリア観音と、読者から教えられたマリア観音の主要なものの紹介から、今に伝わるマリア観音像が素材もイメージも多種多彩であること、白磁製の観音像はむしろ少数派であることに気づかれたと思います。同時に、聖母マリアのイメージを読み込んだ白磁製の観音像は、丹波篠山の例が示すように、一八世紀後半以降に見られるようで、それ以前の、潜伏期の初期（禁教前期）にまでさかのぼれるマリア観音像には、優しい母親のイメージを残すご像が多いように感じられます。さらに、多くが寺院の所蔵として伝えられたお蔭で今日まで保存されたとも言えそうです。

もちろん、マリア観音と呼ばれるご像がすべて潜伏キリシタンにつながるかは疑問の残るところです。いくつかの出所がはっきりしているご像を別にして、地域の言い伝え、所蔵するお寺さんの伝承に基づくものも少なくない。これが現実です。しかも、そもそもキリシタンは、これらのご像を「マリア観音」とは呼んでいませんでした。もともと聖母マリア像として作製されたもの以外のもので「マリア観

宮城県に伝わる聖母像

久保田玄立（妙頓寺住職）著

『私考・宮城県南の
奥州隠れキリシタン』

1987年11月3日発行、仙台宝文堂

宮城県川崎町支倉の円福寺 脇仏

S42

円福寺 脇仏
円福寺所蔵
（宮城県川崎町支倉）

マリア観音（子安本尊）
升富太郎氏秘蔵（宮城県南部村村田町）
『私考・宮城県南の奥州隠れキリシタン』

S43

音像」と呼ばれるご像は、剝奪された信心具の、いわば代用品として祀られていたものなのです。ですから、その所持者が正真正銘のキリシタンであり、聖母のイメージを見て祀っていたという確かな証拠がなければ、マリア観音とは見なされません。

では、この点から見て、『図譜』収録のマリア観音はどう評価されるでしょうか。まず、浦上キリシタンが秘匿していた白磁製の観音像はどうでしょうか。

S44：この点でヒントを与えてくれるのが、二〇一五年に信徒発見一五〇周年事業として長崎歴史文化博物館を会場にして開催された展覧会「聖母が見守った奇跡」です。この展覧会には東京国立博物館が所蔵する「マリア観音像」が数多く展示されており、そのほとんどすべてが一八五六年の浦上三番崩れの時に長崎奉行所に没収されたものでした。

S45：この展覧会に私も出かけたのですが、ガラス越しに拝見しながら「なるほど」と思ったのは、その一つ一つに、かつての所有者の住所と名前が付けられていたことです。展覧会のカタログ『聖母が見守った奇跡』(54－55頁)から、そうした例を示しますと、左側のご像には「一八五六年(安政三)浦上村山里本原郷後河内の触頭勝次郎の父孫三郎より没収」、右側のご像には「一八五六年(安政三)浦上村山里本原郷平の祥三郎より没収」と書かれています。ですからこれらは、確かにマリア観音像と認められます。

S46：では、「マリア観音」として私が最初に紹介したご像はどうでしょうか。やはり東京国立博物館の所蔵で、「原所有者、元の所有者は城之越舜民」と紹介されています。このご像については、さきの片岡学長が『図譜』の中で、こう説明しています。「舜民は（浦上村山里）家野郷城之越の医師で姓は片岡、先祖は筑後立花家の出身、一八六二年に五九歳で亡くなっている」と。察するところ、片岡学長のご先祖かと思われます。

S47：これまでの紹介から、浦上の潜伏キリシタンが伝えていたマリア観音像はすべて中国製の白磁観

展示会「聖母が見守った奇跡」

特別展「聖母が見守った奇跡」実行委員会編
『「信徒発見」150周年記念事業』世界遺産推薦記念特別展
聖母が見守った奇跡
長崎の教会群とキリスト教関連遺産』

会期：2015年2月19日～4月15日
会場：長崎歴史博物館

S44

マリア観音
1856年（安政3）浦上村山里本原郷後河内の触頭勝次郎の父孫三郎より没収

マリア観音
1856年（安政3）浦上村山里本原郷平の庄三郎より没収
東京国立博物館蔵

S45

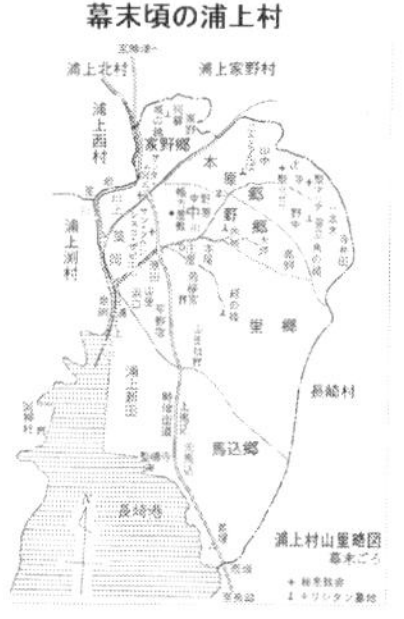

マリア観音像　原所有者城之越舜民（浦上村山里家野郷の医師）
東京国立博物館蔵／ TNM Image Archives

S46

外海・東樫山の天福寺のマリア観音像

S
47

音像だったと思われるかもしれません。しかし、実はそうではありません。展覧会「聖母が見守った奇跡」のカタログには、現在は長崎市に編入された外海の東樫山の曹洞宗天福寺が所蔵するマリア観音像も掲げられています。

ご存知のように幕府は禁教令発布後、寺請制度を敷き、庶民は皆、いずれかのお寺に所属して旦那寺（菩提寺）を持たねばならず、宗門改ではどこのお寺に属しているかが厳しく調べられました。天福寺は東樫山近郊の黒崎に潜んでいた潜伏キリシタンの旦那寺で、人々がキリシタンだと知りながら、受け入れていたと伝えられています。このことは浦上のキリシタンにも知られており、一八五六年の「浦上三番崩れ」の折、浦上のキリシタンが秘かに避難させ、運び込んだマリア観音像がこれなのです。木像で高さ四八㎝、幅一六㎝の立派なご像です。子供は抱いていないものの、この種のご像もマリア観音だったわけです。

ここで改めて「マリア観音像は本当に聖母マリア像なのか」を整理してみると、「マリア観音」として今に伝わるご像は、素材もイメージも多種多様です。その多くは、キリシタン伝承の濃淡はあってもその残映をとどめている印象を受けます。また、興味深いことに、その少なからずが、キリシタン伝承を秘めながら寺院の保護のもとで保存されています。逆に言えば、寺院が仏像とみなしてか管理保護してきたからこそ、今日まで保存されてきたと言えます。

ただし、ご像に十字が見られるからと言って必ずしもマリア観音と認められるわけではありません。島津氏の家紋「丸に十字」という例もありますし、迫害と潜伏の時代が二六〇年も続いた歴史を想えば、十字形があまりに目立つのも返って奇妙に感じられます。本来は仏像である観音菩薩像がキリシタンのマリア観音だと認められるためには、繰り返しますが、その所持者が正真正銘のキリシタンであり、その「代用品」に聖母のイメージを見て祀っていたという確かな証拠が必要なのです。

その点、いくつかの出所や元の所有者がはっきりしているご像を別にして、地域の言い伝え、所蔵する寺院の伝承に基づくものが多い。これが現実ですが、これらの伝承には大きな力があるのも事実です。しかし、これらの伝承が途切れたり、ご像そのものが忘れられたり闇に葬られたりする前に、そうした伝承を裏付ける証拠が何かないものか。そして、それらを日本の精神史や宗教文化史の中にしっかりと位置付けられないものか。『図譜』を刊行して、これらを収録した大きな狙いの一つもここにあります。本日紹介したマリア観音像以外にも、まだまだご像はあるでしょうし、そうしたご像の所在を明確にし、ご像全体を体系的に調査分析して、姿かたち、素材、成立年代なども調べて分類し、それぞれの謂れや由来も明らかにしてデータベース化し、「マリア観音像研究」をまとめ上げること、これらも求められています。その意味では、まだプロジェクトは継続中です。

6．今後の研究が期待されるものの例

『図譜』の特徴の一つは、「潜伏キリシタンとのつながりが強く推測されながらも、現段階では確証するものが得られていない文化的遺物も収録し、その旨説明を加えて、今後の研究の進捗を期待している」ことでした。最後に、そうした例を二つ示しましょう。

S48：一つは、五島の奈留島に伝わる「絹のオラショ」です。これは縦三三・〇㎝、横二・五ｍの絹地に、墨字で六四行に渡って一番から六番までのオラショが、漢字仮名混じり文で書き込まれた珍しい巻物です。『図譜』は、奈留島に伝えられたオラショをＣＤ版に収めて巻末に付けていますが、この「絹のオラショ」はそれとは別のもので、内容はその年の初穂を神様に捧げる感謝の祈りです。『図譜』ではその全文と、現代語訳した要約とを掲げています。

絹地に墨で書かれたオラショ

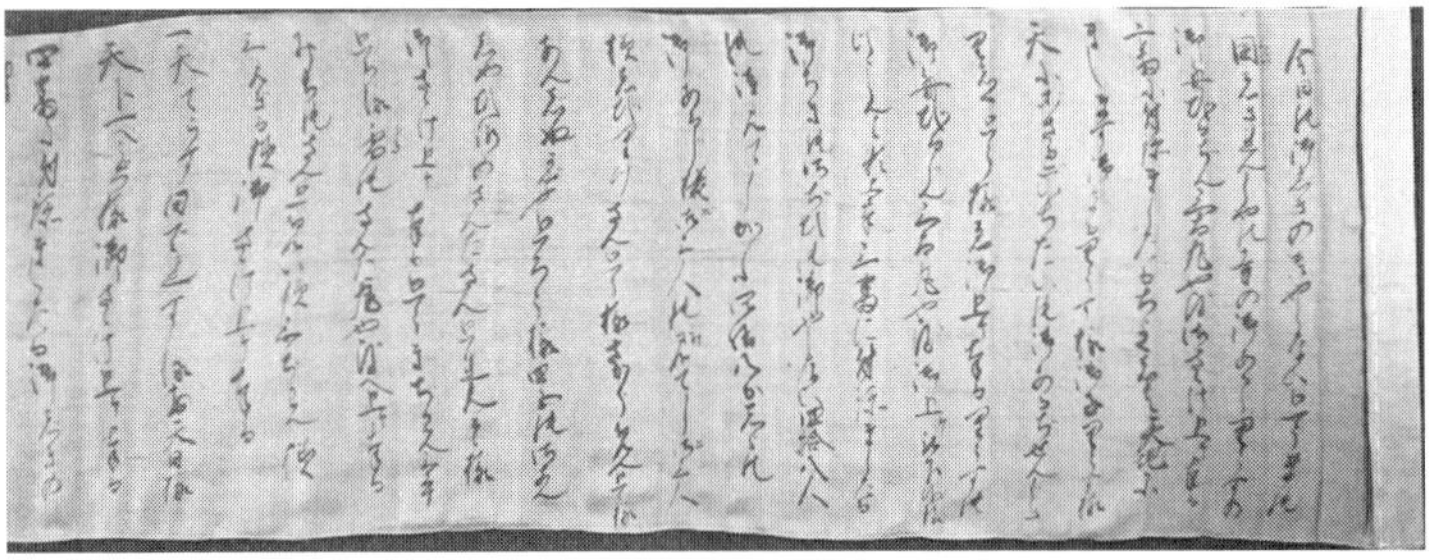

五島市奈留島に伝わる絹のオラショ『今日の御志き』
かくれキリシタン「浜辺の資料館」所蔵

S48

例えば、一番目に供える食べ物をローマの教会（バチカン）の神と神の母マリアへ捧げ、二番目に供えるお酒は三位一体の神と聖母マリアへ捧げます、という具合で、三番目に供える食べ物は「四八人の弟子、パウロ、ペテロ、洗礼者ヨハネ、雪のサンタマリア、ミカエルへ捧げます」といった内容です。

このオラショでは、教会（エクレジア）が「ゑきれんしや」、天地にましますデウスが「りうす様」、聖母マリアは「ビルジン三太丸や」と表記されるなど、訛や当て字があるにしても、キリシタン用語がほぼ忠実に保持されていることが分かります。

四番目は、生活上の平安が得られるよう執り成しを願って、ペテロ、パウロ、ロレンソなどに供え、五番目六番目に供えるのは、天草や外海の地で殉教者と見なされた人々、尊敬されていた人々と開教者のザビエルに捧げます、という祈りが続きます。

藩を越える移動が厳しく制限されていた禁教期に、天草、外海、五島の間に交流があった事実も注目に値しますし、天草では、このオラショに登場する人物のお墓が実際に残されていることが最近、確認されました。「絹のオラショ」の成立事情の解明、他のオラショとの比較なども興味深いテーマです。

S49：もう一つの例は、背中に十字状の意匠が刻まれたお地蔵さんの存在です。専門的には「異形石造地蔵菩薩立像」ですが、地元では、特徴をズバリと表現し親しみを込めて「背面十字架地蔵」と呼ばれています。兵庫県加西市に一七体、東隣の西脇市と西隣の姫路市にそれぞれ二体の、計二一体が確認されており、なぜだか、この地域にしか見られない地蔵菩薩で、造立年代も一七〇四～四三年の宝永～寛保年間に限られています。

姫路市新在家本町
石造地蔵菩薩立像（背面）
姫路日ノ本短期大学提供

加西市野上町大日寺
石造地蔵菩薩立像（背面）
加西市教育委員会提供

S49

加西市の大日寺境内の「背面十字架地蔵」は、背中に縦三〇㎝、横一五㎝の十字形が浮き彫りされていることが一九七二年に加西市教育委員会によって発見されました。背中が茂みに隠されていたため、それまで気づかれていなかったそうです。背丈は七五・八㎝で蓮台に立ち、首は折られたものが接合されており、両腕も肘から先が失われています。着ている衣の袖がカール状になっていて、通常のお地蔵さんには見られない特徴であり、カトリック司祭の祭服を思わせるという人もいますが、今のところ、キリシタンとの関連を裏付ける史料や口伝は見つかっていません。

一方、姫路市の観音寺の「背面十字架地蔵」は、やはり蓮台に乗り、背丈九六㎝、背中に縦三五㎝、横一五㎝の十字状が浮き彫りになっています。蓮台には「享保八年（一七二三）五月二一日、佐伯惟秀という孝行息子が、父本宣の死後の幸せを祈ってこの地蔵を立てた」という意味の文章が刻まれているのですが、加西に住んでいた佐伯氏が、なぜ姫路のこの寺に、こうした像を建立したのかは判明していませんし、キリシタンとの関連も不明で、今後の研究課題となっています。

ただ一八三〇年代の天保年間、姫路に近い加西の村でキリシタンの嫌疑をかけられた家族があり、その嫌疑を背負った若者が捕らえられ、姫路の牢獄で死んだという記録が残されています。その点、姫路から加西にかけてキリシタンが潜伏していた可能性も捨てきれません。

7．結びとしてのお願い

S50：「潜伏キリシタンが問いかけるもの」と題して、『図譜』が収録したキリシタン関連遺物を、いくつかのテーマで紹介してきました。とはいえ、全体で一五〇〇点収録した中で紹介できたのは五％にも及びません。『図譜』の特徴と魅力はまだまだ指摘できるということです。

例えば、禁教期最後の宣教師と言われるジョヴァンニ・バッティスタ・シドティとその所持品のこと、また、前田万葉枢機卿は、ご自分の祖父や祖母の時代まで続いた五島の久賀島や野崎島での苦難の家族史を書き記しています。

S50

本日は『図譜』の現物を持参していますので、実際に手に取ってパラパラと頁をめくり、写真を眺めてみることもできます。『図譜』のどこであれ、関心をもたれた頁からお読みいただくといいのですが、さらに深く知りたいと望まれる場合には、五野井隆史先生ご執筆の「総説」、そして各地区の「概説」に目を通してみるといいでしょう。注目している遺物の歴史的背景や歴史的位置などが、よく読み取れると思います。皆様お一人おひとりが『図譜』を手に取って読んでくださり、その特徴と魅力を自ら発見して、多くの方と分かち合っていただけるなら、本書の刊行に関わった者として、これに勝る喜びはありません。

最後にお願いですが、『図譜』に収められていないキリシタン関連遺物をご存知でしたら、マリア観音の場合のように、ぜひご教示ください。どうぞよろしくお願いいたします。

以上で講演を終わらせていただきます。皆様、ご清聴ありがとうございました。

注

本稿は、マスコミ・ソフィア会が選定するコムソフィア賞の受賞記念講演に、文字情報の多いスライドは本文に組み入れるなど、大幅に手を加えて原稿化したものである。記念講演は、二〇二二年一一月一五日に上智大学二号館国際会議場にて、コムソフィア賞の授賞式に引き続いて行われた。

なお、本文中のSはスライドのことで、例えば、S12とは「一二番目のスライド」であることを意味している。

キリスト教の伝来と戦国日本

平川　新

皆様こんにちは。ご紹介をいただきました平川です。今日は「キリスト教の伝来と戦国日本」というテーマでお話をいたします。昨年、中公新書として『戦国日本と大航海時代――秀吉・家康・政宗の外交戦略』という本を出しました。今日は、その本のエッセンスをご紹介したいと思います。

大航海時代

フランシスコ・ザビエルは、中学校や高校の教科書には必ず出て来るイエズス会の宣教師です。一五四九年に来日しましたが、そのザビエルよりも早く一五四三年にポルトガル人が日本の種子島にやって来ました。明国商人のジャンク船に乗って漂着したと言われていますが、明の商人たちは昔から日本に来ていましたので、北の方へ行けば日本という国があることを知っています。ポルトガル人がジャンク船に乗って日本に向かう中で、嵐にあって種子島に漂着した、という理解がよいのではないかと思います。

ポルトガル人の種子島来島で、よく知られているのは鉄砲を伝えたということです。江戸時代までは鉄砲のことを種子島と表現していたのも、そのためでした。種子島の領主はその鉄砲を手に入れて、すぐに鍛冶職人に作らせています。それが日本の本土に伝えられ、信長も鉄砲戦を行うくらいに、あっという間に日本中に広がりました。戦国時代の日本には世界で一番鉄砲があったと言われるほど大量生産されるようになりました。それだけ技術力があったということです。

ではなぜ、この時期にポルトガル人や宣教師たちがアジアや日本にやって来たのでしょうか。

大航海時代というのは、一五世紀（一四〇〇年代）から一七世紀（一六〇〇年代）あたりまでのことを指します。もちろん一八世紀（一七〇〇年代）以降も探検隊や商船や捕鯨船などの大航海は続いていくのですが、私は時期的に一五世紀から一七世紀を第一次大航海時代、一八世紀以降を第二次大航海時代と分けて、それぞれ時代の特徴を把握しようとしております。今日は第一次大航海時代の話をいたします（第二次大航海時代の環太平洋地域の動向については、拙著『開国への道』全集日本の歴史第十二、小学館、二〇〇八年、を参照してください）。

大航海時代を牽引したのは、地中海の出口のイベリア半島に位置するポルトガルとスペインでした。イベリア半島に勢力を持つ両国のことをイベリア勢力とも言うことがあります。両国は地中海貿易から脱して大西洋やアフリカ大陸に進出し、領土拡張や貿易を積極的に展開していきました。羅針盤の発明が遠洋航海を可能にしたと言われています。また、この時期にヨーロッパではプロテスタントが勃興して大きな力を持ち始め、カトリック勢力は地盤を弱めることになります。ポルトガルとスペインの両国はカトリック国ですが、その失地を回復するために、両国の支援を受けた宣教組織が、ヨーロッパにこだわらず世界に布教活動を展開する動きを先導しました。いわば、両国が推進する貿易と植民地活動、それに世界布教活動が重なりあって大航海時代が展開したということができます。

コロンブスやバスコ・ダ・ガマ、そしてマゼランといった人たちは、教科書にも出てくる有名な探険家です。私たちは彼らのことを冒険家や探検家だと教えられてきましたが、見方を変えると彼らは領土拡張の先兵でもありました。大航海時代の動きというのは、ヨーロッパから見ればアフリカ・アメリカ・アジアへの進出ですが、植民地の獲得活動でもあったからです。彼らが行って征服したところはポルトガルまたはスペインの領土であると宣言し、支配下においていきました。大航海時代というのは、ヨーロッパによる世界侵略の動きだということもできます。

スペイン国王が派遣したコロンブスは大西洋を越えてカリブ海諸島に到達しましたが、抵抗する先住民を数多く虐殺したとされています。一方、ポルトガル国王が派遣したバスコ・ダ・ガマは、アフリカ南端の喜望峰を回るインド航路を発見しましたが、この航路に従ってポルトガルの軍隊がインドへ入って主要な港を制圧していきました。ポルトガルはインドのゴアをアジア支配の拠点としましたが、そこからさらに東南アジアに進出しました。マレー半島南端にマラッカという港湾都市があります。インド地方と東シナ海をつなぐ要地にあり、東南アジア最大の貿易港でした。ポルトガルはそこに軍隊を派遣して支配下に置きました。マラッカはイスラム教が強い地域ですので、征服するに当たってポルトガル勢力は、誇張はあると思いますが、イスラム商人を根絶やしにしたという記録も残っています。

スペイン国王が派遣したマゼランは大西洋を南下して、アメリカ大陸南端から太平洋に出ることができる海峡を発見しました。マゼラン海峡と呼んでいるのがそれです。地図を見ても、小さな島がたくさんあり、通り抜けることが大変な場所で、よくぞ海峡を発見したものだと思います。マゼラン艦隊はその海峡から太平洋に抜けてハワイ諸島に至り、さらに西に向かって現在のフィリピン諸島に入ることになります。マゼランはセブ島で先住民を服従させようとして戦闘し、殺されます。その後、スペインがフィリピンを征服していく過程で、多くの先住民が虐殺されていきました。

探検家たちが新たな航路を発見するまでには、非常に多くの船が難破をし、多くの人々が命を失っていきました。そうした犠牲の中で風向きや海流のデータを積み重ねていき、航路が開発されていきます。そうした意味では、地理上の発見は画期的だといえるでしょう。ただしそれは、スペインやポルトガルの領土の拡大と表裏一体でしたから、ただの冒険譚として賞賛するわけにはいかないということでもあります。

中米にはスペインが先に入りましたが、南アメリカの現在のブラジルにはポルトガルが先に入りましたので、ブラジルにはポルトガル系の白人が非常に多くいます。南米の太平洋側の地域はスペインが中米から陸伝いに南下して、次々に支配下に置いていきました。メキシコのマヤ文明や南米のインカ文明を滅ぼしてしまいました。メキシコやペルーやチリなどにスペイン系の人が多いのはそのためです。植民地政策が成功して、現在もそれが残っているということです。

東南アジアのルソン諸島やセブ島一帯は一五七〇年代にスペインの植民地になり、当時のフェリペ皇太子の名前にちなんでフィリピンと称されるようになりました。現在もフィリピンという国名ですが、スペインによる植民地支配の刻印が今も残っているということです。しかし一八〇〇年代の半ばくらいにアメリカがスペインを追い出して宗主国となります。一八世紀後半にイギリスから独立したアメリカが海外進出を始め、新たな植民地支配者になったということです。現在、フィリピンのドゥテルテ大統領はアメリカ嫌いだと言われていますが、アメリカによる植民地支配の歴史と、先祖からの怨念というものがあるからなのだと思います。

また数年前に、フィリピンの上院議員が植民地支配を体現するような国の名前は変えようと国会に提案しましたが、否決されました。それは支配層に現在もスペイン系の人がたくさんいるからです。現在の同国の政界や経済界では、植民者として入ってきた人たちの子孫が力を持っていますので、先住民系の人たちがそういう提案をしてもなかなか認められません。それが国際政治の現状です。しかし、今年に入ってからドゥテルテ大統領が国名を変えると言っていることがニュースに出ていました。いろいろな政治勢力の争いや思惑がありますから簡単にはいかないと思いますが、注目しておきたいと思います。

スペインとポルトガルの世界領土分割条約

このようにスペインとポルトガルが先陣を切って世界に出て行き、各地の住民と戦争をしました。これとは別に、スペインとポルトガルの探検隊や商人たちが進出先でぶつかって、お互いにここは俺のものだと領有権を主張して戦いになることも少なくありませんでした。本国では隣りあった国同士が、進出した先々で消耗戦をするのは馬鹿馬鹿しいということで条約を結びました。それが一四九四年のトルデシリャス条約です。

アフリカ沖を境に、大西洋の真ん中に南北の線を引き、東側の新領土をポルトガル領、西側はスペイ

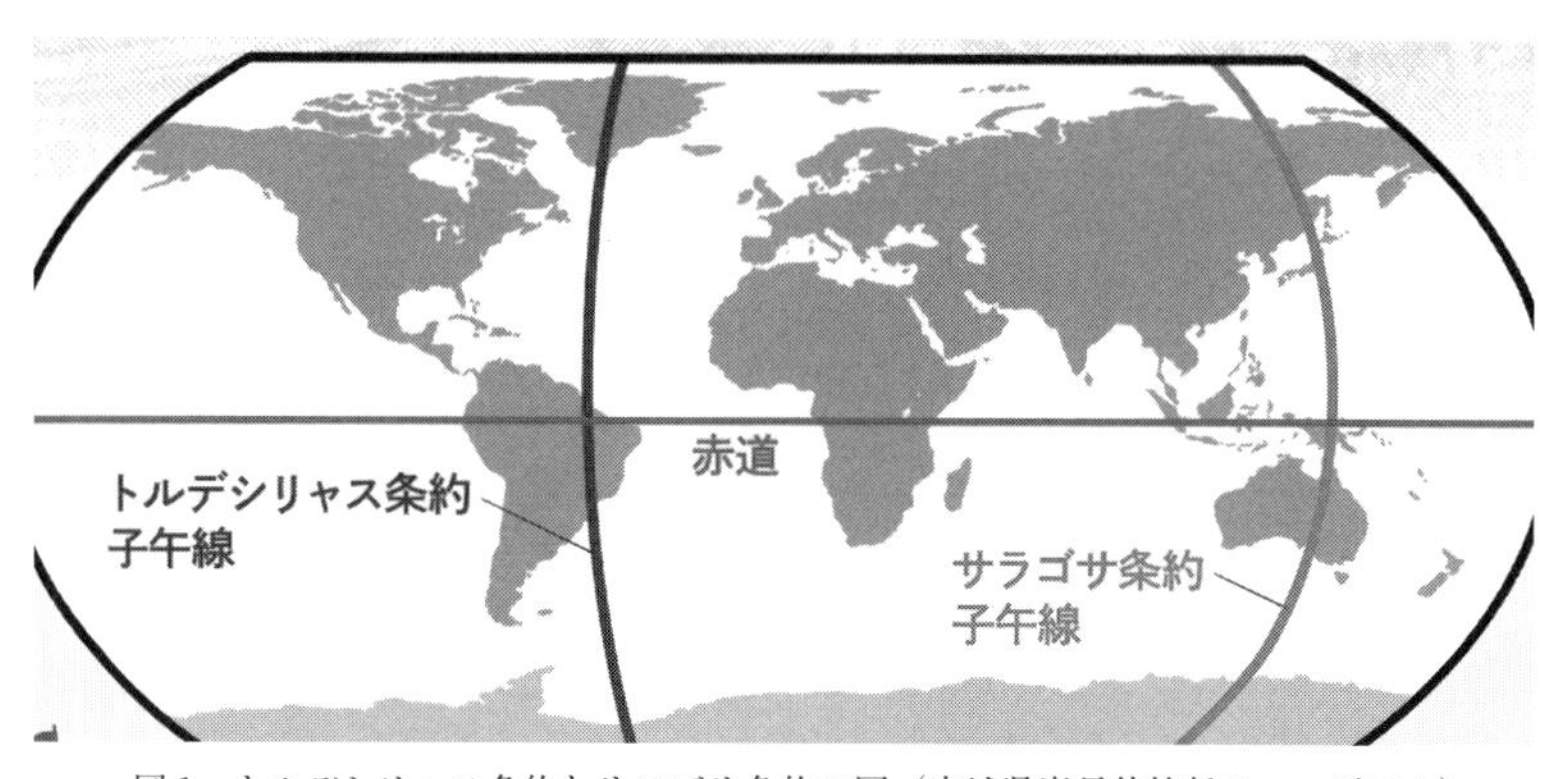

図1　トルデシリャス条約とサラゴサ条約の図（宮城県慶長使節船ミュージアム）

ン領ということで分けました。ポルトガルやスペインからすると、アフリカ・南北アメリカ・アジアは未開の地であるので、そこは力を以って支配下に置けば宗主国は自分たちであると宣言できる、と両国は勝手に決めてしまったのです。

こうして両国は、トラブルを避けるために西と東に進出先を分けて棲み分けをしました。ところが地球は丸いので、三〇年ほどで地球の裏側でお互いの勢力が行き合ってしまいました。東南アジアが両勢力のぶつかる地域となり、ここでもトラブルが起きます。そこで、この地域に南北のラインを引いて棲み分けをしようということになりました。それが一五二九年のサラゴサ条約です（図1）。

ここでサラゴザ条約の南北の線を注意して見ていただきたいのですが、東南アジアからずっと北に延ばしていくと日本があります。この条約ラインは日本列島の上をまたいでいます。ということは、日本はポルトガル勢力もスペイン勢力も、いずれもが来ることができる、両勢力入り会いのグレーゾーンだということになります。じっさいこの後、両勢力が日本にやって来て勢力争いをしたため、戦国時代から江戸時代にかけての日本の歴史に非常に多くの影響を与えました。

サラゴザ条約が結ばれた半世紀後の一五八〇年に、スペイン国王がポルトガル国王を兼ねるという状態になりました。スペインがポルトガルを併合したのです。国としては別々ですが、スペイン国王が両国を統合して王になっているので、世界は全てスペイン国王のものであるという考え方になっています。こうした状態は、一六四〇年にポルトガルがスペインから独立をするまで続きます。したがって一五八〇年から一六四〇年までの期間、スペイン勢力と言った場合には、ポルトガルも含んでいると理解してください。

一五四三年に日本の種子島にポルトガル商人が初めて上陸します。以後、ポルトガル人はマカオを拠点に対日貿易に取り組んできますが、それから四十年ほど遅れてスペイン人が植民地のマニラから日本の平戸にやってきて貿易が始まります。ポルトガル人やスペイン人のことを日本では南蛮人と呼びましたが、これは南からやってきた野蛮人という意味です。南蛮貿易という言葉がありますが、ポルトガルとスペインの商人たちが東南アジアを拠点に日本と交易することを指しています。

その後、徳川政権の時代になった後にオランダやイギリスが日本にやって来て、貿易を開始することになります。彼らは南蛮人ではなく、紅毛人と呼ばれました。日本ではヨーロッパ人を白人としてひとくくりにするのではなく、このように識別していたのです。スペインとポルトガルはカトリック、オランダとイギリスはプロテスタントです。ヨーロッパでも宗派間の対立と国家間の対立は激しいものがあります。スペインとポルトガルが独断で決めた世界領土分割条約をオランダとイギリスが食い破っていくということでもありました。日本をめぐる貿易関係でも、これらの国家はそれぞれに対抗勢力でした。日本の市場をどうするか、日本という国をどうやって征服するか、そういう思惑が交錯していたのです。

こうした国際的な関係が戦国時代後期から江戸時代の初期、すなわち信長、秀吉、家康の時代に展開します。そこに伊達政宗も関わってきました。日本史だけでは見えない側面が、世界史と重ね合わせることでダイナミックな動きとして理解することができます。大航海時代と戦国時代がクロスオーバーする姿を見ていきたいと思います。

ザビエル、日本でキリスト教の布教を始める

ザビエルが日本にやって来たのは、ポルトガルが軍事占領したマラッカで日本人と出会ったからです。ザビエルの手紙は翻訳されて、『聖フランシスコ・ザビエル全書簡集』という本に収録されています。それによると、マラッカでアンジローという日本人に会い、未知の国の日本のことを聞いて、ぜひ行きたいと思ったそうです。そこでポルトガルのアジア支配の拠点であるインドのゴアにアンジローを連れていって、ポルトガル語や聖書の勉強をさせました。ゴアには、植民地政府やキリスト教の教会などがありました。

当時の東南アジアにはあちこちに日本人町がありましたので、たくさんの日本人がいました。タイのアユタヤやベトナム、カンボジア、インドネシア、フィリピンのマニラにも日本人がたくさんいました。アンジローがマラッカにいたのは、特別なことではなかったのです。アユタヤの日本人町の統領である山田長政は、非常に力を持っていて、アユタヤの王女を嫁にすることを認められたという伝説的な人です。ところで、アンジローに案内されて鹿児島に上陸したザビエルは、島津の殿様に面会しました。単に

キリスト教の教義を説明するだけでは誰も関心を持ってくれませんので、鉄砲や火薬、生糸やガラス器具などをたくさん船に積み込んでやって来ました。それを島津の殿様に献上して、この領国で布教を許してください、そうすればポルトガル人との貿易が盛んになり、もっと高価で珍しいものが手に入りますよ、と誘いかけました。貿易の利潤というのはすごいもので、一隻の船がやって来ることで、今の金額にすると数千万円数億円というレベルでの利益が上がっていたのだと思います。戦国大名としては貿易の権利を手に入れることができますので、島津氏は領内での布教を許可しました。

島津の家紋で、「丸」に「十の字」の図柄があります。ザビエルはこれを見て、十字架（クロス）だ、キリスト教を信仰していると思い、とても喜んだという笑い話のようなエピソードがあります。後にまったく関係がないことが分かりますが、この話はザビエルの書簡集の中にあります。

ザビエルは鹿児島でまずアンジローの家族や知人、親戚たち百人くらいに布教を行いましたが、鹿児島だけではなかなか広まりません。そこで日本全国の布教権を獲得しなければならないと考え、都にいる天皇あるいは将軍から日本全土での布教許可を得るために都に行きたいと島津氏に頼みました。しかし、なかなか都を紹介してくれなかったようです。痺れを切らしたザビエルは自分で長崎の平戸へ行き、ツテを探しました。平戸にはすでにポルトガル商人が来ていましたので、平戸の領主松浦氏を頼ったのです。平戸でも布教をして百人ほどの信者を獲得しました。そこから山口の大内という大名のもとに行きました。貿易の魅力がありますから、どこの大名でもザビエルを歓迎しました。

しかし、意外にも京都では成果がありませんでした。当時の京都は応仁の乱後の荒れ果てた状況で、天皇と室町将軍の権威と権力が完璧に失墜していて、布教許可を得るどころではなかったのです。結局、それぞれの戦国大名から別々に許可をもらわないといけないことが分かりました。そうすると京都にいても仕方がありませんので、すぐに山口に戻っています。山口の大内氏は、お寺を教会に作り変えて使わせたというように、かなり便宜を図ってくれたそうです。

ザビエル以後のキリシタン数

ザビエルは日本に二年間いましたが、信者七百人ほどに洗礼をしたという記録が残っています。以後、次々とイエズス会の宣教師たちがやって来ました。一〇年後の一五五九年にはキリシタンが六千人位になり、二〇年後には二万人、五〇年後には三〇万人位になっています。信徒名簿が残されているわけではありませんから、あくまで大雑把な数です。宣教師がヴァチカンに報告する際には、こんなに成果がありました、と水増しして報告をしますから、本当に三〇万人になったとは理解をしない方がいいと思います。しかし、ザビエルが日本に来てからの数十年の間に信徒が激増したということは間違いありません。

一六〇〇年頃の日本の人口は一千二百万人で、現在の一〇分の一です。すると、約二・五パーセントがキリスト教徒の割合になります。現在の日本の人口は一億二千万人ですが、文化庁が出した二〇一八年の日本のキリスト教徒は、カトリックとプロテスタントを合わせて一九一万人、一・一パーセントです。この数字から、戦国時代のキリスト教の布教の激しさ、すごさが分かると思います。ただし、当時の日本人が信じたキリスト教は、現在の私たちが理解するキリスト教とはまったく異なっていたことに注意しておく必要があります。

神父のことをポルトガル語で「padre」と言うので、日本ではそれが訛って「バテレン」（伴天連）と言われるようになります。キリスト教徒のことは「Cristao」ですから、それが「キリシタン」（切支丹）になったとのことです。明治以降は英語圏の宣教師が多数来日しましたので、英語の'Christian'（クリスチャン）という言い方が一般的になっていきました。

しかし戦国時代に、キリシタンが数十年で数十万人になっていくということは一体どういう布教活動をしたのでしょうか。現在はカトリックにしてもプロテスタントにしてもキリスト教徒はなかなか増えませんので、布教の難しさがよく言われています。

戦国時代に増えた理由として、私は四つ考えています。一つは聖書の翻訳語の問題です。二つ目は絵画、三つ目は音楽、そして四つ目は集団改宗の問題です。それぞれ簡単に見ていきます。

キリシタンが激増した理由① 「デウス」は「大日如来」

ザビエルは日本語が喋れませんから、アンジローが通訳をします。アンジローがいないと布教活動はできません。もちろんザビエルも一生懸命に日本語を勉強しようとします。最初のうちは、ザビエルが語ったポルトガル語の説教をアンジローが通訳して伝えていました。この方法では意味が取りにくかったり、よく分からないことがあったと思います。やがて、アンジローが書いたポルトガル式ローマ字の日本語の発音をザビエルが自ら読み上げたようです。片言の日本語的な読み方です。今でもローマ字の日本語を読む外国人がいますが、そのような姿をイメージしていただければと思います。しかし、こんなたどたどしい発音で本当に通じたのでしょうか。

単語では、「マリア様」のことを「観音様」と言っています。観音様は慈母観音と言われるように女性の仏様ですから、マリア様と通じ合います。「天国（パライゾ）」のことを「極楽」と言っていました。「神（デウス）」のことは「大日様」と訳していました。大日如来のことですが、「大日」とは太陽のことです。別の言い方では「お天道様（てんとうさま）」と言います。小さい頃に「お天道様は見ているよ」と言われた方も多いと思います。アンジローが「デウス」を「大日様」と翻訳をしたのは、大変な名訳だと思います。大日如来というのは、仏教の中では無限宇宙の超越的な存在として位置付けられていますから、キリスト教でいう神としての存在に通じるような概念です。アンジローがそれだけ深い教養を持っていたということでしょう。ということは、アンジローやザビエルは日本人に対して、「大日様を拝みなさい」「お天道様を拝みなさい」と言っていたということになります。これは、それまであった日本の仏教や神道の神観念と比べても、それほど違和感がありません。

日本の仏教にも、いろいろな宗派があります。天台宗から禅宗に、臨済宗から曹洞宗に替わるなど、お寺が宗派替えをすることはしばしばありました。宗派替えをすることは多少なりとも教義が変わることですので、僧侶にとっては大きなことでしょう。しかし教義がどれほど違うかなどということは一般の信徒はほとんど知りませんし、あまり関心を持ってはいないと思います。イエズス会などのポルトガル系の宣教師はインドのゴアを拠点にアジア布教を展開していました。その宣教師たちから、「大日様を拝みなさい」と言われれば、日本人は天竺（インド）から新しい仏教の宗派がやってきたくらいにしか受けとめていないということです。

キリスト教は一神教ですが、日本人は多神教的な神観念を持つと言われています。そういう日本人が、よくキリスト教を受け入れたものだということも、しばしば言われます。しかし、日本人的な神観念を否定して一神教に転向したなどと、洗礼を受けた日本人が考えていたわけではありません。外国人の赤毛のお坊様がやって来て、新しい天竺伝来の宗派をお伝えしているのだね、ということくらいことなのだと思います。だからこそ、いとも簡単に宗派替えをしたのでした。これがキリスト教徒がどんどん増えていった理由の一つになるということです。

しかし、一五七九年にヴァリニャーノという、宣教師の中でもかなり偉い人が日本にやって来て、さすがにこれはまずい、キリスト教のきちんとした神観念が伝えられていないということで、そういう翻訳語を使うことはやめよと言いました。「神」は「デウス」あるいは「天主」、「マリア」は「マリア」、「天国」は「パラディソ」、「洗礼」は「バウチズモ」というように、きちんとキリスト教の聖書の言葉に従うように指示が出され、布教活動を変えようとしました。しかしやはり、何のことか分からないというのが一般の人たちですから、仏教用語を借用して布教していくことが江戸時代に入っても続いていました。だからこそ、どんどんキリシタンが増えていったのです。

キリシタンが激増した理由② 聖画（マリア像）の力

キリシタンが増えた二つ目の理由として聖画（マリア像）の力があると思います。先に島津の殿様にたくさんの珍しいものを献上して気を引いたと言いましたが、ザビエルは聖母マリアの絵を殿様に見せたと記録に残されています。マリア像を見た島津の殿様はとても感激をしました。ザビエルが見せたのはカラーの油絵だと思いますが、当時の日本の絵は水墨画ですから色調が全然違います。初めてみる鮮やかな色彩に感激をしたのではないでしょうか。

殿様は深い敬意を以って聖画を拝んだと、ザビエルは手紙に書いています。殿様の母親にも拝謁を許されて、その絵を見せたところ、母親はその絵が欲しい、と言ったそうです。しかしこれは祭壇に掲げるために描いた絵で、これから使うものなので残念ながら差し上げるわけにはいかないと、丁重にお断りをしたということも書かれています。マリアというのは観音様です。つまり西洋の観音様が子どもを抱いているのがマリア観音です。日本にも子どもを抱いた子安観音や慈母観音の像がありますから、それと共通しています。その仏画を欲しいと思う心情は当たり前かもしれません。ザビエルが、この聖画を布教に使うと言っているように、多くの日本人を魅了したのではないかと思います。

キリシタンが激増した理由③　音楽（聖歌）の力

次に音楽の力ということを見ておきます。ザビエルがまだ日本にいたときに、京都から山口に戻って、しばらく滞在していました。山口での記録の中に、領主大内義隆に望遠鏡、置時計、小銃と共に洋琴を献上したとあります。洋琴とは鍵盤楽器です。そのほか、山口での布教の際にミサを開いたという記録があります。三人の外国人神父がラテン語の聖歌（賛美歌）を歌い、それを聴いていた日本人キリシタンたちは甚だ喜んで熱心にミサを授かった、という記録も残されています。ラテン語の聖歌のメロディですから何を歌っているかは分からないのですが、神を讃える歌を聴いて感涙にむせんだのでした。楽器を使う、あるいは聖歌を歌うことも布教活動の中では非常に大きな力になっていたのでした。

教会で礼拝をするときに、賛美歌はつきものです。賛美歌のメロディに心を打たれる人たちはたくさんいます。説教などの言葉による宗教理解ということだけではなく、それ以上に音楽が宗教心を誘っていくということも大きかったといえます。

九州の豊後国大分の大友宗麟は、キリシタン大名として有名です。ザビエル以降の宣教師の話になりますが、一五五七年に布教が許可され、一五人の少年に聖歌とヴィオラの演奏を指導したという記録が残されています。大分市には「西洋音楽発祥記念碑」という像が建てられていて、ヴィオラを弾く宣教師と賛美歌を歌う子どもたちの像があります。観光客はここで写真を撮ったりしています。

現在私たちは、ヴィオラというとバイオリンを少し大きくしたものを考えますが、当時のヴィオラがそれであるかどうかは分かりません。今のヴィオラと同じものだとすれば当時のヴィオラ・ダルコという楽器ですが、チェロに似たヴィオラ・ダ・ガンバという楽器もありました。またスペイン語でビウエラと呼ばれる、ギターに類似した形の撥弦楽器のことだとも言われます。音楽史学者の間でも見解が分かれているようです。

信長もイエズス会の宣教師たちに好意的でした。ヴァチカンに報告した『イエズス会日本年報』には、本能寺の変で信長が殺される前年の一五八一年、安土で、「信長はコレジオ（神学校）を訪問。備え付けのクラヴォとヴィオラを見て、演奏させ、これを聴いて喜んだ」と、宣教師の記録の中に出てきます。

クラヴィは小型チェンバロのことです。『日本年報』には、「今日まで日本人がもっとも喜んだものはオルガン、クラヴィ、およびヴィオラを弾くことである。そのため安土と豊後（信長と大友氏のところ）にオルガン二台を備え付け、各地にクラヴィを備えている。少年たちがこれらを学び、ミサや祝祭で彼らが弾いている」、「これは異教徒にデウスの教えの荘厳なることを覚らせるために必要なものである」とあり、音楽が非常に大きな力になっていると記しています。

一五八二年、九州のキリシタン大名である大友宗麟・大村純忠・有馬晴信の名代として少年使節の四名の少年がローマ教皇のもとへ派遣されました。少年使節が出発したのは信長の時代ですが、彼らが数年を経て帰国したときは秀吉の時代になっていました。ルイス・フロイスの『イエズス会年報』に、この使節が京都の聚楽第で秀吉と謁見した様子が詳しく書かれています。ここにも音楽の四重奏があったと書かれています。アルパ（小型のハープ）、ラベキーニャ（バイオリンの原型）、ラウデ（リュート）、クラヴィ（小型鍵盤楽器）です。ただどういう楽器かについては諸説がありますので、カッコの表記はその中の一つの説だと理解してください。

フロイスは、このときのことを次のように書いています。「少年たちはイタリアとポルトガルで十分に音楽を学んでいたので、立派な姿勢で気品を持って演奏した。演奏を終えると関白は、同じ楽器で繰り返し演奏し歌うように三度も命じられた。その後、みずから楽器を手にとって種々質問された」と。秀吉はヨーロッパの音楽に強い関心を持ったようです。

秀吉が聴いた曲は何だろう、少年使節たちが演奏した曲は何だろう、ということについては、西洋音楽史が専門の皆川達夫さんの見解があります。皆川さんは、当時、スペインやポルトガルで流行っていた曲を調べて、ルネサンス期の音楽家ジョスカン・デ・プレが作曲した「千々の悲しみ」という曲ではないかと推測しています。実は当時のスペイン国王が一番好きだったのがこの曲で、別名「皇帝の歌」と言われていたそうです。少年使節が、これがヨーロッパで流行っている「皇帝の歌」です、と紹介すると秀吉は大いに喜んだのではないか、というのが皆川さんの推測です。秀吉も天下統一を成し遂げて皇帝のような立場になっていますので、自分に「皇帝の歌」が捧げられたということであれば、大いに喜んだだろうということです。

少年使節が見た日本人奴隷

この少年使節の旅程については、使節がローマ教皇に謁見した翌年の一五八六年に、『天正少年遣欧使節記』(翻訳本は『デ・サンデ天正遣欧使節記』異國叢書、雄松堂出版)がイタリアで出版されており、そこに詳しく記されています。

使節の旅程は、長崎を出発してマカオ、マラッカを通って、ポルトガルの拠点であるインドのゴアに至り、そこからアフリカ大陸の海岸に沿って進み、大西洋を経てポルトガルのリスボンに入りました。マドリードでスペイン国王に、ローマでローマ教皇に謁見し、ローマ市民権を与えられています。

この記録には、長旅で見たことや、使節たちの感想などが書かれています。その中で注目したいのは、「このたびの旅行の先々で、売られて奴隷の境遇に落ちた日本人」を見たとあることです。すでにこの時期には、アジアにもヨーロッパにも日本人奴隷がかなりの人数いたことが確認されています。奴隷と

して兵隊になっている人たちもいました

使節が見た日本人の多くは奴隷でした。実は商品としては人間が一番価値が高かったので、ポルトガル商人たちが日本でたくさんの奴隷を手に入れて売買していたということになります。この売買に宣教師たちが関わっていたという事実も明らかにされています（ルシオ・デ・サンデ『大航海時代の日本人奴隷』中央公論新社）。のちに見るように、それもバテレン追放令の一因になっています。

キリシタンが激増した理由④　上からの集団改宗

話題をもとに戻します。キリシタン激増の四つ目の原因として集団改宗があります。集団改宗というのは、上からの改宗指示ということです。

ザビエルは領主の島津氏に貿易を餌に布教を許可するよう求めるのですが、島津氏は家臣に対して布教を許可し、お前たちも入信するように、という指示を出したようです。一年で百人が信徒になりました。殿様である島津氏自身が教義を理解しているかどうかは、まったく関係がありません。平戸でもザビエルは領主の松浦氏から布教許可をもらいます。ここでは二ヶ月で百人が信徒になりました。山口の大内氏領内では、二ヶ月で五百人と大量入信しています。領主の指示による集団改宗でないと、こういうことは不可能だと思います。

このようにザビエルの布教戦略は、領主から家臣や領民に改宗させるという方法だったのでした。ザビエルの後にやってきた宣教師たちにも、上からの改宗戦略は継承されました。よく知られているのは、摂津国高槻領主の高山右近です。一五六四年に洗礼を受け、領内の仏僧に対してバテレンの説教を聴かなければ追放すると強制しました。その結果、百人以上の仏教僧が改宗したと言われています。領内の寺社も破壊させています。

豊後の大友宗麟も一五七八年に受洗し、領内の僧侶に、「デウス様の話をよく聴いてキリシタンになるように。予がキリシタンなのだから、家臣は全てそうあるべきだ」と強制し、領内の仏像を破壊したと記録に残されています。殿様の命令とあればやむを得ないということで、家臣と領民は改宗し洗礼を受けました。キリスト教信者になるといっても、そのようなことだったのです。それが数百人、千人の単位で増えていくことの実態です。半世紀が経過すると三〇万人になったというのは、こういうことを積み重ねてきた数字です。教義を理解して信徒になった人は少なかったのではないかと思われます。

豊臣秀吉のバテレン追放令

一五八七年に豊臣秀吉は、突如としてバテレン（宣教師）追放令を出します。なぜ追放令を出したのかということについて、宣教師ルイス・フロイスがイエズス会総長に宛てた報告書の中に書いています。

第一に、キリシタン大名が司祭（宣教師）の言いなりになって服従しているということをあげています。分かりやすい例は、キリシタン大名の大村氏です。長崎を教会領として献上しています。領地の一部を教会に寄進するということは、日本の国土の中に外国領ができるということです。他のキリシタン大名にまでこうした動きが広がれば、九州に外国領がたくさんできるということになります。秀吉が、日本の領土が侵されていくと考えるのは当然のことでした。

第二は、日本の伝統的な宗教を邪教だと考える宣教師の教えを受けて、キリシタン大名が領内の神社・仏閣を破壊していく行為が頻発したからです。秀吉は、日本の神々を大事にしないと批判しています。キリシタン大名のこうした行為は、当然宣教師の指示を受けたものです。秀吉は、自分はキリスト教に対して理解があると言っていました。だから保護をしてキリスト教徒やキリシタン大名が増えてきたのに、領地を教会領にしたり、神社・仏閣を破壊したりするとはどういうことなのか。日本の伝来の宗教を破壊しているではないか、ということも怒りの原因の一つです。

第三は、家臣に改宗を強制していることも批判しています。前に述べた、上からの集団改宗に対する批判です。

第四は、日本を征服する野望を宣教師たちが持っていたからです。宣教師たちがやりとりをした書簡には、どうやったら日本を征服できるかということが赤裸々に語られています。大名たちをキリシタンに改宗させて日本をキリスト教国家に改造し、大名の軍隊を使って中国を攻め取るというのが、彼らが描いていた世界征服の戦略でした。これは当事の宣教師のほぼ共通した認識でした。宣教師たちがそういう野望を持っていることは秀吉も前から分かっていましたが、宣教師は貿易と表裏一体でしたから規制しにくかったわけです。しかし領地の寄進や日本人奴隷の売買など、さすがに目にあまるということで、それを威嚇するためにバテレン追放令を出したのでした。

秀吉はキリスト教を禁止したと誤解されることも多いのですが、禁止はしていません。秀吉の意図としては、宣教師たちがそのような政治的、軍事的、経済的な権力を持っていることはだめである、だから宣教師だけを追放する、ということでした。

追放令を出したとき、秀吉は宣教師に対して、お前たちが買った値段で買い戻すから、海外に売った日本人を連れ戻して来いという命令も出しています。世界史的にはリンカーンが世界最初の奴隷解放をしたと言われていますが、こういう事例を見ると秀吉の方がリンカーンよりずっと早いですね。日本史研究や歴史教育の中でもあまり取り上げられることがありませんが、注目すべきことだと思います。

なおバテレン追放令を出した後も、宣教師たちはたくさん日本に残って、布教活動を続けていました。本当に完全追放をしたら貿易も途絶することになります。秀吉もそこまでは考えていません。ルイス・フロイスの記録の中にも、追放令を出された後にも布教活動を行っているとあります。したがって追放令は、宣教師たちに、図に乗るな！　と警告を与えたということだと思います。

徳川家康と伊達政宗

家康は最終的にキリスト教を禁止します。家康も貿易をやりたいのですが、宣教師たちが日本征服の野望を持っているということを秀吉と同じように危険視していました。しかし最終的には一六〇二年に、植民地支配者であるスペインのフィリピン総督に貿易船だけは来ることを許すが、キリスト教の布教は許さない、と書簡を出しています。

徳川政権の幕府領では、基本的にキリスト教の布教は禁止することになりますが、全国がそうなったということではありません。家康は関ヶ原の戦いで勝ったとはいえ、まだ全国政権になってはいませんでしたので、外交権を全面的に掌握していなかったのです。西日本、とくに九州の戦国大名たちは独自に貿易をしていますし、フィリピン総督、インド・ゴアのポルトガル副王とも手紙のやりとりをしています。秀吉はそれを禁止することができませんでした。天下は取ったけれど、外交権までは一元化できなかったということです。家康もそうでした。

それを証明するのが伊達政宗の動きです。政宗は自分が独自に外交をやると言って、慶長遣欧使節をスペイン国王とローマ教皇のもとに派遣しました。政宗も外交する権利を持っていたということです。現在で言えば、都道府県の知事たちが独自にアメリカやイギリスと外交するというような話です。もちろん現在は許されていません。ただ、当時はそれぞれの大名は一国を支配する国王でしたから、外交権を持っていたということです。

その後、統一政権を確立した徳川政権が国家としての外交権を掌握していくことになりますが、政宗が支倉常長を派遣したのは、大名外交権から将軍外交権に至る過渡期の外交だったということができます。使節を派遣するにあたって政宗は家康と将軍秀忠に許可を求めていますので、完璧な独自外交ではないということです。

政宗は、どういう話を家康に持ちかけたのでしょうか。南蛮貿易は、九州を中心とした西日本の大名や商人たちが主軸でした。一五九〇年に家康は、駿府から江戸に移っています。マニラから江戸に南蛮船を寄こすようにフィリピン総督に求めるのですが、だめでした。これから百年後には江戸は百万都市になるのですが、一六〇〇年前後の江戸は、家康が移転してまだ十年程度ですので、人口は十万人にもいっていません。政宗の仙台はもっと北ですし、外洋船が入れるような立派な港は整備されていません。

仙台の人口はもっと少ない。そして当時の船は帆船ですから、航行距離が延びれば難破のリスクも高くなります。ましてや仙台まで来るとなると、最大難所と言われている銚子沖を越えなければなりません。西日本に貿易船が集中するということは、東南アジアから近いし、人口も多く、大きな都市もあるからだということです。南蛮商人からすると市場性が低く、難破リスクもある江戸や仙台に船を向けるという判断はありません。つまり、家康と政宗は南蛮貿易には完全に出遅れているというか、乗れていない状態でした。

政宗が派遣した慶長遣欧使節

家康はマニラからの貿易船招致とメキシコ貿易にも関心を持っていました。いずれもスペインの植民地でしたからスペイン政府と貿易交渉をしますが、スペイン側はキリスト教の布教を強く求めていました。それが日本征服の手段であることを家康は知っていましたので、どうするか迷っていました。

そういう状態の中で、ソテロという宣教師が仙台にやって来て、政宗にいろいろと入れ知恵をしました。東南アジアは難しいが、海の向こうのメキシコをねらった方がいいですよ、とアドバイスをしました。マニラからメキシコへの太平洋横断航路が一六世紀の半ばに開かれていましたが、どこにも寄らずに太平洋を横断するよりも、仙台領のどこかに寄航地を作り、そこで水や食料を補給し、休養を取ってから航海を続けることはスペイン船にとってもよいのだというわけです。わざわざ来てくれと言っても来ないけれど、ちょっと寄ってちょうだいということだと寄りやすいということです。江戸も同じです。

当事、家康は駿府にいたので、政宗は家康のところまで行き、私が代わりにスペイン政府との交渉をしますよと提案をしました。

ただ、スペインが貿易の見返りに布教を認めろと言ってくるのは分かっていました。しかし幕府は禁教令を出しています。禁教令を撤回するわけにはいきませんので、政宗は伊達領での布教を認めるという条件で交渉しようということにしました。家康も、ではやってみよ、ということになりました。政宗と家康は南蛮貿易には出遅れていましたが、これが成功するとメキシコ貿易では先頭を走ることになります。逆転の発想です。家康も政宗もチャレンジングな精神の持ち主だといえます。

ヨーロッパに派遣された支倉常長は、スペイン国王フェリペ三世に政宗の親書を進呈しました。スペイン国王立会いのもと、常長は洗礼を受けました。国王が立ち会うということは破格の待遇です。ローマではローマ教皇の拝謁を許され、サンマルコ大聖堂の前では数万人の群集が出て歓迎のパレードが行われました。常長とその従者は、白い馬に乗ってパレードをしました。多くの貴婦人たちがあでやかなドレスを身にまとい、建物の窓から歓迎をしたということです。広場が人でいっぱいになったと記録に残されています。行列の前後には音楽隊がラッパを鳴らし、太鼓を叩いて派手にパレードを行い、にぎにぎしい式典でした。

貿易がしたいという政宗親書に対するスペイン国王の反応ですが、貿易をしたいのなら日本の皇帝（将軍）は全土の布教を許可するべきであるということでした。政宗が提示したような、伊達領だけの布教ではだめだということです。スペインは布教を通じて日本をキリスト教国家に改造していくという野望を持っていますので、貿易に応じる条件として全国での布教に固執したのでした。

支倉は特命全権大使ではありませんから困りました。貿易の許可をもらえないなら帰れないということで、支倉は他の者は日本に帰して、自分と数人の従者だけ一年間スペインに残って懇願を続けました。しかしスペイン側もいい加減うんざりして、おまえは帰れ、と言われて、失意のうちに日本に帰って来たのです。

伊達領にも禁教令

伊達政宗は、支倉の帰朝報告を一六二〇年に受け、貿易交渉が失敗に終わったことを知ります。するとすぐに、伊達領に禁教令を出しました。貿易もできないのに宣教師だけを受け入れるということなどありえないからです。支倉常長の七年間の海外生活の結果は、こういうことになりました。伊達領に禁教令が布かれたことによって、徳川政権の方針通り、全国が禁教令下に置かれました。これによって幕府は、外交権をようやく一元的に掌握することになったのです。

それから四年後の一六二四年に幕府はスペインと断交し、一六三九年にはポルトガルとも断交します。断交とは、もう来るな、もう貿易船を寄こすな、付き合いはしない、ということです。来航禁止と共に、スペイン人とポルトガル人を日本から追放したのでした。

なぜ両国と断交するということになったのでしょうか。実は支倉は一九冊もの公的な記録・日記を残していました。支倉は国王や教皇だけではなく政府要人とも会談をしていますので、その様子や、当時のスペイン、ローマ、メキシコの情勢などを丹念に書き留めていたはずです。明治の初めまでは、その旅の記録が残っていたことが確認されています。ところがその後、その一九冊は行方不明になってしまいました。無くなってしまったのか、どこかに埋もれているのかは不明ですが、もしその一九冊がどこかから現れたら、当然国宝級の文化財になります。世界記録遺産にもなるでしょう。

支倉の帰国報告は、当然幕府にもなされたと思います。そこに断交を決断させる情報があったのではないでしょうか。スペイン政府やローマ教皇は日本について何を考えているのか、ヨーロッパ情勢はどのようなものなのか、いろいろあったと思います。とくに先にスペインと断交したことは、支倉が長く滞在したスペインの情報が生かされているのではないかと思います。

支倉常長はメキシコから戻ってくるときに、マニラに一年間滞在しています。支倉が使節船（サンファンバウティスタ号）でアカプルコからマニラに着いたとき、フィリピン総督が同号を売ってほしい、と支倉に頼みました。オランダと海戦をしているので軍艦が足りないという理由でした。支倉は船を売ってしまいます。自分が帰る船がなくなりますが、マニラと九州の間では貿易船が行き来していましたから、それに乗って帰ることができます。たぶん支倉は、船を売って恩を売っておけば、メキシコとの貿易はできなくても、マニラから仙台に船が来るようになるかもしれないと考えたのかもしれません。

アジアにはオランダとイギリスが新たに進出し、スペインとオランダが戦争状態にありました。両国が戦争状態にあるということは支倉から幕府にも報告されているはずです。しかもスペインとポルトガルが相変わらず日本征服の野望を捨てていないということですから、幕府が布教に固執するカトリック国のスペインとポルトガルを切り捨て、貿易だけに徹しているオランダとイギリスに傾斜していくのも当然のことでした。支倉がヨーロッパから持ち帰った諸種の情報が、日本という国の進路決定に大きな影響を与えたのだと私は考えています。

「帝国」としての日本

幕府の断交通告に対して、スペインとポルトガルの商人や宣教師はすごすごと出て行きました。あれだけ世界中を力で征服して植民地化してきた両国が、なぜ素直に幕府の言うことを聞いたのでしょうか。そのことを解き明かした研究は今までありませんでした。

一六二一年、平戸のオランダ商館長が東インド政庁に出した書簡があります。そこには、「日本の皇帝は我々の暴力を決して許さない」「日本の皇帝は力において欠けるものはない」と書かれています。そして、日本の将軍のことを皇帝（エンペラー）と言っています。これが日本の力量を物語っています。

スペインの王様は皇帝ではありません。国王です。イギリスの王様もフランスの王様も国王です。日本は、なぜ国王ではないのか。皇帝というのは、居並ぶ国王の上に君臨した存在のことです。つまりヨーロッパ人から見て将軍というのは、たくさんいる日本の国王（大名）の上に君臨する皇帝であると認識をされていたのです。将軍は、それだけ絶大な軍事的な力と政治的な力と経済的な力を持っていたということです。だからこそ将軍は皇帝（エンペラー）と見なされたのでした。意外なことですが、日本の大名はイギリスやフランスの国王と同列だと認識されていたのです。

先の「日本の皇帝は我々の暴力を決して許さない」「日本の皇帝は力において欠けるものはない」と

いう書簡の文言は、日本で何か悪さをしたり、将軍の言うことを聞かなかったら、我々が潰されるぞという意味なのです。オランダ商館は平戸にあったのですが、長崎の出島に移れと幕府が命令しました。嫌だと言ったら追放されるだけ、あるいは処刑されるだけです。だから言うことを聞かざるを得ません。将軍の力がいかに絶大であるか、ということです。日本主導の管理貿易に、完璧に従属させたのでした。

オランダ商館長は定期的に江戸参府を義務づけられていました。江戸参府というと江戸見学のように見えますが、そうではなく大名の参勤交代と同じで服属儀礼です。将軍のもとに定期的に服属の意思を示しに行くことが江戸参府でした。

長崎の出島に行きますと、現在は埋め立てられていて海ではありません。本当に狭い空間にオランダ人は押し込められていました。オランダもインドネシアを植民地にしていた海洋国家で、ヨーロッパの植民地国家の一つです。しかし、スペインを追放し、ポルトガルを追放し、オランダを完璧にコントロール下において、あんな狭いところに閉じ込めて文句を言わせない。文句を言ったら潰される、というのが将軍の持っている権力でした。私たちはあの空間を見て、「日本皇帝（将軍）権力の強大さを示す象徴的な歴史遺産である」と認識しなければいけないのです。そうすると、歴史の見方が大きく変わってくるのではないかと思います。

そうした将軍権力の行使を可能にしたのが、強大な軍事力でした。ではなぜ日本は軍事大国たりえたのでしょうか。それは戦国騒乱を豊臣秀吉と徳川家康の時代に収束させ、統一政権を確立させることができたからです。戦国の群雄割拠というのは、大名たちがそれぞれに軍事力の増強を図り、領土争奪戦を繰り広げた状態のことを言います。いわば軍拡競争の時代です。秀吉が天下統一を成しとげ、その軍事力を一元的に掌握することができました。そのもっとも象徴的な事件が、あの朝鮮出兵（文禄・慶長の役）だったのです。二度の朝鮮出兵ではそれぞれ約一五万人の軍隊が動員されました。途方もない軍事力であり、秀吉の軍事指揮権でした。朝鮮征服は失敗しましたが、この出兵にヨーロッパ列強は腰を抜かすほど驚いたのです。日本を甘く見てはならないという教訓を与えたのでした。

将軍はスペイン語で「Emperador（皇帝）」です。朝鮮出兵をした後から、秀吉を呼ぶときの呼称として使われるようになります。日本の君主に対する認識を朝鮮出兵が大きく変えた証拠です。関ヶ原合戦で家康が覇権を確立すると、すぐに彼を「Emperador」と呼ぶようになり、イギリスも「Emperor」と呼ぶようになりました。日本の君主が皇帝と呼ばれ、日本が軍事大国だと認識されたのは、朝鮮出兵を契機としているということが明白です。

日本のことは、スペイン語で「Inperio」、英語で「Empire」、つまり「帝国」だと言っています。皇帝が支配する国が帝国です。国王が支配する国は王国です。これは日本が自分で勝手に言ったのではなく、ヨーロッパ列強がみな、そのように呼んでいました。ですから、ヨーロッパによる日本評価がこの呼称にあらわれているといえます。

この当時、ヨーロッパの皇帝は古代ローマ皇帝の系譜を引く神聖ローマ皇帝でした。中近東ではオスマントルコが皇帝です。アジアでは明国も皇帝でした。ですからヨーロッパ人は、日本という国について、ヨーロッパの国々とは格が違い、中国の明帝国と同格であるという認識を持っていたということになります。

幕末にペリーがアメリカ大統領親書を将軍宛に持ってきました。それには「His Majesty, The

Emperor of Japan」（日本の皇帝陛下）と書いてあります。日米和親条約にも「the Empire of Japan（日本帝国）」と書いてあります。外交文書に、きちんと皇帝であり帝国と書いてあります。秀吉の時代から「Emperador（皇帝）」と言われますが、その日本の評価が幕末までずっと一貫して続いていたということを証明するのがこの大統領親書なのです。

江戸時代の日本は「帝国」だった、ということを日本の将軍が勝手に言っているのではありません。日本の将軍はそんなことは言いません。ヨーロッパとアメリカの国々の人たちが、日本は帝国であるから帝国として尊重した外交をしなければならないと言っているのです。だからアメリカ大統領がこのような親書を遣わしたのでした。

江戸時代の鎖国について、閉じこもり型のひ弱な外交だと、これまで多くの人が認識していましたし、歴史研究者もそう思っていました。でも、そうではなかったのです。江戸時代の外交で大事なことは、貿易管理と人の出入りの統制でした。人の出入りを管理するのは、キリスト教の宣教師などが密入国しないように監視するためです。宣教師は神の国をつくるためには命がけでなんでもやりますので、しっかり見張っていないといけないのです。

これまで見てきたように、江戸幕府は圧倒的な軍事力を後ろ盾にして、貿易の主導権を完全に掌握し、ヨーロッパ人の出入りも厳しい管理下においていました。これが鎖国の実態だったのです。引きこもりどころか、力を誇示した外交でした。そういう意味では、鎖国とは西洋列強の侵略から日本を防衛し、貿易の主導権を握る外交体制のことだということができます。

隠れ（潜伏）キリシタンとオラショ

二〇一八年に「長崎と天草地方の潜伏キリシタン関連遺産」が世界文化遺産に認定されましたので、潜伏キリシタンのことが注目されています。隠れキリシタンと潜伏キリシタンは最近の研究では意味が違うとされていますが、ここではこだわらずに隠れキリシタンで総称しておきます。

先ほど秀吉が聴いた西洋の音楽は何かということについて、音楽史学者の皆川達夫さんのことを紹介しましたが、ここでも皆川さんが大発見をしています。長崎の隠れキリシタンの人たちは「御前様」（聖画）に捧げるお祈りとしてオラショを、ずっと伝えてきました。オラショとはラテン語「otatio」（祈り）のことです。皆川さんは平戸の生月に伝えられているオラショを聴いて、これはラテン語の詩編一一六「ラウダテ・ドミヌム・オムネス・ジェンテス」（全ての国よ、主を賛美せよ）と同じメロディだということを発見したのです（『洋楽渡来考』日本基督教出版、二〇二〇年）。生月のオラショもラテン語の曲もYｏｕＴｕｂｅにアップされていますので、聴いて比較することができます。唱えられている祈りの言葉は、ラテン語とほぼ同じ言葉なのです。聴いて驚きました。

ただし生月の人たちは、自分たちをキリスト教徒だとは思っていません。歌の意味も分からないとのことです。ただひたすら呪文のように、江戸時代からラテン語の祈りの言葉を伝えてきたのでした。このことについても評価が分かれています。一つは、もはやキリスト教ではなく日本の土俗の宗教になっていたという見方です。もう一つは、ラテン語のオラショやキリスト教的な祈りの儀式が伝えられてきているのでキリスト教そのものだという解釈です。隠れキリシタンと呼ぶか、潜伏キリシタンと呼ぶかという問題にも関わっています。

キリスト教と日本の二度目の出会い

江戸時代の初めに日本からキリスト教が追放されました。二度目のキリスト教との出会いは、一八五三年にペリーが浦賀に来航して開国をしてからです。外国人居留地には開港した段階で、外国人のための宣教師の滞在が許されました。その後一八七三（明治六）年にキリスト教布教の自由が公認されました。そこからキリスト教と日本との新しい関係が始まったのです。

明治以降の宣教師たちにとって日本というのは、キリスト教社会としてのフロンティアでした。キリスト教社会を建設するという使命を持った宣教師の人たちが、カトリックもプロテスタントもたくさん日本にやって来ました。この段階では戦国期に持っていた、征服するぞ、という領土的な野心はもうなかったようです。

一方、日本にとってのキリスト教は、欧米文化としての魅力を持っていました。加えて、宣教師の人たちの非常に活発な教育活動と慈善活動が日本社会に大きな影響を与えました。仙台では、一八八六（明治一九）年に宮城女学校（宮城学院）と仙台神学校（東北学院）、一八九三年に仙台女学校（仙台白百合学園）、一八九九年に尚絅女学校（尚絅学院）が創設されました。カトリック、プロテスタントそれぞれの人たちがこのように活動をして日本にキリスト教文化、キリスト教の教育というものを伝えてくれたのです。こうして日本の歴史・文化と、欧米のキリスト教的な文化と文明が融合する時代が到来したのでした。

なお最後に、今日お話した戦国時代から江戸時代初期にかけての内容は、『戦国日本と大航海時代――秀吉・家康・政宗の外交戦略』（中公新書、二〇一八年）に書いております。幸いにして二〇一九年和辻哲郎文化賞をいただきました。ご関心のある方はお読みいただければと思います。ご清聴ありがとうございました。

（二〇一九年五月一八日　講演）

日本のキリスト教受容の諸相をふりかえって

川村　信三

皆さんこんにちは。川村と申します。今日はどういう方々がお集まりになるのかと不安だったのですが、大体がカトリックの信者さんでしょうか、全くカトリックは知らないという方はおられますか。そういう方でも大丈夫です。

今日は、約一五〇年前に「信徒発見」という出来事があり、長崎の潜伏キリシタンが、フランス人のプチジャン神父のいた大浦天主堂に現れました。その話をいたします。それから現代にも結びつく話をしたいと思います。

昨年（二〇一八年）の九月一二日に、私のイエズス会のレンゾ・デ・ルカ管区長が私に電話をかけてきて、「来週ローマに行けませんか」と言うのです。「なぜですか」と尋ねると、「ローマ教皇が会いたいと言っているから行こう」と言うのです。私は全然関係がなかったのですが、ある団体と付き添いの神父二人を連れて行くはずが、一人の神父が行かれなくなったので、私に代行をせよとのことでした。教皇の一般謁見というのはご存知ですか。謁見場の一番最前列に陣取り、臨席される教皇と握手をしたり、ちょっと話をしたりするのですが、私たちが行ってみると個別謁見・特別謁見で、しかも謁見所の横にある小さな応接間に引き入れられて教皇とお会いすることだと後から知りました。レンゾ管区長は教皇の弟子とも呼ばれるアルゼンチン出身だということもあり、このような特別の場を設定されたのでしょう。そのとき教皇はカメラマンをたくさん連れて来て、そこで、「私は来年、日本へ行きます」とイタリア語で語られたのです。教皇来日の知らせはそれが最初でした。私たちの謁見の様子は、五時間後のＮＨＫニュースに流れていました。教皇が来年日本に行くよ、と言われたので、日本の司教団がその準備をしています。一一月に東京に来られます。長崎、広島にも行かれるそうです。教皇フランシスコはとても人気があるので、誰もが喜んでお迎えすると思います。

実は、私は今あるプロジェクトで東京の大手書店と、「日本バチカンプロジェクト」ということをしています。バチカンの図書館と文書館のいろいろなものを紹介するというプログラムです。そんなこともあり、この機会にバチカンと日本、教皇と日本ということを考えてみたいと思います。その一番重要なところに、今日お話しする、一八六五年に大浦天主堂で行われた、信徒発見という歴史を皆さんと考えてみたいと思います。一八六五年三月一七日、長崎浦上の潜伏キリシタン一七名ほどがプチジャン神父のところに現れます。そして、「自分たちはカトリック信者です」と言ったので、プチジャン神父はとても喜んで、すぐにローマ教皇ピウス九世に報告しました。ピウス九世は、その三年前の一八六二年に日本が開国したと聞き、日本のキリスト教がもう一度盛り上がって欲しいということで、二六聖人の列聖をしていました。パウロ三木と二五人の殉教者です。二六人のうち二三人がフランシスコ会の関係者で、三名がイエズス会です。その中にイエズス会で一番若いパウロ三木がいました。

二六聖人で盛り上げようとした教皇ピウス九世が、今度は、一八六八年一月八日に「信徒発見」を世界中に知らせようとされました。これはすごいことで「東洋の奇跡」だとおっしゃったらしいのです。私は二ヶ月ほど前にバチカンに行き、この手紙を探そうとしたのですが、なかなか見つかりませんでした。とにかくピウス九世をはじめとするバチカン関係者はこの潜伏キリシタン発見の出来事を「東洋の奇跡 A Miracle of the Orient」と考えていたようです。何が奇跡か、ということです。潜伏キリシタンたちが信仰を失っていなかったことが奇跡なのでしょうか、カトリック信仰がそのままあったから奇跡なのでしょうか、いろいろな考え方があります。私は今までの話で考えたときに、江戸時代、一六一三年から禁教が始まり二五〇年の間、司祭がいない、ローマからも全く連絡がない完全に孤立したカトリック共同体が、全く同じ信仰を表明でき、戻ってきたということがミラクルだと思うのです。他のいろいろなところに潜伏キリシタンの方がいます。東北にも岩木山の麓辺りには都から来た潜伏キリシタンの集落がありました。いろいろな地域にありますが、このミラクルが特別なのは、長い間カトリック教会に全く触れていなかった人たちが、元の鞘に収まったということです。普通は戻ってきても、私たちとこの人たちは同じなのかという疑問が起こりますが、それがありませんでした。一八六五年に大浦天主堂に来た潜伏キリシタンたちが、「私の旨と、あなたの旨は同じです」とおっしゃったのです。「私の旨」というのは、その後、「私の心とあなたの心は同じ」と訳をされていますが、最近の研究者が言っていることでは、「旨」、すなわち「宗旨」です。ですから、「私はカトリック信者です」と言ったと同じことになるのです。全く秘跡もない、司祭もいない、それなのに元に戻れたのはどういうことでしょうか。そのことを皆さんと考えてみたいと思います。

ここで、三つの重要なポイントがあります。ピンポイントでカトリック教会の信仰を表現できた三つのキーポイントです。第一番目は「東洋の奇跡」を可能とした三つの最重要ワードとしての「信徒組織」です。コンフラリア（Confraria, Confraternity）という、ザビエルが来た直後から日本に根付いた信徒組織の話が一つです。第二番目は「バスチャンの予言」です。「バスチャンの予言」とは、セバスチャンという日本のカテキスタの伝承で、この方が一つの口伝を残しました。第三番目は、「こんちりさんのりやく」と名づけられた祈祷のための冊子です。この三つを理解しないうちは潜伏キリシタンがカトリック教会に合流できた理由は分かりません。今から話すことは、カトリックの真髄部分（秘跡論）に関わってきますから、おそらく一般の講演会でこの話をしても誰にも理解してもらえないと思います。カトリック信者の皆さんだから理解できるのだと思います。ただ単に隠れキリシタンたちが出てきて良かったという話ではないのです。

それからもう一つ冒頭にあたって言っておかなければならないことは、皆さんは隠れキリシタン・潜伏キリシタンという言葉をよくお使いになりますが、彼らは隠れていたわけではありません。普通に農民として生きていました。自分の心の中だけで信仰し、外目に隠しているだけです。これを潜伏と言います。潜伏キリシタンは英語で「Crypto Christian」と言うので、「地下（Crypto）」に隠れているキリシタンというようなイメージを持ったり、「Hidden Christian」として人里離れて他のグループの人と交わらないイメージを持ちますが、そうではありません。普通に農民です。この人たちが二五〇年間、何の連絡も手がかりもないまま放置されていたにもかかわらず、彼らがキリスト教のカトリックというアイデンティティーを見失わなかったことについて今から紐解きたいと思います。

第一番目に信徒組織の話をします。皆さんは「信徒信心会」という話を聞いたことはおありでしょうか。コンフラリアとは「信徒信心会」のことです。これはヨーロッパでは非常に重要な概念です。教会という場合には、教会に集う小教区というものがあり、教区の中でミサを執り行う聖職者がいて、皆で教会共同体を作ります。しかし信徒信心会というのは、ある意味でクラブ、サークルみたいなものです。一三世紀のイタリア、特にフィレンツェという町から始まった、信徒たちが毎週日曜日にミサに行くのはもちろんですが、何かもう少し自分たちで自発的な行動がしたいという思いが募った結果グループを作りました。例えば、貧しい人や病人の世話などを活動としていました。鞭打ち苦行を自分で行うという習慣がありました。四旬節などです。そういうことをグループでやり始めるのが一三世紀のイタリア人です。このように信徒信心会というのは、最初に鞭打ち集団運動から始まりました。ある人が広場で、もろ肌脱いで自分に鞭打ちをしながら歩き始めたのです。それを見た他の人が真似したというのです。それが全イタリアに飛び火しましたが、熱狂がさめた後、各地に残った団体が「信徒信心会」を形成しました。要するに「教会内」のクラブ、サークル活動です。

各五〇人から百人くらいの団体を作りますが、信徒だけで司祭は加入しないのが原則です。司祭は司祭、修道士は修道士で自分たちのグループを作るということがありましたが、通常は信徒の集団です。ですから教会のミサに行くだけでは物足りないという人たちが、何かしよう、という形でグループを作り、サークル活動をすることが一三世紀以後に流行りました。集団の規模は一五〇人から二百人です。これは信徒だけの団体で、何か目標を持って集まるのです。毎週金曜日に皆で鞭打ち苦行をする、しかしそれだけでは一時間で終わってしまうから、他に何かしようということで、この団体の目標が決まります。その目標を決めた一番大事な要因が、「マタイ福音書」の二五章に書いてあることです。そこには最後の審判の場面が書いてあります。そのときに天国に連れて行ってもらえる、キリストが友人だと言った人たちが何をしたかというと、「渇いた人に水を与え、飢えた人に食べさせ、病気の人を見舞い、監獄人を慰め、裸の人に着せ、旅人に宿を貸し」という六つの行為でした。死者を埋葬するというもう一つの行為を加え七つの慈悲（ミゼリコルディア）の業とされていました。この「七つの慈悲の業」がカトリック教徒にはとても大事でした。それを信徒信心会が、われわれは病人を世話する団体、われわれは死者の埋葬を一生懸命にする団体などそれぞれ目標を決めて集まります。それが信徒信心会の起こりです。三〇年ほど前までは、キリスト教の歴史には全く忘れ去られた概念でした。結局、信徒信心会があったから、カトリックのいろいろあった大変な歴史を乗り越えることができたのです。それくらい再評価されているものです。おそらく皆さんは初めてお聞きになったと思います。信徒信心会の歴史が思い起こされたのは三〇年ほどまえのことです。今はコンフラリア研究が盛んです。この信徒信心会（コンフラリア）の発想は、司祭の指導がなくても信徒だけで組織していき、自分の信仰心をもっと高めたいということでした。信心と言うと迷信のような、信徒が勝手にやっている、とのニュアンスがありますが、私は、信心とは「信仰の工夫」と言い替えています。それは日曜日に教会に行き、ミサに受け身で参加することだけで満足することなく、自分たちが自発的に何かを加えようという心です。毎日何か少しずつ加える。自分の教会生活プラス一、これを工夫していくことが信心だと思います。それを皆でやろうとしたのが信徒信心会なのです。これについては、一六世紀には雨後の筍のようにたくさん誕生しました。フィレンツェという町ではコンフラリアの団体が一六〇くらいあったそうです。百年後にはローマで一二〇くらいのコンフラリアの団体がありました。その中でも一番大事なのがミゼリコルディアの組（慈悲の組）です。病人を世話しながら、死者の葬儀と埋葬をするという団体です。そういう団体の発想は、一六世紀にザビエルが日本に来た際、同行したコスメ・デ・トルレスという人がこの規則を日本に持ってきています。まだ教区や教会はありませんでした。集まってきた日本人たち、信者の団体しかありませんでした。司教着座は五〇年後です。したがって、信徒をまとめるためにポルトガルのリスボンにあったミゼリコルディアの組の規則が用いられ、共同体作成のモデルとなったのです。最初にコスメ・デ・トルレス等が来た際には、こういう団体を作りなさい、こういうふうにしてみなさい、と渡したのがコンフラリアの規則で、ミゼリコルディアの規則だったのです。

豊後の府内というところに病院を作りました。病院を手伝っている十数人の信者さんたちにコスメ・デ・トルレスが渡した「規則」通りに運営されたものが日本の「慈悲の組」です。ポルトガルでとても盛んに行われたことをイエズス会の宣教師たちが日本に持ってきました。死者の葬儀と埋葬を徹底的に行いました。すると共同体の核がだんだんとしっかりしてきて、そのコンフラリアの中には信徒の代表者たちがその団体を運営するようになります。初めは豊後府内に病院があり、イエズス会宣教師たちもそこに一緒にいましたから、そこで五〇人くらいの慈悲の組の枠を作って組織を作りました。これが日本最初の教会共同体です。豊後府内は大友宗麟の町ですが、コンフラリアの発想が周辺の各村に飛び火します。豊後府内であんなことをしているから、うちの村でも同じことをやろうと、キリシタンになった長老たちが同じことを始めました。それが各地でいろいろなグループを作っていきました。このように日本の初期の教会共同体が各地に作られました。

一五九二年の統計によれば、当時の信徒数はおよそ二二万人で、教会のチャペルは二百ヶ所ほどありました。これを指導していたイエズス会の司祭の数は四〇人でした。つまり六千人の信徒に一人の司祭しかいなかったわけです。教会堂（チャペル）が二百ヶ所というのは、現在のように一つの教会に一人の神父がいるという状況ではないことがすぐお分かりになると思います。各共同体に信徒さんたちの代表がいて、代表のもとにコンフラリアのような組織がしっかりとしていました。この四〇人はその共同体を巡回していたという構造です。そのような感じでキリシタンは広がっていきました。その基となったのがコンフラリアという組織の枠組みです。コンフラリアには規則があり、活動や、祈りなどいろいろなことを決めるわけです。日曜日は必ず町の教会に行くことや、死者を葬るときの手順が書いてあります。ちょうどその頃の日本では行き倒れの死者の埋葬などが行われていましたが、ただ穴を掘って埋めるだけでした。それは三昧聖（ひじり）という最下層の人たちが行っていました。それをキリシタンたちは丁寧に貧富の差なく行うので、豊後府内の近くで行われた葬儀には三千人の見物客が来たと記録にあります。キリシタンの葬儀があまりにも美しいので、心を打たれて帰ったという記録です。それらは全部信徒が行っていました。そういう組織の核が、ザビエルが日本に来た直後にできるのです。

一五八七年にバテレン追放令が出されました。秀吉はキリシタンがあまりにも成長しているのを見て、お灸を据えなければならないとして、高山右近などを追放したバテレン追放令を出しました。これはよく間違われますが禁教令ではありません。バテレン（指導者）を追放するだけなので信者は各地に残ります。コンフラリアの作り方の基本は、聖職者の直接の指導を受けない信徒のみで集団をまとめるという発想でした。ヨーロッパから日本に渡ったときも。宣教師がいなくなったとき、各地に二百ヶ所ほどあった集団の信徒のリーダーたちは困ったでしょうか。宣教師がいなくなった、これで教会も終わりだ、と思ったでしょうか。そうは思わなかったはずです。司祭の巡回の数が減った。しかし、共同体を守り続ける覚悟がありますから、ミサとゆるしの秘跡が難しくなったくらいにしか思いませんでした。共同体は残っています。これが実は長崎の水方、帳方、聞役のような信徒のリーダーが残っていく共同体の核作りにも共通する信徒集団のあり方です。今までは公に埋葬や慈善事業をしていましたが、公にはできなくなったため、自分たちを相互に守る、潜伏するという目的にコンフラリアの枠が変わっていきます。この枠（フレームワーク）がとても大事です。これがなければ、その後の信仰というものが伝わりません。水方は、信徒の中で洗礼を授ける役割です。帳方は、暦を持っている人です。キリスト教の暦を持っていて、今日はキリスト教では何の日かと皆に伝える役割をしています。聞役は帳方の助手で、それを皆に伝えるという役務で、これは全てコンフラリアの名残です。

第二番目は、一六五七年「郡崩れ」の際、伝えられたというバスチャンの予言です。江戸幕府の禁教令が始まってから、約四五年経った後です。世の中には、まさかもうキリシタンは残っていないだろう、残っていたとしても全然力がないと思っていたら、全国三ヶ所から潜伏キリシタンが相ついで露顕したのです。それを「崩れ」と言います。一番大きい崩れは「郡崩れ」と言い、長崎の大村藩の崩れで二百数人が殉教しています。もう一つは大分県の豊後から潜伏キリシタンが出て来て五一七人が逮捕されました。そのうち一割くらいが殉教しています。そして名古屋の濃尾ですが、これらを「三大崩れ」と言います。この中の「郡崩れ」は大村藩の出来事で、バスチャンというのは、ここに生きた人です。日本人で伝道士と言われる役務で司祭ではありません。伝道士はカテキスタとも呼ばれます。信徒でありながら司祭の助手をするような役割をしていました。このカテキスタであった（セ）バスチャンがこのときに逮捕されます。長崎の鈴田の牢に三年三ヶ月間幽閉されました。そのときに潜伏キリシタンがときどき訪ねていろいろなことを聞きに行き帰ってくるという往復運動をしました。そのときにバスチャンはいくつかのことを共同体に託します。まずは「暦」です。「バスチャンの暦」と言います。「これは大事なので持っていなさい」と言って託しました。何月何日は何を祝うなどと書いてある帳面を渡したそうです。「今、迫害が始まって、皆が苦しんでいるけれども心配することはありません。七代経ったら必ず告白を思う存分聞いてもらえる時代が戻ってきます。それまで頑張りましょう」という希望を与えました。七代経ったら司祭が帰ってきて、信仰がまた取り戻される、という伝承についてよくお聞きになると思います。今の長崎の外海、五島にこのときのバスチャンの口伝が残っています。その用語に注意が必要です。「司祭が戻ってくるから待っていなさい」という言葉は使っていません。「宣教師が戻って来ます」という言葉も使っていません。使っているのは、「コンヘソーロを待ちなさい、七代経ったら必ず戻ってきますから、それを皆さん確かめなさい」ということです。つまり「聴罪師」（コンヘソーロ）を待つということでした。帰ってきた人がコンヘソーロかどうかを確かめる質問をバスチャンは伝えています。私は初め本当に口伝があったのか疑いを持っていたのですが、百年前の元研究者であった仙台の浦川司教が徹底的に調べ上げた結果、「二五〇年間コンヘソーロを待て」という口伝がしっかりと残っていたと実証されています。実はこの「コンヘソーロ」というのがとても大事な言葉なのです。「聴罪師」、すなわち「ゆるしの秘跡」を聞くことのできる人、ゆるしを与える資格を持っている人が帰ってくるからこの人を待ちなさい、あなたたちの告白（confessio）、コンヒサンを思う存分聞いてもらいますから、という話なのです。このあたりからカトリック神学の領域に入っていきます。

コンヘソーロとは何でしょうか。先ほど、七代と言いましたが、だいたい一代を三〇年と数えるのは聖書にもあることで、七代は二一〇年です。バスチャンが殉教を遂げた頃とされる一六四七年に二一〇年を足してみると、一八六七年になります。明治維新の前年です。ということから七代ということはだいたい合っています。そして、その頃（一八六〇年代）を見計らって浦上の潜伏キリシタンたちは、「そろそろだよね、黒船が出てこないかな」と言いながら待っているのです。彼らはバスチャンが残した通り、この人が聴罪司祭かどうかを確かめに来ました。このときの質問は有名ですからご存知かと思います。第一問目は、「あなたは独身かどうか」。独身でなければ「コンヘソーロ」ではありえません。第二問目は、「ローマの頭の名前は知っていますか」。この質問はカトリックの頭の下に仕える人であるという意味です。第三問目は「サンタ・マリアを尊敬している人かどうか」。聖母マリアの崇敬はカトリック独自のものです。つまり、この三つの条件を満たす人が聴罪師で、それはイコール、カトリック司祭です。

大浦天主堂に現れた潜伏キリシタンのイザベラ・ユリナたちは、三月一七日の数日前に、プロテスタントの牧師のところへ行ったとされています。皆が待っていると、牧師夫人が皆にお茶を持ってきました。すると皆は、この人はコンヘソーロではないと気づいて帰って行きました。次はあの南蛮寺へ行ってみよう、ということになりました。「あなたは独身でしょうか」、「まさか国元に家族はいませんよね」。「ローマのお頭の名前はご存知ですか」、「ピオノーノ」という答えも確かに返ってきました。そこで皆は胸をなで下ろしました。次に「あなたはサンタ・マリア様を尊敬しますか」と言うやいなや、「こちらに来てください」と言って連れて行かれたのが、サンタ・マリアの御像の前だったのです。このように、コンヘソーロを待っていた事実は明らかです。「宣教師」を待ちなさい、ということであれば、前日に訪れたイギリス人の牧師・宣教師で皆は満足したかもしれませんが、しかし待っているのはコンヘソーロでした。

コンヘソーロがなぜそれほどに重要視されたかを説明するのが、第三番目の『こんちりさんのりやく』です。「こんちりさん」とはポルトガル語の日本語転化を音写した言葉です。ラテン語では「contritio」です。このあたりの内容を理解するのはなかなか難しくなってきます。『こんちりさんのりやく』は、「りやく」（利益）、「りゃく」（略）のどちらかという論争がありますが、私は「利益」だと思っています。冊子にしたら一五頁くらいの小さな本です。この書物の中に書いてあることがすごく大事で、「こんちりさんをしっかりとしなさい」という本でした。一五九〇年代に書かれたものだと言われています。「言われています」というのは、原文が残っていないからです。写本しか残っていません。日本各地に残っていて、例えば東北では岩木山の麓の人々が隠し持っていました。しかし、彼らにはバスチャンの予言がなかったので、ピンポイントで戻ってくることはできなかったのですが、長崎の人々は『こんちりさんのりやく』の本をバスチャンの予言と結果的にむすびつけることができたのです。一五八七年、バテレン追放令になり一時期、司祭たちが追い出されました。残された約二〇万人の信徒たちはどのようにしてミサとゆるしの秘跡を受けるのでしょうか。告解（コンヒサン）は、実は司祭に対して行う行為ですが、司祭がいなくなったら困ることになるでしょう。特に一五六〇年代のトリエント公会議では、秘跡についてプロテスタントがいろいろなことで批判したので、秘跡とは絶対に大切な七つという観点が失われ、その中に「ゆるし」は含まれなくなっていたことから、カトリック教会はゆるしの秘跡は特に大事だと強調するために、信徒に年に一回は必ず行うことを再強調しました。もしも大罪があったとしたらコンへソーロのところへ行き、「口」で自分の罪を告白しなければいけないという点が強調されました。そして司祭がいなくなりました。臨終の床にあって、ひょっとしたら私は大罪があるかもしれないと不安になる人は少なくありません。迫害下では不安になったとしても司祭をみつけだすのは大変難しいことです。山奥にいる信徒が、司祭を早く呼んできてくれと言って三日も四日もかかって長崎の町に呼びに行って連れてきたとしても効率が悪い。そんなことで一五九〇年代のイエズス会の宣教師たちは、臨終の床にある人に対しすごく苦しんでいました。ゆるしの秘跡ができないとどうするのか、とすごく悩みました。そのときにイエズス会の宣教師たちはゆるしの秘跡の例外を考えました。ゆるしの秘跡は、三つの行為から成り立っています。第一は「心からの痛悔」です。心から悪いと思わなければ、ゆるしの秘跡は成立しません。これが「真の痛悔」(contritio)です。それを口で告白をします。これが第二の行為すなわち「告白」(confessio)です。第三番目に償いとして宿題を課せられます。これが業で償う(satisfactio)ことです。この三つがそろって初めてゆるしの秘跡の成立をしたと認めます。カトリック教会は客観的な目に見える教会を重視しますから、きちんと教会に足を運んでゆるしの秘跡に与るということです。ところがここから二つに分かれるのですが、心の痛悔は自分一人でもできます。しかし、この二番目と三番目の行為は司祭による何らかの指示がないとできません。したがって迫害下、司祭のいない中で皆は苦しんでいるのです。そこで登場するのが、イエズス会宣教師たちの考案した「例外規定」です。イエズス会の神父たちは、第一の「痛悔」だけを百パーセント徹底的にしておけば、二番、三番は同時に行わなくともいいことにしました。司祭が目の前にいないときはいいです。後で現れてからでも問題ありません。心の中で自分が悪かったと徹底的に痛悔すれば、ゆるしの秘跡は成立することにしましょう、という例外を設けたのです。これは臨終の床にある人たちには大いに救いとなりました。心の中でゆるしが成立するというのは、「司祭がいないとき」というのが条件です。

『沈黙――サイレンス』の映画の中でもそうですが、信徒たちが必死になってコンヒサンをしに来ていました。できなかったら地獄に落ちるように思われています。私は、あれは少し違うと思います。イエズス会は『こんちりさんのりやく』として一五頁くらいの冊子の末尾に、心の悔い改めの祈りの「オラショ」をつけているのです。このオラショを何回も唱えたら心の痛悔ができたことにするという条件でした。だから救いの希望はまだここに残っているのです。『沈黙』が描くような、あれほどまでの悲惨な状況というのが常態化していたわけではないと思います。それが証拠に『こんちりさんのりやく』の最後に書かれているオラショは、二分くらいで唱えられるので皆、暗記します。例えば、代官所で踏み絵を踏まされた長崎の信徒は、家に帰るとその足を桶で洗ったそうです。そして、その桶の水を飲みながらこのオラショを何千回も唱えたと言うのです。これは『こんちりさんのりやく』の例外措置があったから可能になった「安堵」への道です。だから希望をつなぐことができたのです。コンヘソーロを待つことができたのはこのためだと思います。これが伝承されている長崎、外海、五島の人たちが、ピンポイントで戻ることのできるきっかけです。これは当時としては日本だけで通用する例外規定でありカトリックの教義ではないと怒られるかもしれません。しかし、イエズス会の宣教師たちは、苦しんでいる人たちがいて、移動できる人もいないので苦肉の策として生み出したのですが、やはり気になったのでしょう。一五九三年にローマに派遣された一人の宣教師に、日本の例外を認められるかという質問状をリストアップして持って行かせています。「日本ではこんな難しいことがあり、ヨーロッパと同じようにはできないので例外を認めてもよいか」というリストには二〇数項目もの例外が並んでいます。例えば金曜日の断食（大斎）が守れない場合、大斎規定を守らなくてよいか。なぜかというと金曜日は領主が頻繁に宴会をするからです。それに出ないと家臣として怒られてしまうので、それにキリシタンは出る義務がある。また、村中がお正月に「しめ縄」を飾るのが、キリシタンが「しめ縄」を飾らないでいたら村人として村の総意に反することになる。どうしたものか。そのような質問状の最後に「ゆるしの秘跡は心の中で徹底させておけば、ゆるされますか」ということが書かれてあります。それをローマに持って行きました。するとローマにいた神学者は、「迫害があってこういうこと（ゆるしの秘跡の二番目と三番目の行為）ができない場合は心の痛悔を徹底させなさい」と回答を出したそうです。それを喜んで持って帰ってきたその人物は、ローマでこんなお墨付きをもらいましたと報告したので、これが印刷され皆に配られました。配られないところでは、皆で原本を必死に書き写して持っていて、他所へ回したそうです。これが『こんちりさんのりやく』です。

結論部分に入ります。何が言われているかというと、これら全てはカトリックの秘跡に関連することなのです。秘跡論です。秘跡があってこれを重要視するという心が二五〇年後に奇跡を起こしたのです。言っている三つのことは全て秘跡を継承するための枠なのです。私は「秘跡の記憶（memory of sacraments）」という言葉を使っています。それは教会で行われている秘跡そのものではありませんが、そういうきっかけを作って人々はそういう記憶を残そうとしました。それが二五〇年後に実際の秘跡が実行できるときに合流できた、ということが信徒発見のミラクルです。この話はやはりカトリック教会の中だけで通じる話です。あの信徒発見の歴史事実は、百パーセントカトリックの話です。そのように秘跡の記憶を残して、信徒たちは『こんちりさんのりやく』というものを継承させたのです。

三つの基本にもう一つ加えるとすれば、資料の五頁に書きました忍耐力です。その潜伏キリシタンたちが忍耐をして希望を持って、そのようなきっかけを大切にしながら生きてきました。魂の永遠性というか、不滅というものを彼らは知っています。これは、今、苦しんでいても来世では絶対に良くなるという希望です。そういうものを持ち続けたと言われています。バスチャンの予言と『こんちりさんのりやく』のオラショは、長崎周辺、外海地方、五島の地域に伝承されたものです。残念ながら平戸や生月などには、コンフラリアの痕跡は残りましたが、バスチャンの予言がありません。『こんちりさんのりやく』がないので、彼らは二五〇年後にカトリック教会に戻って来ることができませんでした。きっかけがないのです。しかし、長崎、外海、五島の人たちは、これらを持っており、バスチャンの予言を繰り返していたので抵抗なく帰ってこれたのです。そこには四百年前のカトリック信仰とのつながりをはっきりと意識させる装置が機能していたと私は考えています。明治開国期となって問題なくカトリック教会に復帰できたのは、この二つの伝承を有していた地域だと言われています。もう一つ有名な潜伏キリシタンの地域である平戸と生月地方は、パリ外国宣教会の司祭たちに遭遇しても、カトリック教会への復帰の理由を見出させなかったのです。フランス人たちが持ってきたのは「新教」であり、先祖の四百年前の信仰とは全然違うと言ってしまうのです。その信仰は四百年前のカトリックを起源とするものの、江戸時代を通じて民間信仰化し、土俗化して変容を遂げてしまいました。ここでいろいろな議論があります。長崎の方でも潜伏キリシタンの人たちの信仰は本当の信仰ではない、日本化してしまいカトリックとは全く縁がなくなってしまった、民俗宗教みたいになってしまったという一面もあります。しかし、そうではない面もあるのです。それが長崎の潜伏キリシタンです。だからこそ奇跡と呼べるものなのです。この信徒発見の事柄は一般的なことではなくて特別なことです。「東洋の奇跡」は、このように、「潜伏キリシタン」の組織的な「信仰」「希望」「愛」そして「忍耐」の継承によって実現したと私は考えます。そして、それを実現させたのは、何よりも、カトリック教会としての最も重要な「秘跡」の記憶であったことを確認したいのです。

ちょうど話が一つ終わりましたので何か質問をいただければ、もっと話を深められるかと思います。いかがでしょうか。

質問　先生が今お話しされた内容について、他の先生方は同じような意見、または他の意見をお持ちなのでしょうか。

川村　私は他のところでもこの話をしていますし、反論はないのですが、カトリック神学的にはこのように説明ができます。

質問　いろいろなキリシタンの本がありますが、このような話は珍しいのではないでしょうか。新しいお話に私は目から鱗という感じを受けました。

川村　キリシタンの歴史の解明については、いろいろな人が携わり、いろいろな角度から話をします。しかしこういう信仰の面に光を当てる話はあまりありません。信仰の話ですから客観的な歴史学の対象にならないのです。しかし、私はコンフラリアや『こんちりさんのりやく』などの状況証拠を踏まえながらすると、はっきりと出てくるのはこういう結論ですと提示できるのではないかと思い、話しています。ですから、歴史学者はここまで深入りはしないのです。こういうことがあったね、不思議だねということだけですが、信仰者の立場から考えてみますと、こういうところが大事だと思います。この話は一般の学会ではほとんどしませんし、してもほとんど皆さん分かりません。学生などには話してもなかなか理解しにくいと思います。『こんちりさんのりやく』という言葉自体が理解不能です。これは、ゆるしの秘跡を知っている人が初めて合点がゆく話なので、そういう意味では目新しいかなと思います。

質問　長崎純心大学の宮崎賢太郎先生は、初期のキリスト教の受容の時点で、すでにカトリックとは異なる受容の仕方をして、その時点からキリスト教とは違うものが出たという話をしていますが、それに関してはどのようなお考えでしょうか。

川村　長崎の宮崎さんの話が出たので、ちょうど良いところなのでお話をします。今、私たちもいろいろ考えているところで、問題は、純粋な信仰とは何かということです。それは二つあると思います。宣教師たちが伝えた書き言葉での教義カテキズムという上層の部分と、もう一つ下にポピュラーな部分があると思います。こちらにはポピュラーな人々がいます。潜伏時代があり、二層であってこちらはなかなか理解できないということがあったと思うのです。しかし、教えていたし受け入れていたという構造があったと思います。ところが迫害が始まると伝える側の上層部がなくなり、ポピュラーな部分だけ残りました。それを宮崎さんたちは上部の信仰理解と比べるのです。すごく不公平なことをしているのです。二つの層があって理解できなかったかもしれないけれど、伝えようとしていた信仰は同じで、それが形にはならなかったかもしれないけれど彼らはこのことをよく聞いているのです。そういうことで全く初めから受容していなかったという言い方はできないということです。

特に遠藤周作さんなどが、藁の十字架を農民たちが喜んでもらっていき、形のみを大切にしていた、本当のキリスト教を理解していなかったと言うのですが、本当のキリスト教とは何なのかということです。ポピュラーなキリスト教もキリスト教でしょう。エリートのキリスト教ももちろんキリスト教ですが、これが伝わっていないから受容ができなかったという結論はできないのではないでしょうか。

一六世紀のヨーロッパで一般のキリスト者は、文字でキリスト教を知ったのではありません。耳で聞き、理解して分かったところを実践しているのです。文字でキリスト教や宗教が布教されるようになるのは、一九世紀以後で宗教学が発達した後です。その宗教学が発達した形をここに持ってきて議論しても何の意味もありません。何が本当のキリスト教で、何を受容したかということは、このときに問題にはならないのです。宣教師が伝えて何とか形にしようとした人たちの心があれば、それはそれで受容なのです。以上のことは天理大学副学長の東馬場さんが強調されていることを繰り返したままでです。ポピュラーとエリートに分ける構造があったと思います。だからといってポピュラーの方がエリートの真髄を理解しなかったという話にはなりません。

質問　この三つの他に霊的な働きや霊的な証ということについて、先生はあったと思いますでしょうか。聖霊の働きという意味です。

川村　歴史学者としてはノーコメントです。神父としてはＹＥＳです。もちろんあったと思います。何もない状況にバスチャンという人物が現れただけでも私は聖霊の働きを感じます。そこで奇跡が起こったということは大変なことです。それを私は神父として確信します。大学の歴史学科の授業では、それを言ってしまうと議論が終わりになるので言及は控えています。

コンフラリアという話は、三〇年くらい前まで皆は無視していました。教会の歴史と言うと、教皇と神学者、公会議、修道院、霊性の話だけをしていました。信徒たちがどうなっているかということは手付かずの状況でしたが、一九八〇年頃からイタリアの学会の人たちがこういう「鞭打ち」運動や、それに類する苦行を共にするという運動があるということで、ひょっとしたらこれは後のキリスト教会の根幹になっていくような動きではないかという議論になり、今になってようやく定説となった歴史事項です。そういう意味で、そうした前提が巧みにとりこまれて実現した「信徒発見」は奇跡といえるでしょう。どこにでも潜伏した人は存在していますが、これが二五〇年の空白を越えて戻れたことが特別なことだということを私は強調したいのです。

後半は明治時代のカトリック教会の受容についてもお話をしておきたいと思います。『明治再宣教期のカトリック史考察のための覚書』という偉そうな資料をお渡ししましたが、実は明治以降、日本においてキリスト教が受容されなかったという学会の議論に、私はアンチテーゼを持っています。宗教学会や宣教学会などでは、日本の明治以後、信徒発見の後の教会は、復活はしますが、受容に失敗したという結論です。キリスト教会は、日本には受け入れられなかったという結論で大体が収まります。しかし、そうではありません。教育の面から見たら、カトリック教育、プロテスタントを含めてキリスト教教育という面でキリスト教は何も成さなかったのか、というと全く違う結論が出てきます。その話を私は教育の歴史として組み立てました。その際にとても重要なのが、女子修道会のシスターたちと、パリミッションの活躍です。そのようなことを考えてみたときにキリスト教のカトリック、プロテスタントも含めて、日本人にどれほど影響を与えたかということです。信者は急激には増えませんでしたが、もしも信者数で数えるならば受容されなかったという結論が当たるかもしれませんが、影響力として考えたときに、受容というのはまた別の意味を持ってくると思います。

ちなみに現在、全国にカトリックの学校は幼稚園も含めて八百校もあります。そういう子どもたちがシスターたちの頑張りのもと毎日のようにイエス・キリストの話を聞いたということです。その人たちがどんどん世の中に出て行きます。これでもキリスト教は日本とは無縁と言えるでしょうか。これにプロテスタントを加えたら一五〇〇校くらいになるのではないでしょうか。皆さんと考えたいのは、潜伏キリシタンが発見されて大浦天主堂が外国人居留地の脇に建ち、そこには初め日本人は入れませんでしたが、パリ外国人宣教会（Missions Étrangères de Paris）の神父たちが居住をゆるされ、やがて、四〇キロ以内には宣教に行って良いと自由を与えられました。そのときにパリ外国人宣教師たちは、日本中を本当に歩き回りました。一番最初にしたことは、ホーム・チャーチの設立です。小教区を一つひとつ作ったのではなく、民間の家に祭壇を設けて、そこに集まってくる人たちをグループにして、また二ヵ月後の再訪を約束して巡回していました。これはホーム・チャーチということで、東京の西部や千葉県、愛知県辺りでとても流行りました。一人、あるいは二人の町の有力者、警察の署長さんや学校の先生のように村落の中では教養と学識がある人が皆のリーダーになり、自宅を開放して結婚式と洗礼式を行いました。ミサやゆるしの秘跡は神父が来るときだけ行いました。何かと似ていませんか。つまり、四百年前のキリシタンと同じことをしているのです。そういう発想で始まった教会なので、とても活気づくのです。町の中にそういう祭壇ができて、人々がだんだんと入ってきてグループができるということは、自然の成り行きですから、信徒の自主性としてもすごく良いのです。パリ外国宣教会の神父たちは日本語のあまり上手に喋れないフランス人でしたが、通常はカテキスタと呼ばれる信徒代表に共同体を委ね、時折ミサをして、人々のゆるしの秘跡を聞いていたという話でした。これがとても大事です。

パリ外国宣教会の神父さんたちには、社会改革をするというような意図は毛頭ありませんでした。社会運動を起こすという考え方は、プロテスタントの人たちに多かったようです。学校を作ったり、クラーク博士のように「少年よ、大志を抱け」と言ってみたりしましたが、パリ外国人宣教会の神父たちは目の前にいる貧しい人たち、あるいは最も小さな人たちに奉仕するという方針でした。孤児の世話などで、これはカトリック教会の特徴です。一八七二年にサンモール（現在の雙葉学園）を作ったフランス人のシスター五人が応援に駆けつけます。彼女たちの活動は最も貧しい人たちに仕えるというカトリックの正攻法です。これは先ほどミゼリコルディアの精神でお話ししたことと全く同じです。シスターたちは横浜の山手に、「仁慈堂」という孤児院を建てます。子どもの教育と言われますが、実は身寄りのない子どもたちを集めました。皆さん何かピンと来ませんか。この言葉にはやはり「慈しみ」が入っています。これはヨーロッパで流行っていたコンフラリアの模倣です。私はこの「仁慈堂」という名前が面白いなと思いました。どこかで聞いたことがあると思っていたら、マカオに行ったときに、マカオの世界遺産になっている聖ポール教会の立つ丘の階段下の広場正面にミゼリコルディアの本部があり、「仁慈堂」と正面に大書してあったことを思い出しました。今でも現役で頑張っています。イタリアのフィレンツェのミゼリコルディアは自前の救急車を持って、行政とは全く関係なく自分たちで病人の世話をしています。それがミゼリコルディアの本部です。ですから、このシスターたちもそのミゼリコルディアと同じ発想を日本に持って来たのです。今でこそ白百合、雙葉などの立派な学校を作り教育界に多大な貢献をなされている女子修道会ですが、この頃は全く身寄りのない人たちを相手にしていました。白百合がそうですね。一八七八年に函館に来たシスターたちは、孤児の世話を始めました。薬草を練って軟膏にしたものがよく効くというので、どうていさまの軟膏（ガンガン寺のヴィルジン様の膏薬＝シャルトル聖パウロ修道女会HPより）と呼ばれ、とても人気があったと言われています。この方たちはそういうメンタリティーです。

横浜の仁慈堂で一人名前を覚えていただきたい方がいます。「山上カク」という方です。日本人の修道女でサンモールのフランス人たちの協力者としてこの会に入った人です。この方はスーパーおばあさんといってもいい方です。サンモールのシスターたちは通常カラスのような真っ黒の修道服を身につけていましたが、その格好では皆に嫌がられるからと、山上カクはもんぺ姿で横浜中を歩き回り、毎日のように孤児を見つけては集め、生涯約四百人以上の世話していました。ハンセン病の人を見つけると修道院の軒先に療養所を作り内服薬を与えて世話をしていたということで、日本のマザー・テレサと呼んでもいいくらいの方です。

長崎には「岩永マキ」という方がいました。山上カクは東の横綱で、この方は西の横綱のような人です。この方は、ご自身も浦上四番崩れという最後の迫害で苦悩された方で、帰ってきてから熱心な女性たち一二人を集めて、十字会という修道院に似た女性の会を作りました。そこで行うことは四百年前のミゼリコルディアと同じだったと言うのです。そこで孤児たちの世話をして頑張っていました。津和野に流されて帰還した高木仙右衛門が提供した家がこの女性たちの本拠になりました。現在はお告げのマリア修道女会になっています。そういう人たちが徹底的に貧しい人たち、社会の底辺の人たちに奉仕していたのが明治の初めの頃です。江戸時代から明治の初めの二五〇年間は、とにかくキリスト教は邪教ですから近づいてはいけない、存在してもいけないと思われていました。ですからイメージとしては真っ黒です。宣教師たちが来日してこのような活動を始めたときには、おそらく印象としてはゼロどころかマイナスだったと思います。変なことをしている人たち、という印象を覆したのは、シスターたちの地道な「最も小さい人たち」へのための奉仕の働きです。

神戸にはビリオンという神父がいました。ビリオン神父様の教会には毎日のように孤児が捨てられていたそうです。それは、カトリックの坊さんと尼さんのところへ連れて行けば、子どもたちを育ててくれるという一般の評判があったからだそうです。そういう人たちがマイナスのイメージをプラスにしたのです。いわゆる創業者的メンタリティーです。

少し違う話をしますが、創業者的メンタリティーはゼロを一にします。全くないところから新しいものを作り出すのが創業者です。経営者タイプは一を一〇か二〇にします。どちらも大切ですが、とにかくこの人たちはゼロを一にしました。全くネガティブな印象だったカトリックというものを逆転させる力を持っていました。ただし、そのままずっと続けていると一つ問題が出てきます。カトリックは貧しい人と病人の宗教というイメージが定着し始めるのです。それだけではないのですが。一八九〇年に分岐点があります。この頃にちょうど学校数、孤児院数、いろいろな修道会が作った施設の数がだんだんと減っていきます。学校をやっても全然伸びなく頭打ちされてしまいます。素晴らしいことをしてくださっているのですが、やはりカトリックというのは貧しい人たちの宗教だ、というイメージがついてしまいます。この後、これに対してシフトチェンジをします。教会側がもう少し中上流の人たちも相手にしなければ教会は成り立っていかないと反省しています。例えば白百合や雙葉のように一般の学校を作り始めるのです。これは一八九〇年以後の話です。そのときに文部省からのいろいろな圧力がありましたが、追い風は日露戦争に勝つということでした。外国のものということを非常に重視して、自分たちは外国と対等になったという意識が、だんだんとヨーロッパつながりの修道会の追い風になるのです。このことで、今まで貧しい人たちに奉仕をしていたカトリックの雰囲気が変わります。

ホーム・チャーチ方式については、初めはものすごく上手くいったのですが、一八九〇年頃に一つ大きな話がありました。一八七一年に世界中の教会を集めてバチカンで公会議がありました。そこで決められたことを簡単に一言で言いますと、全世界の教会をヨーロッパ式教会にする、ということです。地方教会というよりは、ヨーロッパのヒエラルキーの教会をしっかりと現地に根付かせてください。そのためにはヨーロッパの枠組みを使ってください、という会議でした。一八七一年に公会議が終わった後、一八七九年に東アジアでこの公会議を浸透させるための地方会議が長崎で行われました。そのときに、ヨーロッパの教会のようにしてください、ということが日本においても徹底されるのです。すると、家でやっている結婚式や洗礼式、信徒のカテキスタの活躍などを全部禁止し、きちんと教会に来させなさい、教会はヨーロッパ式に作った教会でなければだめだという結論に到りました。長崎の世界遺産に文句を言うつもりはないのですが、五島や長崎に残っている教会堂の西洋建築は、この頃の後の教会です。教会を全てヨーロッパ式に倣って作れと言われたので、そんな教会は作れないと言って長崎の人たちは真っ青になりました。五島の奈留島には江上教会というとても綺麗な教会がありますが、あれを建てろと言われたときに、漁民ですからそんな余裕はないと大騒ぎになりました。しかし、その年にたまたま大漁だったので教会を建てることができたということです。この頃までには、ホーム・チャーチ方式で一年に一人の神父が六〇人から七〇人の洗礼を授けていました。それが一八九〇年には一年に平均九人に減ったと言うのです。しかもバチカン公会議の違う流れから来たもう一つは、教会というものに信心会的なグループを作ってはいけないという流れを作りました。教会には主任司祭と、信徒会というのは信心会ではなく青年会、少年会、婦人会、処女会という主任司祭のもとに置かれた団体です。それまでホーム・チャーチなど、貧しさの中でミゼリコルディアの精神と言っていましたが、だんだんと頭打ちにされるのです。これが第二バチカン公会議、一九六〇年代にまで続く日本のカトリックの一つの姿を示しています。

では、なぜ主任司祭のもとに置かれた会でないとだめかというと、実は教会は社会主義、共産主義をすごく警戒していたという背景があるのです。教会の中に組合活動を持ってこられたら困るのです。主任司祭に対して信徒が争議団体のようになれば困るので、そういうものは絶対にだめだという意味での禁止です。プロテスタントは、社会主義者たちがどんどんプロテスタントの教会を変えていこうとした経緯があります。カトリック教会はそれをしてはだめだと言ったので別の問題をかかえていました。教育の面では戦後、ＧＨＱの援助・支援によって教会は非常に支援をされましたが、本当に自発的なミゼリコルディア、あるいはホーム・チャーチのような自発的な心を本当に育てているのかということは、私はとても疑問です。

質問　一八七一年に第一バチカン公会議が開かれて、ヨーロッパの大きな流れが日本に庶民的な、とでもいうような動きを抑えたとすると、一八七一年というのは、明治四年くらいだと思うのですが。

川村　それが通達されて、アジアに適用されたのは一八九〇年頃です。ですから、ヨーロッパから回ってきて日本で実現するまでに二〇年かかっています。そのときには上手く行きかけたのですが、一八九〇年頃にまたガラッと変わったのです。時間ラグがあるということです。

今であればインターネットですぐに分かるのですが、昔はローマで決めたら世界に広まるまでに二〇年くらいかかるのです。それを徹底させなさいというので長崎の教会会議を開いて、日本の方針というものが決まったときに完全に教会の建て方までがヨーロッパ式になりました。しかし、大浦天主堂は少し違います。大浦天主堂は居留地の横（居留地内には場所がなかった）にフランス人のための教会として作られました。その他の教会はその二〇年後に作られました。五島の福江の入り江にれんが作りの立派なゴシック建築を模した教会堂が必要だったでしょうか。建築的にも意味があるとても素晴らしいものですが、その当事の人たちはその教会を作れと言われたときにどう思ったでしょうか。ベトナムが同じです。ベトナムのフランス式の古い教会は、全て同じ頃に作られています。とにかく信徒の自発性、信徒が自分たちで何かをしたいということは、福音書の「マタイ二五章」に直結していたような復活でいつも始まり、途中でこれだけではだめだということでいつも同じ方向転換が繰り返されているという話です。

明治維新から太平洋戦争が終わるまで七五年です。太平洋戦争が終わってから現在の令和の始まりまでが七五年です。では明治維新と太平洋戦争後の日本人はどのような思いで新しい時代に入っていったかというと、外国に対する徹底的な敗北感から始まっていると言われています。ですから先ほどの話で言えば、ゼロから一にしなければだめな時代でした。だから創業者たちはすごく活躍した時代となりました。ところが同じ時代の変わり目でも、私たちのこの時代は、新しく作り変えなければならないものもあり、継承しなければならないこともある、混在している世の中です。それは創業者タイプと経営者タイプの両方が必要なのですが、われわれはそれを見失っているのではないでしょうか。カトリック教会もカトリック教育会もそうです。その話は、われわれが令和以降にどうすべきかと考えたいところです。

（二〇一九年七月二〇日　講演）

生誕百年の遠藤周作『侍』と東北キリシタン

——殉教・聖徒の交わり・人生の次元

山根　道公

はじめに

こんにちは。今日は雨の中、早朝に新幹線が止まっているという情報も流れていましたので、こうして仙台まで無事に着けて皆さんとお会いできまして本当によかったです。私は、日本文学とキリスト教をテーマに、特に遠藤周作を専門にしていますので、今日は遠藤文学との関連で東北キリシタンにも触れます。遠藤がカトリック作家として最も円熟した時期に、慶長遣欧使節の支倉常長をモデルとして描いた、遠藤の最も芸術的完成度の高い作品とも評される長篇小説『侍』を中心に取り上げ、話させていただきます。

まず、自己紹介として私自身がどうしてキリスト教文学に関心を持つようになり、遠藤周作の研究を行うようになったか、述べさせていただいます。小学校の卒業の頃から二年間ほど腎臓を患う大病をして死と向き合うようなことがありました。それまでは野球とかが好きなスポーツ少年でしたが、もう激しい運動はできないと言われ、しばらく絶対安静で、本を読むぐらいしかできなくなってしまいました。その時、兄が世界文学全集や日本文学全集の少年版のような本を持って来てくれていろいろと読むようになりました。すると、世界文学の中には、例えばユーゴの『レ・ミゼラブル』とか、トルストイの『民話集』とか、そういう状況にいる私の心に、何か光を届けてくれるものを感じる作品がありました。その光の源は、聖書のイエスの言葉であったり、イエスの教えを生きる人物であったりしました。

その光の源を求め、いろいろと身近にあった教会へ行ったりしながらも、何か馴染めないものを感じ、大学では文学を通して光の源を探究したいと文学部に進みました。そんな中で、特に影響というか強い光を受けたのは、ドストエフスキーの作品でした。また、日本の作家では遠藤周作に出会い、遠藤が日本人として西洋から受け取ったキリスト教に距離感を感じながら、その距離を埋めていくこと、すなわち日本人である自分が実感のもてるようにキリスト教を捉え直していくことを作家としての生涯のテーマにしていることを知りました。そしてその遠藤と共に生涯を賭けて、神父として同じテーマを追っている井上洋治神父の精神的自叙伝『余白の旅』という本に出合い、まさに自分が求めていたものに応えてくれる神父に出会えたという共感の喜びを抱きました。卒業論文を書きながら、井上神父のところに通うようになり、卒業の直後に洗礼を受けました。そしてちょうど私が大学院に入った年に、井上神父が日本人の心にイエスの福音の喜びを届けたいという遠藤周作と共にする志から、キリスト教の日本の精神風土への文化内開花＝インカルチュレーション（Inculturation）をめざす運動として「風（プネウマ）の家」を創設することになりました。若い人たちにも伝えていき、バトンを渡したいという目的もあって、私も若いスタッフとして加わり、それから三十数年、井上神父が帰天するまでずっと共に活動し、志を受け継いでその後も「風（プネウマ）」の発行や講座などの活動を続けております。

私が遠藤さんに直接会えるようになったのは、井上神父の推薦で遠藤さんが中心に行っていた日本キリスト教芸術センターの会員になり、月曜会という勉強会に参加できるようになったからでした。

そうした中で、遠藤さんの帰天する三年前に『深い河』が刊行され、私はすぐに「『深い河』を読む」と題した連載を「風」で開始し、それを送った返事に、遠藤さんが「実に丁寧に解読してくださいまして私としても嬉しく内容にも感心しております。書きがいがありました」との励ましの言葉と共に、「我々世代の人生を完了するのも、そう遠くはありません。あなたたちが是非今度は頑張ってください」という言葉を受け取りました。また、熊井啓監督の『深い河』の映画の試写会の直後に映画をめぐって電話で話しあった時も、遠藤さんは「これほど日本人とキリスト教の問題を前面に出している作品は珍しいだろう。でも、日本の教会は何も言わんだろう。残念だが、寂しいね。井上神父もこうした寂しさをずっと味わってきてるんだよ」と最後に暗い声で心情を漏らされました。そんな遠藤さんの遺言のような言葉を受け取った私は、そうしたテーマの込められている遠藤さんの作品をしっかり読み解いてそのテーマを受け取り伝えていかなければという使命感を持ち、遠藤さんの帰天後は、遠藤さんの文学的生涯と作品創作の背景の調査を続けて『遠藤周作文学全集』に詳細な年譜と解題を載せる仕事を担いました。それ以降、遠藤周作研究を続けています。

遠藤生誕百周年をめぐって

さて、まず今日の演題の「生誕百年の」ということに触れておきたいと思います。今年が生誕百年ということで遠藤の人生と文学の全体像を示すような仕事もあって、改めて遠藤周作という作家を客観的に見るようになりました。また、昨年には、内外の日本文学研究者が集まり、日本のキリスト教文学の全容を示す英語本（*Handbook of Japanese Christian Writers*）を出版するという試みが行われました。私は編者の一人として全体のイントロダクションを担当し、日本にプロテスタントの洗礼を受けた多くの文学者が生まれていきますが、キリスト教が日本の地に根付いていくわけではなく、そのほとんどが信仰から離れていきます。そういう近代文学史の流れに対して、戦後にはカトリック作家が日本に多く誕生する新しい流れがあり、その源にある遠藤周作の位置は大変重要な意味があることが分かります。また「キリスト教徒による今世紀最高の正統的物語」（ジョン・アップダイク）と賞賛されるなど、二〇世紀を代表する国際的なキリスト教作家として世界的に高く評価され、ノーベル文学賞の候補にもなります。それはキリスト教の信仰を持って、そのテーマを純文学の芸術作品として作り上げ、それが世界文学として世界の読者に自分の問題として影響を与え、感動を与えたということですが、日本というキリスト教とは馴染みのうすい精神風土からそうした作家が生まれたこと自体もまた特別な意味があるでしょう。そんなことも、この生誕百年の中で改めて注目されます。

今年は遠藤周作生誕百年記念で様々に出版や行事が行われています。私は『遠藤周作探求』というシリーズ三巻本を順に刊行しています。また、新潮文庫の「文豪ナビ」シリーズで今回は、『文豪ナビ 遠藤周作』が刊行され、私もその中の評伝や名言などを担当しました。

また、行事としては、岩下壮一神父によって創設され、遠藤周作が入っていたカトリック学生寮が前身の真生会館と「風の家」共催で、前理事長の森司教と私は遠藤周作をめぐって対談をし、さらに生誕百年の記念日の前々日に、遠藤周作生誕百年記念ミサと座談会を行いました。対談で森司教は「遠藤周作は最終的にどんな人間もキリストは絶対に見捨てないという神の姿を、自分の人生を賭けて示してくれた。生涯の自分の歩みを通してそのキリストの姿を、借り物の言葉ではない自分なりの実感のこもった言葉で語ってくれたところに彼の素晴らしさがあった」と語ってくれました。自分の人生が裏打ちされた言葉で実感のもてるキリストの姿を私たち日本人の心に届けてくれたという点が、遠藤周作に対する森司教の評価でした。『侍』はそうした評価に値する遠藤作品を代表する一冊です。

遠藤文学とキリシタン

次に遠藤周作とキリシタンについて話したいと思います。まず、遠藤さんが関心を向けたのは長崎のキリシタンでした。

遠藤周作は取材に行くときは、最初に調べられる資料はできる限り集め、自分で調べた後、その現場に行きます。そして実際にその場で拷問があったとか、そこで殉教があったとか、踏絵が行われたとかいう場所に立って、そこに生きていた人を想い起し、その人がどういう思いでその踏絵の前に立ったのか、自分だったらどうするか、そういう思いをめぐらします。そこで歴史の灰に埋もれていた人物が立ち現れ、自分の中にあるものとへその緒でつながる人物が、自分の作品の登場人物として生きて動きはじめるということになります。

遠藤さんの純文学作品では、この自分の中にある一部のものを拡大したり移行したりして自分とへその緒でつながっている人物が描かれます。そこには自分の人生に裏打ちされた人間の真実と言えるものが投影されています。もちろん遠藤さんのもっと軽く書いている中間小説の中に感動的な素晴らしい作品がたくさんありますが、純文学長篇を書くことこそが自分の作家としての「本職」だと遠藤さんが思っていたことは『侍』執筆に向かう日記（一九七九年九月一三日）からもうかがえます。

遠藤さんは長崎のキリスタンの歴史に関わる場所を尋ね、歴史の地層の中に埋もれていた者たちとつながることで、自分に問題を突きつけてくる場に出会っていきます。遠藤さんはそれを、心の道場と呼び、そうした長崎を重層的な町と言っています。まさに東北の地も歴史の中に埋もれて声の与えられるのを待っている人たちがいる重層的な町が多くあることでしょう。

遠藤さんがそういう長崎での取材について語った『キリシタンの里』という本があります。その中で殉教者について語っています。今日は一つの重要なテーマとして現代の私たちがキリシタンの殉教ということをどういうふうに自分が実感を持てるものとして捉えたらいいのかということも一緒に考えたいと思います。遠藤さんは、殉教者たちについて、「信仰の力と神の恩寵に支えられながら燃えるような勇気で胸を焦がしつつ、おのが魂を天国の栄光に返した」と語り、そうした「強かった殉教者に対しては畏敬と憧れ」を持つと述べています。そして、近代のこの合理主義者たちが、そういう殉教者の心理に対して、そこには虚栄心や自己満足があるのではないかと言うのに対して遠藤さんは反発を感じていたと述べ、次のように語ります。

しかしそうした表面的な心のもっと奥に、信仰をもたぬものには理解できぬかもしれぬが、崇高な別なものがあったことも確かなのである。その崇高な勇気を人間的な次元に還元する現代の人間観に私はやはり、反発をおぼえたのである。(「一枚の踏絵から」『切支丹の里』人文書院、一九七一年)

ここではっきりと近代の合理主義者が問題にするような表面的な心の次元とは別な心のもっと奥に崇高な次元があったことも確かだと言うのですが、今日の講演では、この二つの次元の違いをキーワードにしつつ考えていきたいと思います。

生活の次元と人生の次元

この二つの次元の違いを遠藤さんは大変分かりやすく私たちの普通に使う言葉を使って、先ほどの表面的な次元を「生活の次元」と呼び、それとは別な心の奥の崇高な次元を「人生の次元」と呼びます。これから話していくことについて、これは人生の次元の話なのか、生活の次元のことなのかを意識しながら考えてもらえると分かりやすいと思います。

遠藤さんは三七歳から三年近く結核が再発して死と向き合った入院体験を語る中でこの言葉を使うようになります。そこで、「生活」とは、自分が働いたり、遊んだり、飲食を楽しんだり、といった日常生活を自分中心に過ごすことであり、「人生」とは、自分や他者の死や苦しみと向き合い、自分のこれまでの人生を噛みしめ、生きることの意味を問うというような時を過ごすことだと考えるのでした。遠藤さんは、こうした入院体験は生活の次元の挫折ではあったが、「人生や死や人間の苦しみと正面からぶつかる」ことで「人間や人生を視る眼」に変化をもたらし、『沈黙』が心の中で熟すときとなったと語っています（「何一つ無駄ではなかった」）。

遠藤作品の宗教的テーマや殉教の問題などを、私が学生たちに授業で説明する時にどのように話すのがいちばん理解しやすいか、いろいろと試みてきましたが、この生活と人生の次元の違いを踏まえて説明するのが学生にとって最も実感できて理解しやすいことが分かりました。

そこでこの点を聖書の言葉も踏まえてもう少し詳しく説明しておきましょう。パウロの言葉に「わたしたちは見えるものではなく、見えないものに目を注ぎます。見えるものは過ぎ去りますが、見えないものは永遠に存続するからです」（二コリント4・18）とあります。生活の次元とは、簡単に言えば、見えるものに目を注ぐ世界です。目に見える豊かさを求める今の私たち日本人が普通にいちばん価値を置く次元です。例えば、健康であることや外観的に魅力のあること、また社会的に出世し所得の多いことや地位や名誉があることなどを求め、自分の利益を中心に他者や社会と関わるような自己中心の世界です。そこでは、doing と having が価値判断になって、何ができるか、何を持っているかを他者と比べ、優越感や劣等感に揺れ動くことになります。そしてこの次元の価値観だけで生きる限り、必ず見えるものは過ぎ去りますから、どこかで行き詰り、挫折し、生き悩み、苦しむことになります。

それに対して人生の次元とは、見えないものに目を注ぐ世界です。目に見えない永遠に存続する命、存在（being）が価値判断の中心になります。生活の次元では、自分が肉体的生命を生きていて、肉体的死によってその生命は終わると考えますが、人生の次元では、自分は目に見えない永遠に存続する命を与えられ、生かされていると考えます。そしてその命の与え主が、英語では大文字の God、命の源なる神です。この人生の次元、存在（being）の次元において私は、命の源なる神から愛によって命が与えられ生かされている、かけがえのない誰とも比べることのできない価値を持つ存在です。生活の次元では順位を競いナンバーワンが最も価値があるのに対して、人生の次元ではすべての命が見えない命の源とつながるオンリーワンで平等に最高の価値があるわけです。

この人生と生活の次元の違いを踏まえて、殉教者について考えるなら、生活の次元、今の目に見える世界がいちばん価値のあると考える次元ですから、殉教などというのは、狂気じゃないのか、ということになるでしょう。『侍』の中でも、最後にベラスコがわざわざ捕らえられるのを覚悟して日本に戻ってきて殉教していく時に役人から実際にそう言われていますが、なぜそんな無意味と思えることをするのか、生活の次元で見る限り理解できないのは当然でしょう。

私も若い人たちや若い親世代の人たちと語り合う機会が多くありますが、この人生の次元（being）を大事にするような価値について話すと、ほとんどの人が初めて聞いたと言って関心を持ちます。そうした価値を学ぶ機会が日本の社会ではほとんどないのですね。

私たちの命、存在（being）にかけがえのない価値を与える根拠がどこにあるのか。それは命の源である大いなる存在、それが、一神教の創造主なる神、日本の神々（小文字の gods）とは次元が違うので、英語でははっきり区別して大文字の God でありますが、それとつながっている命であるところにあるでしょう。神という言葉では神々（小文字の gods）を意味することの多い日本の社会の中で、この大文字の God を伝えることはなかなか難しいことです。カトリック教会でミサなどの祈りの中で、形容句を付けて神を呼ぶ表現はいろいろとありますが、私たち日本人が実感を持ちやすいのは、「命の源である神よ」という言葉ではないかと私はキリスト教教育の現場での経験から考えています。命の源ということであると、それは、誰にとっても自分の存在（being）の源であるということで、自分の根っことつながるものとして考えることができます。それが、自分を含んだ一人ひとりの存在（being）にかけがえのない価値を与える根拠になることに気づくことができます。

この大文字の God に対して、イエスはアッバ（お父ちゃん）と幼児が親しみを込めて父親を呼ぶイエスの日常語であるアラム語の幼児語で呼びかけます。このアッバという言葉の持つ意味は、私たちが現代日本にあって父という言葉に持つイメージとは違っているところがあるでしょうから、「アッバ」「天の父」の本来的な意味を現代にあって伝えるのには、私たちを生かし、育み、守ってくれる「命の源である天の親」というような表現がより実感してもらいやすいのではないかと考えています。そして、その「天の親」とつながる私たちが「子」であることにおいて、私たち一人ひとりの存在（being）自体に尊い価値があるということになるでしょう。自分が生まれるのもこの命の源からですし、帰っていくのもこの命の源、命の故郷ということになります。こうした目に見える肉体的生命を超えた次元での命のつながりを全部含めてそれらを意識して、今を生きるというのが人生の次元ということになります。

遠藤さんは学者ではないので生活と人生の次元を明確に定義するというのではなくて、その時その時で、自分の人生に裏付けられた言葉でその違いを、実感を込めて語っています。『深い河』の取材にインドを旅した最晩年の頃には、宗教を生きているインドの人たちは、自分の命が帰っていく場所として、母なるガンジス河があり、それに支えられて今を生きているが、現代の合理主義で生きる日本人はそのような自分の命が帰っていく場所を失ってしまった。私たち日本人は今、生活の次元の勝者にはなったけれど、人生の次元の敗者になってしまったと語っています（『ガンジス』で考えた生と死、そして宗教」）。

遠藤文学と殉教

こういう現代日本の価値観の問題を踏まえたうえで、殉教ということがどう意味づけられるのかを考えていかないと、生活の次元だけの価値で生きている日本の人たちに、ここで過去に殉教があった、何か歴史的に残すべき人たちがいたことを顕彰しましょうというのでは、そうした行為の根本にある大事なことが伝わらないでしょう。その辺のことも一緒に考えてみたいと思います。

遠藤さんは実際にキリシタンの殉教の場所に佇みます。ここまで述べたように殉教者たちには別の次元があります。「命の源である天の親」をいちばん大切に思って愛し、それとつながっていることを何よりも大事にする価値観の中で生きていたのが当時のキリシタンです。

長崎では長崎駅のすぐ近くに西坂という有名な殉教地があって、今は公園になっています。日本の最初の殉教者の二六聖人をはじめ、元和の大殉教などのあった場所です。遠藤さんは、そこに立ち自分ならどうだっただろうと問うなかで、自分はそこで殉教できないで、逆に殉教していく者を見ている側であったろうと思ったと言います。どうしてそう思うかというと、戦争中に自分自身が肉体的な暴力を受けそうになると、自分がどんなに弱い人間かということを骨身に沁みて知っていたからです。憲兵たちから暴力的な仕打ちを受けそうになると、自分が大変卑屈になってしまう経験をしていたので、自分が肉体的苦痛に抗して殉教できる強い信仰を持っているとは決して言えないという戦中体験があることを語っています。

そんな中で殉教できない弱者を描くことについて、遠藤さんは小説家としての使命を次のように述べています。遠藤さんが作家としてどういう思いを感じながら取材していたかがよく分かると思います。

こうして弱者たちは政治家からも歴史家からも黙殺された。沈黙の灰のなかに埋められた。だが弱者たちもまた我々と同じ人間なのだ。彼等がそれまで自分の理想としていたものを、この世でもっとも善く、美しいと思っていたものを裏切った時、泪を流さなかったとどうして言えよう。後悔と恥とで身を震わせなかったとどうして言えよう。その悲しみや苦しみにたいして小説家である私は無関心ではいられなかった。彼等が転んだあとも、ひたすら歪んだ指をあわせ、言葉にならぬ祈りを唱えたとすれば、私の頬にも泪が流れるのである。私は彼等を沈黙の灰の底に、永久に消してしまいたくなかった。彼等をふたたびその灰のなかから生きかえらせ、歩かせ、その声をきくことは――それは文学者だけができることであり、文学とはまた、そういうものだと言う気がしたのである。（「一枚の踏絵から」『切支丹の里』人文書院、一九七一年）

長崎の殉教地を歩きながら、歴史の沈黙の灰の中から生きかえらせ、その苦しみを訴える声が与えられた弱者の代表がキチジローで、『沈黙』に登場します。

遠藤さんはそうした弱者に声を与えていくだけかというと、後には殉教していった強き者にも声を与えていきます。その中で有名なのは、『銃と十字架』（中央公論社、一九七九年）というペドロ岐部の評伝です。その「あとがき」で「彼は今日まで私が書きつづけた多くの弱い者ではなく、強き人に属する人間である。そのような彼と自分との距離を埋めるため、やはり長い歳月がかかった」と述べています。ここで、遠藤さんは殉教した強者であるペドロ岐部との距離を埋められた、すなわち自分のへその緒がつながってその強き者を描くことがやっとできたと言うのです。その距離をどう埋めたかというと、それはペドロ岐部が殉教していく心情を自分の実感している心情と重ねることができたということだったでしょう。具体的には、「西洋のキリスト教のために血を流したのではなかった。イエスの教えと日本人のために死んだ」と言うのですが、ペドロ岐部は当時、海外で西洋のキリスト教の様々な問題や欠陥にぶつかり、とても日本人として苦しみます。しかしそうであってもイエスとその教えそして日本人への愛のために自分は死んでいくという心情です。それは、遠藤さんが日本人の心情でキリストを捉え直すことで日本の人たちにキリストの愛を伝えるという志を最初に果たした純文学長篇『沈黙』を「これを書きあげたら死んでもいい」という情熱で書いた心情とつながるものがあったのではないでしょうか。この強き者であるペドロ岐部を自分とつながる人物として描けたことが土台となって『侍』のベラスコも描くことができたと言えるでしょうが、ベラスコについては後で触れます。

殉教と聖徒の交わり

ここでもう一つ私たちが殉教を理解するためには、どうしても踏まえなくてはいけないことがあります。それは、キリスト教の信仰の中心にある信仰宣言(「使徒信条」)の中にある「聖徒の交わり」の信仰です。遠藤さんの頃には「諸聖人の通功」と呼ばれていました。神への愛ゆえに苦しみに耐えて信仰を証した殉教者は、大きな恵みを受けて、天国に迎えられますが、それは近代の個人主義の私たちが考えるような、自分個人だけの救いのためにしているのではないのです。そこでは本来的に自分だけの問題ではなく、もっと大事なこととして、「聖徒の交わり」という信仰によって他者ともつながっている点です。遠藤さんの文学作品を深く理解するためには、その信仰の理解が必要になるところが多くあります。ここで祈っていることや、こちらでしている愛の行為が別の人のところでの救いや回心に影響を及ぼすということがありうるという信仰です。

『カトリック教会のカテキズム』の中で「聖徒の交わり」は、聖書に「だれ一人自分のために生きる人はなく、だれ一人自分のために死ぬ人もいません」(ローマ14・7)や「一つの部分が苦しめば、すべての部分が共に苦しみ、一つの部分が尊ばれれば、すべての部分が共に喜ぶのです。あなたがたはキリストの体であり、また一人一人はその部分です」(一コリント12・26–27)とあるように、愛の分かち合いであり、皆がキリストの体の一部としてつながっていることに基づく信仰であると説明されています。そして特に注目したいのが次の言葉です。

愛は「自分の利益を求め［ません］」(一コリント13・5)。愛によって行われるわたしたちのどんなささいな行為も、すべての人の益となります。わたしたちは生者と死者を問わず万人との連帯関係にあり、その連帯関係は聖徒の交わりを土台としているのです。(『カトリック教会のカテキズム』カトリック中央協議会、二〇〇二年)

この言葉を踏まえると、殉教するということも、自分に愛によって命を与えてくれている命の源である天の親に対して、その親をまことに大切に思う愛のために自分の命を使うことなのです。そこに愛があるから殉教に意味が出てきます。これはパウロが「誇ろうとしてわが身を死に引き渡そうとも、愛がなければ、わたしに何の益もない」（一コリント13・3）という通りです。殉教者はその愛の信仰の証人です。そしてその愛の殉教の恩寵は、殉教した人にだけあるのではなくて、その人を通して、その人とつながっている他の人々のうえにも注がれます。

殉教者というのは人生の次元の価値を大切に生きた人たちです。人生の次元は命の源である天の親とつながって生きる次元ですが、この命の源である天は、別の言い方で言うと、命の故郷、魂の故郷とも言えるでしょうし、福音書では天の国、天国と呼ばれます。殉教者は、そこに迎えられ、帰っていきました。カトリックの世界で聖人に列せられた人たちは、天国に帰ってからも地上の私たちとつながって働いてくれている存在で、その中に多くの殉教者がいるわけです。弱い私たちがこの人生の次元で生きるというのは、難しい時もあります。先のキチジローにしても、私たちにしても弱さを持っていますから殉教などできない者もいっぱいいるわけです。しかし、殉教して天に迎えられた者たちは、地上に残されている弱い私たちに神の愛の恵みがそそがれるように助けてくれるという信仰があるのです。その点についても次のように『カトリック教会のカテキズム』でも述べられています。

天の住人はより密接にキリストに結ばれているので、全教会を聖性の中により強く固めることに貢献します。それは、……父のもとで自分の功績を示しつつわたしたちのために取り次ぎを続けるからであって、その功績は、……神と人間との唯一の仲介者キリスト・イエスを通して地上において獲得したものです。したがって、わたしたちの弱さは彼らの兄弟的な配慮によって多く助けられるのです。(『カトリック教会のカテキズム』カトリック中央協議会、二〇〇二年)

天の住人である殉教者が、地上で様々な苦しみや悲しみを背負ってこの人生の旅路を生きていて倒れそうになる私たちの弱さを助けてくれるというのです。それによって弱き者も最後には命を全うして天に帰っていくことができます。そのように皆がつながりあっているというのが、聖徒の交わりという信仰です。

近代の個人主義によってもたらされたバラバラの個人の信仰に応え、その個人の魂の救いを問題にするのがキリスト教でしょうと言われることがありますが、カトリックに関してはそういう個人主義の信仰ではないように思います。それでは殉教者を理解できません。何百年前の殉教者であろうと、命の源である天で生きていて、そこから私たちに働きかけてくれる役割を担っているので、今も私たちとつながる存在として本当に尊いものであるわけです。それを理解しないと、過去にこんな立派な信念を貫いた人たちがいたという歴史上の人物として顕彰するというだけでは、本当の殉教者の存在の意味が薄れてしまうでしょう。個人主義がどんどん強まる生活の次元を生きている現代の私たちにとって、人生の次元を中心に生きて天とも人ともつながるキリシタン時代の殉教者がどういう意味を持つのか、それを問うことは大変意義深いことではないかと思われます。

遠藤さんはイエスの十字架を私たちの苦しみを共に背負ってくれる苦しみの連帯の同伴者として作品に描いています。イエスが最後の晩餐で弟子たちを友と呼び、「友のために自分の命を捨てること、これ以上に大きな愛はない」（ヨハネ15・13）と告げたように、イエスの十字架の苦しみの連帯は大きな愛によるものです。そして殉教者たちも、そのイエスの十字架の苦しみと連帯する愛の姿を示しているということになるでしょう。

先に触れた『銃と十字架』のペドロ岐部の殉教についても、ペドロ岐部は、自分のためというよりもイエスへの愛のために、そして日本と日本人への愛のためにあえてローマから日本に帰ってきて日本の地で殉教者となっていきます。また『侍』のベラスコも、日本と日本人に、特に東北キリシタンの苦しみにつながり、その友となった者として、あえて日本に戻ってきて日本の地で血を流して日本の殉教者となります。そこには東北キリシタンの姿を最後まで想う日本への愛によって、自分の殉教を通して恵みの愛の雨が日本の地に注がれることを願うベラスコの姿が描かれますが、ここにも聖徒の交わりによって皆がつながっているという信仰が土台にあることが分かります。

現代日本の課題に応える遠藤文学の光――河合隼雄の指摘に触れて

さて、こうした死を超えてつながる人生の次元が現代の日本人に切実な意味を持つことを、心理学者の河合隼雄さんが晩年に強く訴えていました。河合さんは、遠藤さんが『スキャンダル』を書いていた頃からの遠藤作品の最もよき理解者の一人でした。河合さんは『「日本人」という病――これからを生きるために』（静山社文庫、二〇〇九年）の中で、「「死」を超えて個人を支えるものを見いだすことは、個人主義が利己主義になることを抑制することにもなる」と指摘しています。今の日本人が抱える問題は、西洋の個人主義を形だけ表面だけ取り入れて、皆バラバラになっていることです。キリスト教的価値観が根っこにある西洋の個人主義は、死を超えてすべての命の源である神と個々の命はつながっているという土台がもともとあります。先にも触れたパウロの手紙にある、キリストの体という世界の捉え方では、一人ひとりがキリストにつながって一つの体の個々の部分を生きていて、苦しむ者がいれば共に苦しみ、喜ぶ者がいればと共に喜ぶというような愛の連帯が大切にされます。それに対して、命の源との縦軸の関係を抜きにした自分中心の生活の次元で、個人が大事だと主張しても、一人ひとりがバラバラで自分の利害ばかりを主張することになり、まさに個人主義が利己主義になってしまうという問題が起こります。その問題を抑制していくためには、死を超えて個人を支えるものが必要になるというのです。

そして河合さんは、一人称の死と二人称の死が大事で、「死んでここに行きますということが分かっていれば、支えられていることになります」と指摘します。社会の中で三人称の死をめぐって社会的に報道される死者の数や科学的に説明される死因などは、私や愛する者の死をめぐってはほとんど意味を持ちません。一人称の死と二人称の死、すなわち私や私の愛する者が死んで迎えられる世界を想うことのできる物語をもって生きることができれば、それは死別の辛さや悲しさを支えてくれる救いになるでしょう。それについて、河合さんは、「個人主義がこれだけ徹底してきたということは、一人ひとりが自分の神話を見つける義務と課題を持っている」とも指摘しています。かつては共同体の中に宗教があり、自然とそういう神話や物語があったわけですが、それが無くなってバラバラになった現代にあっては、一人ひとりが自分の神話を見つける義務と課題があるというのです。現代にあって一人ひとりが自分の死を超えて命の源とつながっていくことを実感できるような物語を持つことが切実な課題であるというわけです。遠藤さんの文学はそういう現代人の課題に応える光があると思います。特に、『侍』にはそれが大変強くあります。

遠藤の芸術観とモデルの問題

ここから『侍』に入っていく前に、遠藤さんが純文学作品を書くときに前提として持っている芸術観について触れておきます。初期の評論「芸術の基準」（「新日本文学」一九五六年一一月号）において「実人生の時間と芸術的時間とはむしろ対立するものだ。したがって実人生や現実をそのまま複写し、同じ平面に移行したにすぎぬものは、いかに正確であり、科学的なものであっても芸術ではない。芸術とは現実や世界の変革であり、再構成であり、「創る」ことなのだ」と述べていますが、それはずっと変わらない遠藤さんの一貫した芸術観です。そしてなぜ私たちが「創る」のか、それは「歴史的条件や人間的条件に限界づけられた現実を超えて」「超絶的なものを欲するからだ」と言います。

遠藤さんの芸術の根本には、人間が、人間を超えたものとの関係を魂の次元で渇望するというテーマがあります。今日、新たに注目されている支倉常長という歴史上の人物があり、いろいろとその史実が知られていますが、遠藤さんは、評伝ではなく、自分の純文学長篇として『侍』という芸術作品を創ったのです。それゆえにその作品の主人公のモデルの実人生や史実をそのまま置き換えて描くことはなく、その事実を再構成して、そこに人間と超絶的なものとの関係と相克の劇を、自分の人生に裏打ちされた人間の真実を投影して描くことで自分の芸術作品を創り上げていったのです。

遠藤さんの小説のモデルを実際に知っている場合はその点がよく分かります。例えば『おバカさん』という遠藤さんが「自分のキリスト」を投影した最初のユーモア小説がありますが、その主人公ガストンのモデルについて遠藤さん自身がネラン神父と述べています。実際に私もネラン神父さんに会ったことがありますが、大変学識のあるフランス人の立派な紳士で、馬面の間の抜けたガストンのイメージとは外面的には全然違います。けれど遠藤さんは、信仰に基づいた愛と、日本人の友のために身を捧げる姿といった根本において共通したものがあるのだと語っています。

また最初に触れた井上洋治神父も幾度か遠藤さんの小説のモデルになっています。「学生」という短篇の田島や、最後の純文学長篇『深い河』の大津など、遠藤さん自らが、井上神父がモデルであるとはっきりと言っています。しかし、モデルと言っても、井上神父が大津のようにガールフレンドに棄てられたから神父になったわけではないですし、実人生的にはほとんど重なりません。井上神父と大津の場合は、西洋文化に根ざしたキリスト教とぶつかりながら日本人としてキリスト教を捉え直して日本人に伝えたいという志を持つという信仰の根本的なところで重なるモデルということでしょう。

さらに『侍』の史実の問題ですが、支倉の場合も手に入る資料はすべて調べて史実を把握したうえで、あえて再構成しています。『侍』を書くときに初めは「王に会いに行った男」というタイトルも考えたと言っていますが、侍はまずこの生活の次元における利益のために地上の王に会いに行きます。けれども、そこで挫折し、その後、人生の次元、魂の次元の王に最終的に会えて同伴され、この命の源である魂の故郷にたどり着く人生の旅を終えます。そういう魂のドラマを書くために、あまり事実通りに書いては、例えばスペイン国王に会い、またローマ法王にも会いというのでは複雑になるために、ローマ法王に会うということだけに的が絞られています。

遠藤さんは、評論「現代日本文学に対する私の不満」（「海」一九六九年六月号）の中で、「マルコやルカを読む時、私はそこに漠然ながらも基督教文学の原型を感じることができる」と述べ、「マルコ福音書」の構成に注目して、次のように語っています。

> ただ三幕の劇を構成するだけである。ガリラヤの布教までが第一幕。第二幕は急激にエルサレム受難にむかってその暗い運命を引きうけるために急ぐ基督。そしてその受難と死。第三幕は復活という行為によって自分の何たるかを人々に教えるすさまじい場面。これら三つの幕は人間と人間との劇ではなく、人間と超絶的なものとの劇である。

「ヨハネ福音書」のようにイエスと弟子たちはガリラヤとエルサレムを幾度か往復したのが事実に近いのでしょうが、「マルコ福音書」はそれをガリラヤ布教から受難と死を覚悟しての一回のみのエルサレムへの道行きに再構成することで、人間と超絶的なものとの劇が強調されているといえます。

歴史的素材を使った遠藤作品について、史実との相違や資料の調査などを緻密に行った貴重な研究もなされるようになっていますが、遠藤さんがそうした作品を芸術として再構成している創作意図が重要な意味を持つでしょう。そのいちばん根幹になるのは、人間と人間を超えたものとの劇であって、人間がその人間を超えたものを求める、魂の渇望、存在（being）の渇望こそ中心テーマとなっています。

遠藤さんには、作家として自分の優れている点について、第三の新人の作家仲間には文章が上手い人たち、女性を書くのが得意な人がいて、自分はそうした文章力ではかなわないが、長篇小説の構成力と思想的テーマの深さでは負けないという思いがあったようです。そしてその文学の原型には聖書からの学びがあるわけで、それが遠藤文学の独創性でもあり、『侍』はそこから生まれた傑作です。

『侍』における史実の再構成

それでは、ここから『侍』に具体的に入ります。『侍』（新潮社、一九八〇年）の初版本の函の言葉には「この作品は奥州の遣欧使節、支倉常長をモデルにしたが、その伝記ではない。彼の悲劇的な大旅行を私の内部で再構成した小説である」とあります。そして対談「『侍』について」（「文學界」一九八〇年八月号）では、「支倉は私の内面で再構成されているけれど、支倉常長の旅の本質と私が考えていることは歪めていない」と語っています。

遠藤さんは、先に触れたように、この作品のテーマを、生活の次元の地上の王に会いに行きながら挫折して、最後に人生の次元、魂の次元の王に出会う人生の旅として描いていますが、まさにそれが支倉の旅の本質であったと、支倉の生涯を資料で調べて自分なりに捉えたということでしょう。そしてそのテーマのための工夫を様々にしています。『侍』というタイトルにしても、語り手が主人公を一貫して個人の名ではなく「侍」と言い続けていく点も特徴的です。先の対談「『侍』について」の中で遠藤さんは、なぜ「長谷倉」と呼ばず「侍」で通したかについて、ベラスコという西洋人はとても個性がはっきりしているのに対して「侍」は没個性であること、また「侍」の中に個人の問題ではなく、日本人全体の問題を出したかったこと、さらに私との関連性を込めたかったことなどの理由を挙げています。

また、対談「〝王〟にあいに行った男──書下ろし長編『侍』をめぐって」（「波」一九八〇年四月）では、「自分の意思で洗礼を受けたわけじゃない僕は、支倉を書くことで、受洗の動機やその後の心理に僕自身を投影できると思った」と述べています。実際に、戦争直後に船で渡仏した三五日間の旅の経験が、『侍』における海の描写や船の旅に投影されています。また書いているときの自分の心境などを全部、支倉の生き方、死に方に投影して、自分のいろいろなものを全部そこに放り込んでフィクションにしています。それを「一種の私小説と思ってくれてもいい」と言っています。これは対談なので軽く言ったのでしょうが、遠藤さんは自らの芸術観から実人生をありのまま描くという意味での私小説は書きません。遠藤さん自身は『定本　侍』（一九八五年、牧羊社）の「あとがき」の中では、「作品は歴史小説の形をとっていますが、いろいろな意味で作者の精神的自伝です。主人公の行った長い異国の旅も、また彼がその旅で出会ったものにも、作者は人生の縮図を投影したつもりです」と述べています。ですから、ここは「私小説」というよりも、自分の自伝的な経験を多く投影したという意味で、「精神的自伝」という言葉のほうが的確であるでしょう。

さらに別の言い方で『侍』は「総決算」とも言っています。ただ『侍』だけが総決算というのではなくて、遠藤さんは純文学書き下ろし長篇で、『沈黙』を書いたときも「この小説を書きあげることができたら、もう死んでもいい」「自分の過半生をすべて打ち明けなければならない」（「沈黙の声」）と言って総決算として書いていきます。それから一四年後、この『侍』も、やはり自分の問題すべてを込めた総決算だと言います。それから一三年後、『深い河』を書く時も「全部を込めた総決算だ」と言っています。だいたい七年をかけて純文学長編の書き下ろしで書いています。もし海外の作家のようにそれだけで生活できたら七年に一冊ということなのでしょうけれど、なかなか日本ではそんなふうにはいきませんから、その間、他にも多くのエンターテインメントの連載小説や評論・エッセイなどを書いているわけです。先に触れた『侍』執筆中の日記には、「めちゃくちゃに忙しい。今やっている仕事」として連載四本挙げ、最後に「それに本職の『侍』がある」と記しています。

遠藤さんにとってこの「本職」というのは、井上洋治神父と共に生涯を賭けて日本人とキリスト教との距離を埋めていくという道を切り拓き、踏石を置いていこうと決意を共にした、そのテーマを純文学長篇作品で取り組んで踏石となる作品を置いていくことであったと言えるでしょう。そういうテーマを込めての純文学長篇の執筆は、エンターテインメント作品のように読者へのサービス精神など意識しないで、自分が神から与えられている使命を果たすという意味でいちばん書きたいものを書くという思いであったでしょう。

遠藤さんは留学中の日記の中で、自分が何のために作品を書くのかと自問し、それは、いかなる時間を経ても動かない無数の人間の祈りと永遠の憧れが込められたシャルトルのカテドラルのような作品を作るためではないかと記しています。そんな遠藤さんの願いが「本職」として小説を書く使命に目覚めていく原点にはありました。『侍』もそうした願いが込められて書き上げられたと言えるでしょう。

『侍』に投影された自伝的要素Ⅰ――受洗と十字架の違和感

それでは『侍』が遠藤さんの精神的自伝的性格のあることを踏まえて、年譜的事項として大事な点を確認しながら話を進めていきたいと思います。遠藤さんは一九二三年、まさに百年前の関東大震災の年に生まれています。そして遠藤さんが一二歳の時、お母さんの郁さんが洗礼を受けます。これも不思議な導きです。音楽家をめざして上野の音楽学校（現東京藝術大学）に通っていたお母さんは、東大生の遠藤常久さんと恋愛のうえ、学生結婚をして一緒になり、銀行員となった夫の転勤のため中国大連で暮らしますが、その夫に若い女性ができて、遠藤さんが一〇歳の時にお母さんは棄てられます。傷ついたお母さんと一緒に日本に戻った後、お母さんが頼って一夏の間、身を寄せた姉がたまたまカトリックの熱心な信徒で教会に通っていたので自分たちも通うようになりました。お母さんは絶対に棄てない愛で傷ついた自分を包んでくれる神を知って信仰を持つようになっていきます。遠藤さんは、「愛とは決して棄てないこと」という自らの愛の定義をいろいろな作品の中で語っていますが、そんなお母さんの姿を見たことが大きな要因であるでしょう。そのお母さんがまず洗礼を受け、周作も洗礼を受けます。遠藤さんの洗礼は自覚的に信仰をもってというのではなく、お母さんに促され、お母さんを喜ばせるためという外的要因によるものであったと言えますが、それは、『侍』における侍の洗礼が、ベラスコに促され、殿のお役目を果たすためという外的要因によるものであった点に重なるものがあるでしょう。お母さんは修道女のように大変厳しい祈りの生活をしていきます。遠藤さんは、当初は素朴な信仰があって神父になろうと思ったこともありましたが、徐々に青年期になって何でこんなものを母たちは信じられるのだろうと疑ったり、迷ったりするようになっていきます。

遠藤さんの作品には、日本人の一般の人がキリスト教に対して何も知らずに見たら素朴に感じるような違和感、距離感が描かれます。『侍』では、最初の船旅の中で、侍は十字架の痩せこけた裸体の男を見ながら、殿とは反対の、このようにみすぼらしい存在を拝む切支丹は奇怪な邪宗ではないかと思います。よく考えてみれば、十字架を何の知識もなくて見れば、磔にされて処刑されている人の姿ですから、自分の殿はもっと力強くて立派でそれを敬うのは分かるが、それに対して十字架に磔にされて首が垂れている醜い者に手を合わせるとは何だ、そんな罪人として処刑されている人間に手を合わせて祈るというのは、邪教ではないか、と素朴に日本人として感じているわけです。

ところで、「東北の切支丹――支倉常長とペドロ岐部」（『探訪大航海時代の日本⑧回想と発見』一九七九年、小学館）の中で、遠藤さんは『侍』の取材のために支倉常長を調べに仙台を度々訪れ、いつも感慨をもって見るのは、仙台市博物館にある常長が持ち帰った常長の半身画像であると述べています。そして、この絵が描かれた頃の常長は使者としての役目を果たせず、苦しんでいたときで、「十字架の基督を凝視する彼の目に言いようのない寂しさがある」と語っています。常長はまさに自ら生活の次元の大きな挫折の中にあって磔のキリストの十字架を凝視しているわけです。そして、遠藤さんは、常長は、使者としての役目のため、ソテロ神父のすすめに従い受洗したが、「その受洗で知ったイエスの存在が、晩年の彼の孤独な生活の中でただ一つの慰めとなった」「彼の心を引き付けたのは、もはや信ずることのできぬ藩や伊達家の政治でもなく、ただこの基督だけだったのだろう。藩の切支丹禁制にかかわらず、彼の子が父と同じような秘密信徒となったのも、おそらく常長がひそかにみずからの生涯で知ったことを教えたからに違いない」と語ります。ここに先に触れた「常長の旅の本質」と遠藤さんが考えている内実があり、これが侍の旅に込められていることは間違いないでしょう。

そして侍たちは大西洋を渡ってエスパニヤ（スペイン）に赴き、エスパニヤ王に謁見して交易の許可を得ようとポーロ会のベラスコは努力しますが、敵対するペテロ会の神父が日本における禁教令と弾圧の事実を伝え、反対します。その事態の打開のためとベラスコに促された侍たちは、「形だけのことだ」とおのれに言いきかせ、洗礼を受けますが、事態は好転しません。ただ一つの奇蹟を当てにして地上の「王の王」に会うために、ローマに向かいますが、しかしそこでも法王庁の枢機卿に反対され、侍たちは法王に謁見し、殿の書状を読みますが、法王は日本のために祈ると約束したのみでした。

洗礼を受けたのも、殿からの使者としての役目を果たすという目に見える利益を得るためであり、生活の次元でプラスになるとの判断によるものでしたが、結局、挫折に終わります。

『侍』に投影された自伝的要素Ⅱ――留学への船旅

次に、『侍』に投影している遠藤さんの重要な経験としては、戦後まだＧＨＱの占領下という状況の中で、捕虜を日本に輸送した船艙の四等船室に乗り込んでアジアの幾つもの港に寄りながらフランスに向かう四等船室の船による留学があります。特にその一カ月間の船旅から大きな影響を受けます。

その船旅について遠藤さんは「赤ゲットの佛蘭西旅行」（一九五一年一一月～翌年七月『カトリック・ダイジェスト』）という旅行記を書いています。その中で「飢え、悲惨、苦悩は日本だけではなかった。

ぼくが初めて訪れた国、ぼくが共に一カ月暮した船艙の諸民族にも、それは日本人よりはもっと悲しくもっと苦しく漂っていました」と述べ、「むなしく死んだ学徒出陣の友だちの屍が、あの薔薇色のマニラ湾に何かを歎きつづける限り、また、コロンボの白い街で、英国の少女が無邪気にまぶしい日の光の中で笑えるのに、マレー人の少女はぼくにまで金を乞わねばならぬ、そうした不合理な状態が世にある限り、ぼくはぼくだけが、シェークスピアやラシーヌにとりすがっているわけにはいかぬ。現代の青年の一人として、この時代の悲しみや苦悩を他の人と共に背負わねばならぬ。さらにぼくがカトリック信者である以上、その不合理、不正は勇気をもってただださねばならぬ」との決意を記しています。敗戦直後の日本も悲惨な状況でありましたが、アジアの様々な国の港に寄り、乗船してくるアジアの人たちとも親しく交流します。港に降りて、現地の少女たちが哀しい目で物乞いしながら生きる姿に出会い、西洋人がアジアで行っている世界にある不条理な現実を目の当たりにするなかで、文学研究に閉じこもるのではなく、この時代の悲しみや苦悩を共に背負い、不合理な不正なものを訴えていくような文学的テーマを作家となって担っていく決意をするのでした。

このテーマは『侍』の中で、侍たち一行がノベスパニヤ（メキシコ）に到着して西へと横断する途上、テカリで出会った貧しいインディオと共に生きる日本人の元修道士から、「パードレさまたちがどうであろうと、私は私のイエスを信じております。そのイエスはあの金殿玉楼のような教会におられるのではなく、この惨めなインディオのなかに生きておられる」との話を聞く場面とつながるでしょう。日本人の元修道士が、西洋人がメキシコを征服し、立派な教会を建て、豊かな生活を享受するのに対して、イエスはそこから虐げられて貧しく生きる惨めなインディオと共にいることを訴えている言葉は、遠藤が、船旅の途上での経験から問題意識を持ち、作家となって担おうとしていたテーマとも重なります。

『侍』に投影された自伝的要素Ⅲ——母の死

その次に年譜的に注目されるのは、三〇歳の時に経験したまだ五十代であったお母さんの突然の帰天です。これもとても辛い経験でした。お母さんの葬儀の会葬礼状『偲び草』に遠藤さんが書いた文章があります。そこには、「後悔と慟哭」「自分の肉体の半分であったものがもうない事」の孤独が綴られながら、母親は自分が何度裏切っても「彼女は私を信じつづけた。丁度、それは裏切られても、裏切られても人間を愛し続けるあの存在に似ていた」と述べ、自分を愛してくれた姿をイエスの愛の姿と重ねています。そして最後に、「私は今まで死を甚しく怖れたが、今は死のみを待つ気持ちである。彼女のいる所へ行かれること。それが、私のこれからの希望となってしまった……」と結びます。

遠藤さんのお母さんは自分が出会う人たちにイエスの福音を伝え続けて、遠藤さんのお母さんの影響でカトリックになった人は大変多くいました。例えば、遠藤さんの大連時代の小学校の青年教師で周作少年の文才をお母さんに伝えた久世先生は、戦後、遠藤さんのお母さんと再会する中でカトリックに導かれます。ちなみに、遠藤周作没後十年の遠藤さんを偲ぶ周作忌で、私は久世先生の娘さんと知り合い、この『偲び草』の存在を知ることができました。こうしたお母さんは天国に迎えられていると遠藤さんは信じています。そこに自分も行き、再会できることが「これからの希望」となったと言うわけです。

そこで大事なのは、死が終わりでないということ、人生の次元を生きているということです。死が終わりだったら、母との死別は救いようがないでしょうが、死を超えて先に向こうに逝っているけれど、死を超えた次元があるので、また会えることが希望になるわけです。でも、そのためには自分がその信仰を最期まで全うして迎えられていくということが重要になります。これは、遠藤さんが、迷いやいろいろな疑いがあっても自分は母への愛着から信仰は捨てられなかったと語ることの大きな意味だと思います。やはり母と同じ信仰を、死を迎える時まで生きぬきたかったのです。

遠藤さんは母から受け取った西洋文化に根ざしたキリスト教を、日本人の自分の体には合わないだぶだぶの洋服と表現します。それはお母さんの着せてくれた服であり、お母さんへの愛着から安易にその服を脱ぎ捨てることはしないけれど、死を迎える時まで着続けることができるように、そのために日本人である自分の体に合うように自分なりに仕立て直すという努力を重ねていきます。お母さんにとってその服は傷ついた孤独な心を愛のぬくもりで包んでくれる服であったでしょう。そして遠藤さんも、自分がその服を脱ぎ捨てて裸になったときに寒くて凍えても別の服を持っていないということ、そして自分の心の奥深く、存在の次元、魂の次元で、裸の自分をあたたかく包んでくれる存在を渇望していることに気づいていきます。そうした魂の渇望に応えて、傷つき弱い裸の自分をあたたかく包んでくれるキリストの愛を身にまとうことができるように仕立て直していきます。

若い時には生活の次元で、西洋文化への憧れもあってキリスト教につながっていた人が、年齢を重ね、特に死の問題を前にして、人生の次元の問題を意識せざるをえなくなった時に、その信仰が自分の心の無意識の奥の魂の渇望にまで応えるものになっているかが問われます。お母さんから受け取っただぶだぶの洋服を仕立て直して自分の身の丈にあった和服にするという生涯を賭けた自らの信仰のテーマは、作家の「本職」として純文学長篇小説のテーマとなって『沈黙』から『深い河』に至るまで深められていきました。そういう意味では、遠藤さんの一つ一つの純文学作品は、お母さんに向けて書かれているとも言えるでしょう。最期にお母さんのいる世界に逝くときに持っていく作品として『沈黙』と『深い河』が棺に入れられました。その仕立て直しのテーマを芸術的に完成させた最高傑作とも言えるのが『侍』ですから、そうした意味で『侍』も入るべき価値があったと私には思われます。

『侍』に投影された自伝的要素Ⅳ――病床体験と兄の死

その後、年譜的には三七歳の時の結核再発が注目されます。遠藤さんは足掛け三年におよぶ病床体験の中で死と向き合います。三回目の手術は医者も手術死を危険視するもので、実際に心臓が止まりましたが、それを乗り越えて何とか生還しました。二回の手術が失敗して危険な状態になっている時に、いくら神に祈り、訴えても、生活の次元では目に見える現実を変えてくれるようなことは何も起こりません。そんな苦しみの極限で、その苦しみを共にしてくれている神の眼差しを実感します。神は目に見える生活の次元で、病気を治して欲しいと祈るのに応えてそれを変えてくれるような存在ではない。目に見えない人生の次元で、孤独で苦しんでいる時に、ずっと共にいてくれて、生きるということを支えてくれる、そういう存在として神の眼差しを感じて、神のいる場所はここなんだと実感するわけです。それが『沈黙』のテーマになります。そして、『侍』でもこの病床での信仰体験が最も大事な場面に投影されます。その点については後で触れます。

病床から復帰した遠藤さんは、長崎でキリシタンの取材をしながら歴史の灰の中から自分の信仰の問題を投影できる人物に出会い声を与えていきます。そうして生まれた最初の純文学書き下ろし長篇『沈黙』は日本人とキリスト教の距離を埋めた、洋服仕立て直しの第一作にして傑作で谷崎潤一郎賞を受賞するなど文学的に高い評価を受けます。他方で、『沈黙』は、遠藤さんの個人的な母子体験が投影されている主観的なもので、正統なキリスト教の信仰ではないのではないかといったような批判を受けます。それに対して、遠藤さんは、『沈黙』のキリストの眼差しに、個人的な母子体験の投影はあっても、そのキリストの眼差しは、聖書の中のイエスの姿そのものにそういう母性的なものがあるということを主張しようとします。そのために、遠藤さんは、聖書研究に打ち込み、実際に聖書の土地にイエスの足跡を何度も訪ねて取材していきます。そのようにして日本人である自分に実感できるイエス像が焦点を結んで生まれたのが、純文学長篇第二作の『死海のほとり』とその創作ノートを基にした評伝『イエスの生涯』です。

その七年かけて執筆された渾身の労作であった『死海のほとり』は、文壇ではあまり評価されませんでした。そこで遠藤さんは、日本の人たちの心に自らのキリスト教的テーマを届ける難しさを感じたことで、もう一度、歴史の中で自分と同じような問題を背負って生きた先達がいないかを調べながら、そこに自分を投影していくことを考えます。そのなかで支倉常長のことを作品のモデルにしようと思い、東北を取材で訪れるようになります。それが五〇歳位の頃であり、いちばん作家として脂がのって精力的に活動していた時で、七年かけて次の純文学長篇完成のための取材が始まっていきます。

その頃に、幾度も支倉の取材で東北を訪れ、東北キリシタンの歴史のある殉教地なども訪ねて、小説を書きたい衝動に駆られ歩きまわったとまで最後に取り上げる「東北キリシタン」の中で書いていますが、小説に書くまではいっていないのが本当に残念だと思います。『侍』を書き上げた直後から体調を崩して老いと死を強く意識するようになります。そのため、遠藤さんの次の純文学のテーマも老いと死の問題、さらに無意識と悪の問題などに移っていきます。

また、『侍』刊行の三年前に、二歳しか違わない仲の良かった兄の正介さんが母と同じ五十代で亡くなり、大変ショックを受けています。その兄は東大を卒業して逓信省へ入り、海軍に現役入隊、戦後は電電公社に入り理事まで務める組織人として重責を負い、激務で倒れます。三浦朱門氏が『侍』は正介兄に向けて書いたものではないかと語っていたのを受けて、加藤宗哉氏は、「五十六歳で断たれた人生を思うとき、そこには侍・長谷倉の殉死も二重写しになり、先の三浦説が説得力をもってくる」(『遠藤周作』慶応義塾大学出版会)と述べています。『侍』には、信仰をめぐる組織と個人というテーマもあり、その点でも重なる部分があるでしょう。さらに、後で触れる、侍の最後の場面で、向こうの世界に旅立つ侍に与蔵がイエスの同伴を告げる場面は、旅立つ兄にイエスの同伴を願った遠藤さんの祈りが投影されているのではないでしょうか。また、ベラスコが侍の死を知り、「同じところに行ける」と言うところには、遠藤さんが、母に次いで兄との死を超えた再会を願う思いの投影があるように思われます。

『侍』における「雪」の象徴

では、『侍』の文章にも触れておきたいと思います。まず『侍』の冒頭の部分です。遠藤さんの作品の中でも最も象徴性のある優れた表現の出だしではないかと思います。

> 雪が降った。
> 夕暮、雲の割れ目からうす陽を石ころだらけの川原にそそいでいた空が暗くなると、突然、静かになった。雪が二片、三片、舞ってきた。
> 雪は木を切っている侍と下男たちの野良着をかすめ、はかない命を訴えるように彼らの顔や手にふれて消えた。しかし人間たちが黙々と鉈を動かしていると、もう無視するように周りを駆けまわりはじめた。
> （『侍』新潮社、一九八〇年）

この文章の主語は天から降り注がれる「雪」であって、人間ではないです。主人公といえる侍が出てきても雪の降り注ぐ風景の一部であって、雪の方こそが主体になっています。ここにはこの作品のテーマを象徴するイメージが暗に示されていると言えるように思います。西洋のキリスト教文学に学んでいる遠藤さんは、雪というのは特別な意味があると述べています。天から降ってきてこの世界を覆って浄化していく。いろいろな汚れ、穢れ、罪、悲しみや苦しみを純白にしていくという天からの恩寵を象徴する意味です。遠藤さんは、例えば『女の一生　一部キクの場合』や『スキャンダル』など、様々な作品でこの雪のイメージを描いています。『侍』の物語では、侍たち人間と人間の横の関係のドラマ、すなわち各々自分の利害を中心に動き争う生活の次元の人間の営みが描かれながら、さらに天から降ってくる雪が地上を包むように、そうした生活の次元で挫折した人間の悲しみや苦しみに寄り添う人間を超えたものとの縦軸の関係のドラマ、すなわち人生の次元、魂の次元でのドラマが描かれていくことが、冒頭の雪の描写には象徴されていると言えるでしょう。

人生の次元の同伴者イエスと侍の旅の終わり

最初に侍は十字架の痩せこけたイエスの姿を見て、殿とは反対のこんな惨めな者に異国の者たちがなぜ手を合わせるのか理解できないと思います。他方で、船が出航して行く途上で、侍の従者の与蔵という人物がそのキリスト教に関心を持つようになります。これは重要な人物で、遠藤さんは『沈黙』のキチジローが『侍』では与蔵になったとも言いますが、与蔵も遠藤さんとへその緒がつながっている人物で、遠藤さんの中にある、素朴な信仰を持っている部分の自分を投影した人物です。そして、遠藤さんが疑いを持った日本人の感覚でおかしいと思ったり、現代人として疑いを持ったりいろいろなものが自分の中にあるので、それを全部別の人物に投影していろいろな人物が生まれてきます。

そんな旅の途上でメキシコに行き、日本人の元修道士に出会っていきます。その修道士が、立派な教会ではなくて、自分はこの惨めなインディオたちの中にこそ、キリストは生きておられる、それが「私のイエス」だと言います。遠藤さんにとって「私のイエス」が本当にいる場所は今、苦しんでいる自分や弱い人たちに寄り添って共にいてくれる人生の同伴者といえる場です。そしてその後、殿の使者の役目を果たすのに有利になるように形だけの洗礼を受けます。あくまで形だけの洗礼は、もともとは生活の次元を良くしていくために、こちらの利益のためだったわけですが、地上の王に会っても殿の使者としての役目は果たせず挫折に終わります。しかし洗礼自体が持つ本来の意味は、この生活の次元ではなく人生の次元において、決定的な意味を持つことになります。

希望を絶たれた侍たちは、再び大西洋を渡り、ノベスパニヤを東へと横断する。途中、テカリで日本人の元修道士と再会し、侍は「あのような、みすぼらしい、惨めな男をなぜ敬うことができる」と問います。元修道士は「あの方がこの現世で誰よりも、みすぼらしゅう生きられたゆえに、信じることができます」「泣く者はおのれと共に泣く人を探します。嘆く者はおのれの嘆きに耳を傾けてくれる人を探します。世界がいかに変ろうとも、泣く者、嘆く者は、いつもあの方を求めます。あの方はそのためにおられるのでございます」と答えます。それに対して「俺には分からぬ」という侍に、元修道士は「いつか、お分かりになります」「私はやっとおのれの心にあわせてあの方の姿を摑むことができました」と告げて、別れます。

この元修道士の最後の言葉には、遠藤さんが留学以来、自分だけの文学テーマとして、日本人である自分の心で何とか身に沁みて実感できるイエスの姿を捉えたいと求め続けて、それがやっとかない『侍』にはそのイエス像を投影できたという感慨が込められているのでしょう。

侍一行は太平洋を渡って四年ぶりに帰国しますが、切支丹禁制下での吟味を受け、殿の重臣からは、殿の考えも変り、侍たちの旅はまったく意味がなかったと言われる。その口惜しさの中、侍は、自分が役目を果たすために切支丹に帰依したと告白します。谷戸に戻った侍は長い旅を振り返り、影のように従いてきてくれた与蔵に、「なぜ、あの国々ではどの家にもあの男のあわれな像が置かれているのか、分かった気がする。人間の心のどこかには、生涯、共にいてくれるもの、裏切らぬもの、離れぬものを——たとえ、それが病みほうけた犬でもいい——求める願いがあるのだな。あの男は人間にとってそのようなあわれな犬になってくれたのだ」と思いを吐露します。そして旅の終わりに侍は、「人間はどこでも変わりなかった。どこにも争いがあり、駆け引きや術策が働いていた。それは殿のお城の中でもベラスコたちの生きる宗門世界でも同じだった……自分が見たのは、あまたの土地、あまたの国、あまたの町ではなく、結局は人間のどうにもならぬ宿業だ」、その人間の宿業のゆえにあの痩せこけた醜い男が手足を釘づけにされて首を垂れていたとの思いに至ります。

生活の次元で侍がめぐった国々を見れば、自分中心の利害で争う人間のどうにもならない宿業があり、人間が生きている限り、争いに敗れたり、病や貧しさを背負ったりして、苦しんだり悲しんだりする世界であったわけです。それに対して、人生の次元、信仰の次元で見れば、その苦しみや悲しみを共にしてくれる存在を求める人間の魂の渇望はどこの世界の人間にもあり、それに応えてくれる存在となってくれたのが十字架のイエスであるという信仰にたどり着くことができたと言えます。

そして江戸に対する藩の申し開きのため、切支丹に帰依した侍は評定所に出頭させられ、そこで処刑されることになります。生涯、侍に仕え、共に切支丹に帰依した従者の与蔵は雪の庭に正座し俯いていましたが、侍が処刑の場に向かう気配を頭上で感じ、主人の背に向かって最後に声を発する場面が次のように描かれます。

侍は屋根のむこうに雪が舞うのを見た。舞う雪はあの谷戸のしらどりのように思えた。遠い国から谷戸に来て、また遠い国に去る渡り鳥。あまたの国、あまたの町を見た鳥。あれが彼だった。そして今、彼はまだ知らぬ別の国に……。

「ここからは……あの方がお供なされます」

突然、背後で与蔵の引きしぼるような声が聞えた。

「ここからは……あの方が、お仕えなされます」

侍はたちどまり、ふりかえって大きくうなずいた。そして黒光りするつめたい廊下を、彼の旅の終りに向って進んでいった。（『侍』新潮社、一九八〇年）

ここには、まさに人生の次元のドラマが鮮烈に印象深く描かれています。今、生きているこちらの世界からあちらの命の源の世界に旅立つわけです。この時には目に見えるこちらの人間は誰もついて行けません。一人になります。しかし、それを共にしてくれる存在としての人生の同伴者イエス、復活のイエスが共にいてくれるということが最後に描かれています。遠藤さんは、「あの一点にかけて小説全体をずっと絞っていった」それが「あの小説の狙い目だった」（『人生の同伴者』）と語っています。これは遠藤さんの人生の経験の中で大変大事な意味がある言葉です。すなわち、私たち読者が物語を追っていき、最後にこの言葉が心に刻まれるように物語を仕上げることができるかが、この作品のいちばんの要だったのです。

では、遠藤さんの経験がそこにどのように投影されているのかは、自らの病床体験を投影して描いた『満潮の時刻』に出てきます。自分が死ぬかもしれない危ない手術にストレッチャーに乗せられて向かう時に、与蔵のようにずっとそばに寄り添っていてくれた妻の順子夫人に対して看護師から、「ここまで」と言われるのです。手術室の中で死んでしまうかも分からないけれど、ここから先は順子夫人はついて行けないわけです。その時の体験が遠藤夫妻に強烈に刻まれています。遠藤さんは『死について考える』という本の中で、「自分がその死の瞬間、どんなに愛している者とも別れなければいけない、そのことを三度の手術の朝にいつも思った」と述べ、「その時、誰が私に付き添ってくれるのでしょう。『侍』という小説で私はその場面を書きました」（『死について考える　この世界から次の世界へ』光文社、一九八七年）と語っています。

それに対して順子夫人は、『夫の宿題』の中でその時のことに触れて、夫が手術室に行く時に、これで死ぬかも分からないのですから、ついて行きたいけど行けない。その時に、「手術室の扉の前での主人との別れの時、私の傍らをすりぬけて主人と一緒に手術室の中へついていってくださった方の存在を、私はいつもいつも感じておりました」（『夫の宿題』遠藤順子、ＰＨＰ研究所、一九九八年）と語っています。これがまさにあの方がついて行かれるという思いであったでしょう。人生の次元のそうした大切な体験が『侍』には込められているのです。

ベラスコの殉教と聖徒の交わり

さらに遠藤さんの自分の人生を投影しているのが、ベラスコが最後に殉教していく場面です。再び日本のためにとの思いから日本に密航し、捕らえられたベラスコは、「主よ、どうか長谷倉と西や田中をお見棄てくださいますな。その代わり彼らを利用した我が罪の償いのためにもまた彼らのまことの救いのためにも、私の生命をお召しくださいまし」「主よ、どうか日本をお見棄てくださいますな。その代わりこの国を利用した我が罪の償いのためにもまたこの国のまことの救いのためにも、私の生命をお召しくださいまし」と祈ります。そして役人が「無益に捕らえられ殺されるためにこの日本に参ったようなものだ。狂気としか思えぬ」と言うのに対してベラスコは「なぜ、狂気にみえることをこの私が承知でやったか。死ぬと覚悟してこの日本に参ったか――いつかお考えくださいまし。その問いをあなたさまやこの日本に残して死んでいくだけでも、私にはこの世に生きた意味がございました」と応えます。その後、遺書には「日本――岩だらけのこの不毛の地に愛の雨をふりそそぐ神に祝福あれ。（中略）私は今、殉教を待っている。天において神の御旨が行われるように、日本の道なき土地にも御旨の行われんことを」としたため、長谷倉と西が切支丹ゆえに処刑されたことを聞き、「私も彼らと同じところに行ける」と叫びます。そして最後にベラスコが大村藩の処刑場で火刑となる中、「生きた……私は……」と一つの声がひびき、この殉教で小説は幕を閉じます。

ここで役人がベラスコの行為を無益で狂気と言うのは、生活の次元からの言葉です。しかし、ここでベラスコが別の次元、人生の次元において「聖徒の交わり」の信仰を生きる中で、日本の人たちのために自分の命を使ってくださいと祈り、遺書に「日本――岩だらけのこの不毛の地に愛の雨をふりそそぐ神に祝福あれ」と書く言葉は重要です。

ベラスコは、殉教の前夜も、司祭たちを連れて帰ってくると約束した東北の「雄勝で告悔を聴いた男」の顔を思い出し、そのためにも自分の命を捧げることを思っています。ここで、ベラスコが日本の人たちのために自分の命を使ってくださいと祈るとき、その日本の人たちとは苦難の中で信仰を生きる東北キリシタンの姿を具体的に思っていると言えるでしょう。そして自分が愛を込めて捧げる命によって神が恵みの愛の雨を日本の地に降らせてくださることを信じ、願い、祈ります。ここには、殉教が自分の救いのためという以上に、「聖徒の交わり」によって日本の人たち、特に東北キリシタンたちとつながっていることで、その人たちのまことの救いのためになることを願う愛が込められているわけです。

この愛の雨を降らせるという言葉は日本のカトリックで良く知られる『小さき花　聖女小さきテレジア自叙伝』のテレジアの言葉と重なります。テレジアは今年二〇二三年が生誕一五〇年で、遠藤さんのちょうど五〇年前に生まれました。結核を病むテレジアは「私は天国に上りてから後は絶えず此地上の人々に御恵を呼び下さん、死亡（しんで）から薔薇の花の雨（恩寵）を降らしましやう」と遺言して、二四歳で帰天します。遠藤さんが洗礼を受けたカトリック夙川教会は、テレジアに献げられた「幼きイエズスの聖テレジア教会」呼ばれる教会でしたし、さらに井上洋治神父はこのテレジアの自叙伝に出会って信仰に導かれ、最後までテレジアの霊性をずっと大切にされて、幼子のようになってアッバ（父）に信頼する道を歩みました。ここにも「聖徒の交わり」によって個人の死を超えてつながり、恵みが天から地上におよんでくる人生の次元があるわけです。

そして先にも触れましたが、長谷倉と西が切支丹ゆえの処刑を受けたことを知ってベラスコが叫ぶ「私も彼らと同じところに行ける」という再会の希望の言葉にも、遠藤さんが母や兄と同じところに行って再会できることを願っていた思いが投影されているでしょう。

この天国に先に迎えられた母や兄と遠藤さんが「聖徒の交わり」の信仰でつながっていたことを示す

「私の祈り」という祈りの言葉が日記の中に記されています。

主よ、母があなたを信じましたので、私も母に賭けます。兄があなたを信じようとして死んだのだから、私も兄に見ならいます。／ロビンヌ婦人があなたを信じたのだから、私は夫人に賭けます。／暁子さんがあなたを信じたのだから私は暁子さんに賭けます。／井上洋治があなたのために生きたのですから私は井上に賭けます。／私を愛してくれた人々は常にあなたを信じている人でした。だからあなたぬきで私の人生はなかったといえます。私に力をかしてください。（「日記」一九八二年二月二十五日（私の祈り））

ここには遠藤さんが人生の次元で結びついている人たちが挙げられています。弱い自分が信じることに揺らぎがたとえ起きても、主を信じて帰天した自分を愛してくれた大切な人たちの信仰に賭けるというその愛する人たちへの信頼が支えとなっていることがうかがえるでしょう。ロビンヌ夫人はフランス留学中に本当の母のように自分を大切にしてくれた信仰の人です。暁子さんは有島武郎の弟の有島生馬の娘で母と親しく信仰の大変深い人で遠藤さんをとても大切にしてくれた夫人でした。井上洋治神父だけは生きた存在ですが、それ以外は信仰を生きぬいて向こうの世界に逝っている人たちです。遠藤さんは毎日この愛する人たちの遺影にお茶を捧げて手を合わせて祈っていると言っていました。『侍』以降、高血圧と糖尿病のうえに肝臓病が悪化するなど病が重なり、最後には腎臓病も加わります。それでも「本職」である純文学長篇を書いていくために「力をください」と祈って『深い河』の完成にまで至ります。「聖徒の交わり」によって天に帰った愛する人たちとつながりその助けを受けながら弱い自分が懸命に地上の命を削って書いた小説が遠藤さんの純文学作品だと言えるのです。そういう命のこもった芸術作品ゆえに読む者の魂を揺さぶり、人生の次元、魂の次元に導く力があるのだと思います。『侍』はまさにそうした力を持つ代表的作品です。

おわりに——東北キリシタン殉教地に触れて

おわりに、遠藤さんが東北キリシタンについて書いたエッセイ「東北の切支丹——支倉常長とペドロ岐部」(『探訪大航海時代の日本⑧回想と発見』一九七九年、小学館)に触れて結びにします。最初に支倉常長の話があり、その後はいろいろな殉教地を巡った話が続きます。その場所、場所に立ちながら感じ取ったことが語られます。特に見分村に行った時に、大変深いものを感じています。そして「わたしは『見分け村』という題で一つの小説を書きたい衝動に駆られながら、ここを歩きまわったのだった」とあります。自分のへその緒とつながる人物をその歴史の中から見いだしてそこに声を与えることで作品が生まれます。そういう小説の誕生する可能性をそこに感じたのでしょう。しかし実に残念ですが、前に述べたようにそれが実際に小説として描かれることはありませんでした。

見分村の他に、遠藤さんがその史実を知ったら関心をもったに違いないと察せられる場所があります。米川辺りの説明で「この付近は鉱山・製鉄技術が盛んで、各地から逃れた隠れ切支丹たちにとっては絶好の避難場所だった」とあります。遠藤さんが、自分の「血の故郷」と言っている母方の先祖の出身である備中から招聘された千葉兄弟が南蛮流の製鉄法と共にキリシタンの信仰を最初にその地に広めた史実を知ったら、そこから物語の生まれる可能性もあったのでは想像が広がります。

遠藤さんの文学碑は、日本に三つあります。『沈黙』の舞台の長崎市外海地区にある「沈黙の碑」、そして母方の遠祖の戦国竹井一族の出身地、岡山県井原市美星町の中世夢が原にある「血の故郷」、そして岩手県一関市藤沢町の大籠キリシタン殉教公園にある殉教顕彰碑です。その碑にはこのエッセイ「東北の切支丹」の次の一文が刻まれています。

わたしは夕暮れ近くこの街道を歩いたのだが、点々と残っている首塚や処刑場の跡に寒けさえおぼえたのだった。九州の切支丹遺跡を訪ねてもこんな陰惨な感じをあたえる場所はなかった。ここは文字どおり東北切支丹の聖地であろうと思えた。

長崎を中心に九州の多くの切支丹遺跡を訪ねた遠藤さんが、こんな陰惨な感じを与える場所はないというのですから、余ほど何か感じるものがあったのでしょう。そして長崎でずっと見てきた切支丹たちのなかに最後に東北に逃れて来てここで殉教していった者たちのいることをへの想いを込めて、そのエッセイでは「日本切支丹が終焉した最後の場所」とも述べています。そしてその碑文はこう締めくくられます。

こういう公園ができて本当に良かった。多くの人々の目にふれて殉教という史実は、現代人に何を感じさせるだろう。（大籠キリシタン殉教公園内殉教顕彰碑・遠藤周作）

ここまで語ってきたように、現代人がもし目に見える豊かさを求める生活の次元しか意識しないで生きているとしたら、殉教というのがただ狂気と見えるでしょう。しかし、どうしてこの人たちはこのような殉教ができたのか、そこにどういう尊いものがあるのか、そしてそれが今の自分たちとどのように関わってくるのかということを真剣に問うことがあれば、それによって生活とは別の次元、人生の次元、魂の次元という見えないものに目を注ぐ世界が開かれ、殉教者たちからその次元を生きることの尊さを教えられるでしょう。肉体の死が命の終わりではなく、死を超えて帰っていく命の源があり、この地上での愛のために命を使って天に迎えられた殉教者の受ける恵みは、この地上でつながる私たちの渇いた心に沁みわたる愛の恵みの雨となって降りそそがれるのです。殉教公園に一人でも多くの人が訪れて、東北キリシタンの殉教について想いをめぐらし、現代人が忘れかけている命の源とつながる人生の次元を考えるきっかけになるならばどんなに意義深いでしょう。遠藤さんもそんな願いを思っていたのではないでしょうか。そしてそれは『侍』のテーマにも込められた願いであったにちがいないでしょう。

今日はご清聴ありがとうございました。

（二〇二三年七月一五日　講演）

第Ⅱ部 東北に息づくキリシタンの足跡

大籠殉教記念クルス館と舟越保武《十字架上のイエス・キリスト》
大籠キリシタン資料館事務局長 金野壮氏撮影

地域の人々の活動に生きる隠れキリシタン——東北のキリシタン聖地

高橋　陽子

はじめに

かつて『宮城県民新聞』というものが発行されていました。昭和二二年の一月一日が第一号でした。昭和二八年まで続きましたが、同年の一二月から「県政だより」と名称を変更して現在に至っています。県の文書担当の方の記憶にもない状況で、宮城県図書館に一部のみ良くない状態で残っていました。創刊号には「県政の基本を確立」という見出しが読み取れて、戦後の立て直しに向かう地方自治体が担う姿勢が載っています。県史編纂のために「宮城県史編纂室」という部署を設けて昭和二五年一〇月二一日に、執筆分担が決定した記事が掲載されています。昭和二六年一月には、年頭にあたって顔合わせが開かれました。「調査に精進して」「光彩ある縣史を作りたい」という見出しには集まった歴史・文化担当一〇人の意気込みと覚悟が感じられます。歴史担当者は、仙台藩（岩手県南も含む）の各地域をそれぞれ分担して、伝承や文書に関わりのある家・人を訪ねて次第に隠れキリシタンの存在が明らかになっていったのです。担当の中心だった只野淳氏の探査の結果が、昭和二六年の二月一一日の地方紙・全国

縣史編纂室

調査に精進して
光彩ある縣史を作りたい
一月の縣史編纂委員会

『宮城県民新聞』1951（昭和26）年1月

紙に「東北にキリシタン聖地」「長崎を凌いだ仙台藩の切支丹」「貴重なキリスト布教の発見」という見出しが語るように驚愕の史実として報道されました。「キリシタンの聖地」とされました大津保村は一九五五（昭和三五）年まで岩手県東磐井郡にあった村です。現在の一関市藤沢町大籠、室根町津谷川・藤沢町保呂羽のそれぞれ一部にあたります（傍線の漢字を合わせて大津保とした）。この地域は、藤原氏の時代から有力な金の産地で、大籠という地名は藤原秀衡が大きな籠に乗って、この地に来たことにちなむとも伝えられています。北上山系の鉱脈が走っており岩手県の中でも最も多くの金山がありました。現在も百を超える金山跡があります。古くは陸奥本吉郡に属した荘園でした。この稿では、かつてキリシタン聖地であった旧大津保村に見るキリシタンの足跡を辿り、独自の貴重な文化として継承し、今を生きている地域を紹介します。

一　探査の基礎資料

この遺跡探査の基礎資料となりましたのは、東北大学教授村岡典嗣（つねつぐ）氏の論文「仙臺以北に於ける吉利支丹遺跡——傳説と史實」一九二八（昭和三）年でした。村岡氏は、元岩手県立博物館長の菅野義之助氏から大津保村に切支丹の伝承・遺跡が多くあることを聞いていて遺跡探訪に出かけたのです。本吉郡狼河原から始まって大籠、馬籠を訪ねました。そこで出会った千早東山によって多くの収穫を得ることになりました。この出会いによって大籠の切支丹について、ほぼ十分な知識を得たと村岡氏は述べています。中でも「栽増坊物語抄録」は、この地方の歴史と伝説を著したものですが、切支丹に関しては次のように記してありました。

千松大八郎、小八郎兄弟がこの地に来てこの地の旧家と共に製鉄に従事し、仙台領の製鉄の根元となりました。この兄弟が切支丹で、布教にも努めたので、信者が三万人にも増えました。その後仙台藩の禁教が厳しくなり、刑死してしまいました。

村岡氏は、この伝説には村社である神明神社の縁起「大籠明神由来記」とも重なる部分があり、千松大八郎が迫害を避けることができず、デウス仏を埋めた場所に石の山神を置いて祀るようになった話や、千松神社、大善神、千松屋敷跡、大八郎墓、首塚など物語に登場する遺跡を歩いて確認しました。その後、栗原郡高清水町に仙台藩の重臣石母田大膳亮宗頼の家老土田甲平宅を訪ねます。そこで、大長持六七個に入った『石母田文書』と出会います。火災で一部焼失してはいるものの切支丹関係の文書が断片も含めて四六通見つかりました。伝承と遺跡、文書が一致した時の感動を村岡氏は最後に述べています。〈仙臺吉利支丹の實状が、歴々と眼前に徴證される感がある〉。この『石母田文書』と遺跡・遺物踏査によって、大津保村の切支丹は「史実」として今日に至っています。

二　馬籠地域とキリシタン

馬籠は、調査隊が一番初めに入った地域になります。田東山麓に広がる緑豊かな山村で、本吉町と志津川町（現南三陸町）に囲まれ、一関市藤沢町保呂羽と隣合わせの地域です。調査隊は、市明院という寺に切支丹の記述がある文書を見つけたのです。田東山の縁起について書かれた文書の中にありました。

1　田東山・満海上人

田東山（たつかねさん）は金が豊富に取れる平泉藤原氏管轄の霊山でした。歌※津町と本吉町にまたがる標高五一二メートル、当時、七堂伽藍（塔、金堂、講堂、経堂、僧房、鐘楼、食堂）七十余坊を有する山で多くの僧がいました。龍峯山（たつかねさん）とも表記し、竜神信仰つまり水の神の信仰として本吉地方の信仰の山でもありました。

※歌津町は現在南三陸町に属し、本吉町は気仙沼市に属しています。

『志津川町史』によれば、八三四年―八四七年（承和年中）に開創されたと言われています。藤原秀衡が観音堂を建て、山上

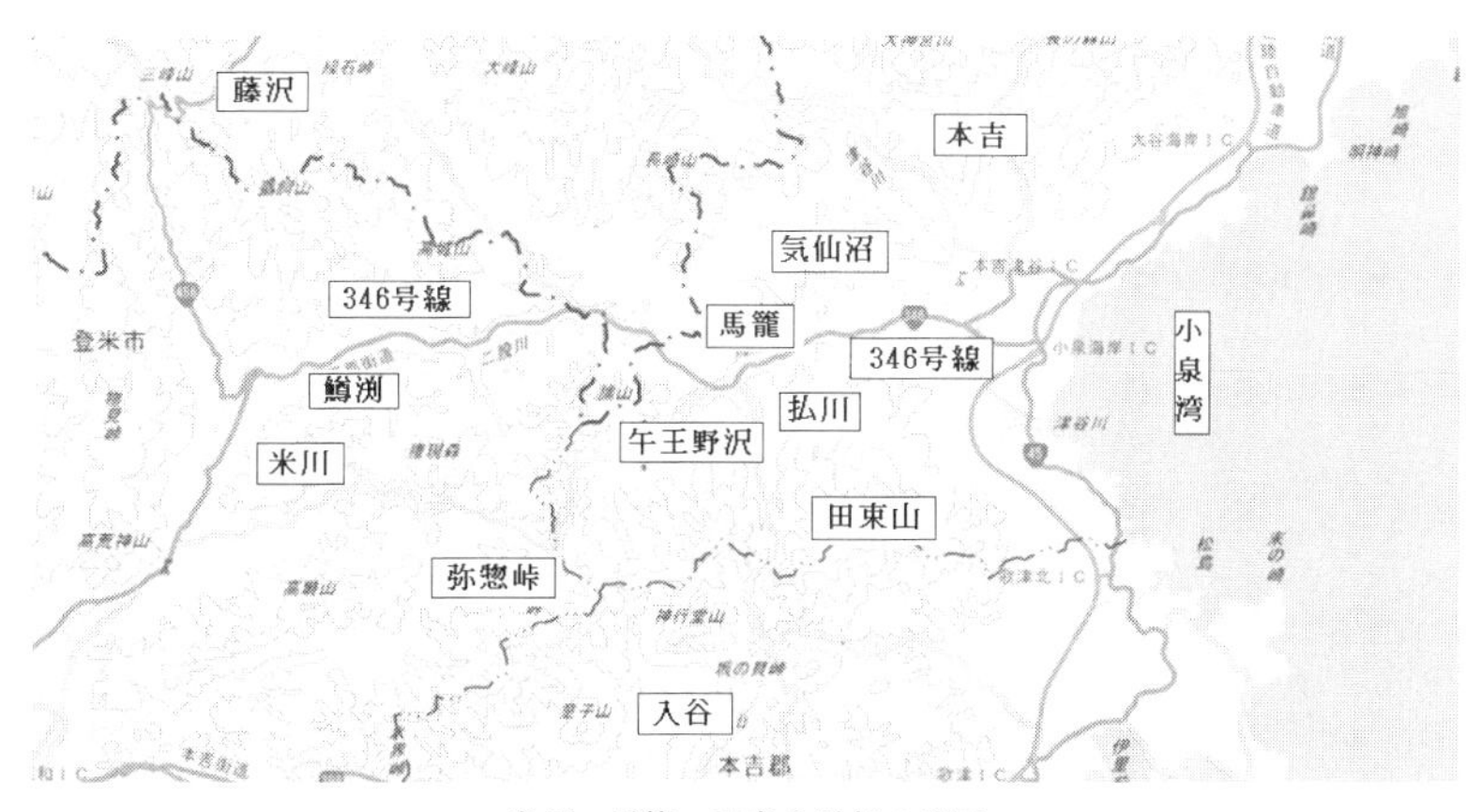

米川、馬籠、田東山近郊の地図

には羽黒山清水寺、中腹には田束山寂光寺、北峰を幌羽山金峰寺と要所に大伽藍を築きました。清衡の四男本吉四郎高衡がこの山を掌ったとも伝えられています。奥州藤原氏が出羽三山信仰を強化して独自の勢力圏を図ろうとした様相が浮かびます。弁慶の長刀一振りが寄進されたと伝えられてもいます。藤原氏滅亡後、その知行地を引き継いだ葛西清重もまた山中に僧坊四十餘宇を建て、家臣の千葉刑部に寺社を掌らしめたと言われていますが、葛西滅亡後荒廃してしまいました。昭和四六年の発掘調査によって経塚群（県指定史跡）が発見され、山上にあった経筒から約八百年以前のものであることが推定されました。この事実から平安後期には信仰の霊場であったことが確実なものになりました。一六三二（寛永九）年、田束山にたくさんの僧坊が立ち並んで仏教のメッカになっていたところに、寺が邪宗門改め※を容赦なく行ったことによって、キリシタンの仏閣への反感が爆発して寺院を焼き払いました。田束山の大上坊にある大学院、その他の房や入谷八幡社もその時焼き打ちにあったと伝えられています。

※邪宗はキリスト教が伝来当初、天竺宗、南蛮宗、伴天連宗、天主教と呼ばれました。

田束山から尾根続きに南西一キロほどの峰を「満海山」と呼び、山頂にある塚が「満海上人の入定の地」と伝えられて「満海上人壇」という気仙沼市と南三陸町の大きな解説板が建てられています。伝承によると、満海上人は一五七三—一五九二年（天正年間）に気仙沼松崎に生まれ、弥勒菩薩に深く帰依し、自ら即身仏（ミイラ仏）となるため入定したのだと伝えられています。また別に、馬籠地区にキリシタンが増えて田束山の四八坊の僧侶は切支丹宗門に転じてしまいます。天台宗の上人満海は、転宗した僧との法問に敗れ、食を断って入滅したという伝承もあります。また、田束山を預かっていた満海上人が修行に出て後、山に戻ってみると、キリシタンの暴挙によって霊山は、壊滅状態になっていました。自分の力不足を悲観して、せめて自分が入定することによって、キリシタンの非道を後世に知らしめたい意をもって入定という尊い行動をとったなど諸説あります。しかし、上人の没年が『気仙沼町史』では、一五六七（永禄一〇）年になっており、キリシタンの一揆は一六三二（寛永九）年になっています。上人の没年とキリシタン一揆の年号が『歌津町史』と『気仙沼市史』では違う伝承で疑問が残るところなのですが、キリシタンたちの力を見せつけようとしたという伝承として残されています（「田束山中興満海上人伝、清水浜細浦、市明院誌」）。田束山山上への登り口は、①樋ノ口地区からは行者の道と言われ、蜘蛛滝、穴滝など修行場でした。滝の裏には洞窟があります。登り口の観音堂には慈覚大師作と言われる不動明王を祀っています。②払川ルート、③小泉ルートがあって払川ルートは馬籠に通じるルートになります。払川登り口から国道三四六号を横切って北上すると、平泉に向かうことになります。

田束山清水（せいすい）寺からキリシタン蜂起の際に下げてきたと伝えられている細浦の正音寺に四寸五分の金佛坐像（天竺国の佛工作と言われる）がありましたが、東日本大震災の津波で流失してしまいました。

入定の地が満海上人壇として現在も手付かずのままあるということで、私たち東北キリシタン研究会のメンバーで出かけて行きました。乗用車が一台やっと通れる片側が崖の山道で、地盤が緩いところを、S字形に走る車に揺られていくと、案内標識がやっと見つかりました。なぜかその標識とは反対の方向にある小山を見つけました。それが満海上人が入定したところに築かれた壇でした。突然目の前に現れた満海上人壇は私たちを迎えてくれたのです。キリシタンの蜂起によって入滅した後、この地は一度も掘り起していない当時のままだそうです。壇には上人と共に経典なども埋められていると案内板にありました。夏には一面にツツジが咲いて真っ赤に染まる山です。壇の側には、送電用の高い鉄塔が建てられ、妙な光景でした。

2　大柴佐藤家・大東佐藤家

大柴佐藤家・大東佐藤家の先祖は、源義経の忠臣佐藤忠信です。忠信の兄嗣信は、屋島の戦いで戦死しています。兄弟の忠死を憐れんで、兄弟の母尼公は、父秀衡から化粧地として賜ったと言われる先祖ゆかりの地、馬籠に「信夫館」を建立し、居住しました。大柴佐藤家、大東佐藤はもともと兄弟で、本家、分家という関係ではなく、大柴佐藤家の子孫気仙沼在住山内繁氏談によりますと、大柴佐藤家が肝煎りでしたので、分家が大東のように記載されている書物があるが、それは現在の視点での解釈であると思うと話しています。一七七二（安永九）年四月の「風土記」に馬籠村肝煎り佐藤善作が「代数有之御百姓書出」として提出した文書があります。そこには、「佐藤淡路の子九郎左衛門・九郎左衛門の子松貞・松貞の子内作・内作の子小六郎・小六郎の子寅蔵・寅蔵の子太郎兵衛・太郎兵衛の子善作古切支丹肝煎り」と記載しています。事実、一六七二（寛文一三）年八月二九日付の「本吉郡馬籠古幾里志丹近親類書付帳」に馬籠村肝煎り寿慶の名で記載されて

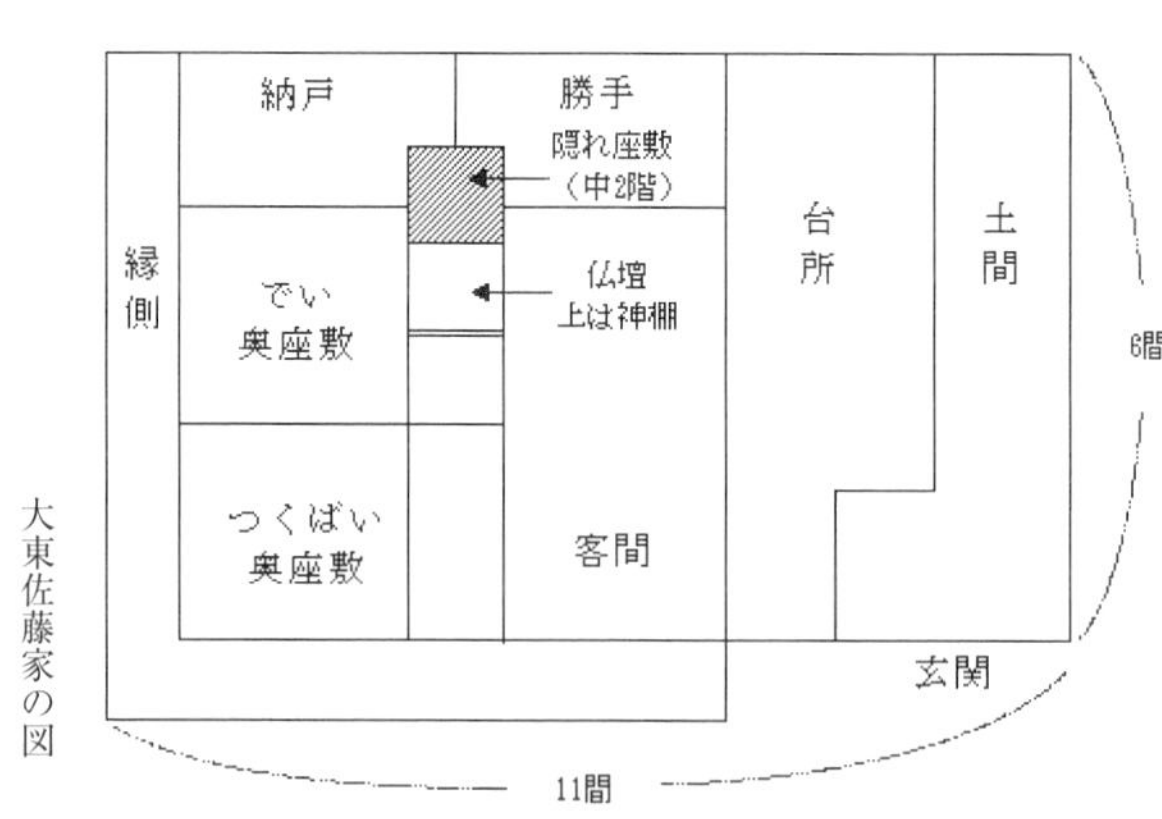

大東佐藤家の図

います。寿慶は転宗を思わせる名ですが、僧侶風のような名前にすることによって、過去にキリシタンであったことを世間の目からそらす目的であったのか、実際に転宗したのか不明です。寿慶の父として十郎左衛門信治佐渡の名も記載されています。

佐藤十郎左衛門信治佐渡は、支倉常長と共に遣欧使節の一員としてサン・ファン・バウティスタ号に乗船したと言われています。ところが、遣欧使節の委細について書かれた『金城秘韞』（大槻磐水著、一八一二（文化九）年）には、佐藤十郎左衛門信治佐渡の名は乗船者の中に記載がありません（以下佐藤佐渡と略記する）。大柴佐藤、つまり佐藤佐渡の子孫である現在気仙沼市在住の山内繁氏の母上で大正二年生まれの山内むつ氏の著書『年輪』（一九七三（昭和四八）年）の中に記載の「ローマから持って来た宝物の話」の一部を抜粋しますと、

馬籠は、山と山の間のほんとにキリシタンが隠れ住むのに良いような山の中で、田も少ししかなく、少しばかりの畑とあとは炭焼きをするような村である。そこに私の先祖が七〇〇年も住んでいたというから驚いてしまう。晴耕雨読をして、家来と称する百姓が周りに住んでいて、貧しいがのんきな生活をしていたのだろう。もうキリスト教が禁じられている時だったので、キリスト教など知らないふりをして暮らしたのだろうが、ローマから持って来た三つの宝物は、長く伝えられた。分家の大東という家には、隠れてキリストを拝したという隠れキリシタンの部屋が最近まであった。つい三年ほど前に、家を改築したので、その部屋は今はなくなってしまったが、それはどこからみても入口の分からない屋根裏の部屋だそうな。三つの宝物のうちの一つは、金の十字架で、中にルビーをはめこんであり、それを除くとマリヤが見

えるもの…（中略）…、もう一つは香炉、後の一つは握りこぶしほどの大きさで、かたつむりのような恰好をしているインク壺で全体がピンクや薄い水色や玉虫色など、光の加減でいろいろに見え、青銅の支えが付いているもの…（中略）…でこのインク壺は、宮城縣にいくつかあるということだ。

台座に「佐十」と書かれたイエス像

これらの宝物は、佐藤佐渡がスペインから持ち帰ってきたのではないかと言われています。現在米川教会にある台座の裏に「佐十」と墨で書いてある木造のキリスト像は、佐藤十郎左衛門の「佐十」と思われます。現在十字架と香炉は行方を求める術ない消え方をしています。インク壺は、大東佐藤の子孫の奥様の佐藤かぢ子さんの管轄にあるようだということでした。水沢教会の高橋神父様は支倉と一緒に行った時に南蛮製鐵を習い、キリスト教に帰依したのではないかと話されています。南蛮製鉄の技術は、一子相伝で秘密のうちに習得するきまりでした。

佐々木和博著『慶長遣欧使節の考古学的研究』の中の著述によりますと、使節将来の資料について、大槻玄沢が仙台藩切支丹所が作成した入記目録をもとにして実見・記録をした表には、大柴佐藤の子孫の方々が目にした宝物と思われるものの記載はなく、「切支丹諸道具入箱壱ツ」と記載されている箱の中に何が入っていたかは不明ですが、別のルートで伝わってきたのかもしれません。

三百年以上経つ古い大きな屋敷である大東佐藤は、兄の大柴佐藤の家から東の方向にある屋敷で大東佐藤と言われるようになりました。肝煎りの大柴には、役人の出入りも多くキリシタンを隠せないと判断して大東に隠したと思われると推測しています（山内繁氏談）。斜線が引いてあるところが隠れ部屋で、ここに宣教師フランシスコ・バラヤス神父が隠れていたと考えられます。近隣からキリシタン屋敷と呼ばれていました。佐藤佐渡の古い墓には頭部に卍（まんじ）のキリシタンマークが付いています。今は倒れて草むらに覆われています。

3　馬籠小山家

馬籠の小山家についてです。ここの家も大変古く、午王野沢という田束山へ登る山道に面して山深いところにあるお宅です。南蛮鍛冶屋のこのお宅のお嫁さんの話では、「夜、口笛を吹くのは幕府の役人の合図だ」「日が暮れたら家の灯が外に漏れないように」という言い伝えがあったということから、やはりこの馬籠の地域にはキリシタンを匿っていた家があったのではないかと思います。小山家には、梵字を模った不動明王の掛図があり、Ｊｅｓｕｓの「Ｊ」の字がくみこまれています。

4　三浦家文書

一六三二（寛永九）年、『本吉町小史』によりますと、馬籠のキリシタンが一斉に捕縛されました。青年男子だけが、捕縛され、村には女性子どもしか残らず、農業が生業の村は成り立たないので、領主の三浦下総、佐藤和泉、吉祥寺の住職は、宗徒の転宗を勧めに城下仙台牢を訪ね、その結果許されて帰村した史実が記されています。

5 「ポーポー」の伝承

本吉町林の沢というたいそう山奥深いところに「ポーポー様」と呼ばれる墓石があります。その墓を今から二〇年近く前、見に行った時には、墓石の頭の部分は欠けて石が三角の墓石のようになっていました。現在墓は倒れて三角の上の方が欠けてしまい、見えません。墓石の日付は消えかかっていますが、町史によりますと寛永八年一月二四日です。見えにくいですが、釣り針のマークもありましたので、キリシタンまたはキリシタンに関わる方の墓ではないかと思われます。地域に伝わる伝承は、『本吉町史』によりますと、昔、本吉町林の沢に、「ポーポー様」という人が住んでいました。「ポーポー様」はよそ者で、なんでも、ある吹雪の晩、太田山の方から下りてきたが、寒さで病気になり、林の沢の某宅に一夜の宿を求められたのが、この物語の初めと言われています。村人は、「ポーポー様」が小さい時、天狗にでもさらわれた人だろうと、温かく迎えてやりました。「ポーポー様」は、この地方の言葉が分からず、魔法のようなものを使いました。病人があると、病人を訪ねて痛いところを優しく撫でて、「ポーポー」と息をかけて治してくれました。…（中略）…この「ポーポー様」はこの地で一生を終えました。村人は「ポーポー様」を慕い、墓を建てて病の時は治るように墓石にお願いしていました。近在では、子どもたちがいまでも「ポーポー」と息をかけてさすってやる習慣があります。「ポーポー様」のおまじないと言われています。「ポーポー様」は何者か、修行者なのか、キリシタン宣教師の落ちのびた姿ではないかという人がいます。その理由は、この地方の言葉が分からなかったこと、墓に釣り針マークがあること、宣教師が他の地方で十字らしきものをきり「マメチョ、マメチョ」と言ってまじないをした様相に似ているからということです。

突然馬籠に現れたこの方は、日本語が分からない様子であること。その当時の馬籠の方々の言葉が全く分からなくて、身振り手振りでコミュニケーションをとっていたこと。村人が病気の時はお祈りをしてくれ、傷ができるとさすってくれたりして、その際に「チョチョ」とか「ポーポー」とお祈りすると、きれいに治ったという言い伝えによって、この方は「ポーポー様」と名付けられました。「ポーポー様」は、修行者なのか、あるいは外国人宣教師なのか分かりませんが、このような伝承があることは事実なのです。しかし、寛永八（一六三一）年の墓ですので、それ以前に馬籠付近に滞在していた可能性がある宣教師を次に挙げます。

・ジョアン・ポルロ神父

一六〇四（慶長九）年来日、一六三〇（寛永七）年東北を巡回、一六三八（寛永一五）年自首、一、二年後に牢死？

・フランシスコ・バラヤス神父（日本名：孫右衛門）

一六一九（元和五）年来日、狼河原、大籠、馬籠に布教して東北各地を二〇年近く巡回して歩き、一六四〇（寛永一七）年江戸で殉教。

・ルイス・カブレラ・ソテロ

一六一三（慶長一八）年、遣欧使節としてヨーロッパへ。その後一六二二（元和八）年薩摩に上陸、長崎で捕まる。一六二四（寛永元）年、大村で殉教。

・ゼロニモ・アンゼリウス

一六〇二（慶長七）年来日、一六一五（元和元）年、会津、仙台、見分、秋田など訪問。一六二三（元和八）年江戸で殉教。

・カルワリヨ神父（日本名：長崎五郎右衛門）

一六〇九（慶長一四）年来日、マカオに追放されるが、一六一七（元和三）年仙台領に。一六二四（寛永元）年広瀬川にて殉教。

『本吉町史』には、「ポーポー様」と同じような伝承として「キリシタンの妖術」という話も残っています。

支倉常長の遣欧使節が月の浦を出帆した一六一三（慶長一八）年には、伴天連追放令が発出されています。一六一四（慶長一九）年には、日本で活動していた宣教師九六名がマニラやマカオへ追放されていますが、この時追放を免れた宣教師は四五名いて、使命遂行のために潜伏しながら布教を続けていました。仙台藩のキリシタン取り締まりは緩かったようで、厳しく取り締まるようになったのは、支倉常長の遣欧使節が帰国してからでした。前述の宣教師の中で確かに潜入していたであろうと推察されるのは、二〇年ほどの長い間東北各地を布教して歩いていたバラヤス神父（孫右衛門）ではないか推察されます。確かに馬籠に逗留していたと思われる屋敷や馬籠に通じる道筋にある隠れ家だったと言われる家には、マリア観音に模した仏像や背中に十字が入っている像が見つかっています。また、キリシタンとの関わりを想起させる葦原刑場や弥惣峠などの地名も残っています。

先ほどの大東佐藤家は地域の方々からバテレン屋敷と呼ばれていて図のような隠れ部屋がありました。現在はあまりにも古く、住居として持続させるのは困難ということで、取り壊されていますが。一五年ほど前、当時、ご子孫の奥様で教師だった方にお話を伺ったところ、中二階の隠れ部屋は小さな集会堂になっていたということから、私はバラヤス神父（孫右衛門）が同宿の半三郎と共に大東佐藤家に逗留していて、布教していたのは確実ではないかと思っています。馬籠の小山家にも同じような隠れ部屋がありました。

三　大籠地域とキリシタン

1 「仙臺以北に於ける吉利支丹遺跡――伝説と史実」（村岡典嗣、改造社、一九二八年）から

仙台藩のキリシタンの聖地として新聞報道された大津保村の一部、大籠は多くの殉教者を出しました。大籠の隠れキリシタンの足跡を巡検して、東北大学教授村岡典嗣氏は「仙臺以北に於ける吉利支丹遺跡――伝説と史実」（一九二八年）にまとめられました。村岡氏が情報を得た儒学者の千早多聞は、父親が千早東山といい、人名辞典によりますと、〈磐井郡奥山村の人で、江戸に出て山地蕉窓の養子となり、儒学者として幕府に仕える。安政の頃故郷に戻り、隠遁する。〉とあります。東山は非常に故郷愛が深く、村民のためになることに誠心誠意取り組み、村の皆さんに非常に慕われます。明治三四年に八〇歳で亡くなりました。東山の著書には『大籠往来』と『大籠神明記』があります。その他に『裁増坊物語抄録』という本がありました。この三つの本を手にした村岡氏は、「これでもう大籠のことはすべて分かったような気がした」と書いています。ただし、『裁増坊物語抄録』は現代人の視点で読みますと、荒唐無稽の話として一笑に付されてもやむを得ない物語ではあります。「裁増坊」とは大籠村の百

姓で、一六一三（慶長一七）年に生まれ、一七五〇（寛延三）年まで地域に生存し、高野山には七度参詣し、九三歳から剃髪して裁増坊と称し、一三〇歳まで生きたとあります。そうしますと、一七九二（元文二）年まで生きたことになります。伊達政宗に自分の故郷大籠の地誌などをお話ししたという内容が記されています。村岡氏の論文には、その一部が引用してあったのですが、裁増坊は「大籠の地は自然に恵まれ、まるで桃源郷にいるように、心安らに暮らしている」と話しています。現在、大籠に伝わる人名・地名などの口伝や伝承などに鑑みてみますと、全くの妄想話として切り捨てがたい内容でありました。『裁増坊物語抄録』の記述内容が信頼に足りうるかどうかは別として大きな影響を与えました。現在大籠の遺跡、遺物として目の当たりにできるのは、大籠の仙人とも言うべき千早東山の故郷愛の記述に基づいた作品が村岡氏によって発掘されたことによるものです。

2 「石母田文書」との出会い

その後、村岡氏は大槻文彦著の支倉常長の遺欧使節について書かれている「金城秘韞補遺」に掲載されていた「石母田文書」と出会います。栗原郡高清水町の石母田家に切支丹関係の文書があることを知り、石母田家の家老土田甲平宅を訪ねました。大長持六七個に入っていた文書は、火災に遭い、小長持に大小二三、四束しか残っていなかったのです。同伴した研究室の大森、重森文学士と共に、二日にわたって調査しました。その結果、キリシタン関係の文書が断片的なものも合わせて約四六通見つかりました。

・文書を分類した結果

第一類　幕府禁令の伝達

第二類　後藤壽庵に関するもの

第三類　ソテロに関するもの

第四類　南蛮伴天連に関するもの

第五類　諸せんさく類

第六類　類族改めの類

第七類　其の他

追記として次の資料も記載されています。

・「治家記録」寛永二十年二月十六日の條

・日本殉教者一覧第百三十七次の條

・伊達氏史料寛永十四年七月八日の條

・奥羽史料の古文書品目――慶安二年大目付井上政重口添書きの写し

・元禄十四年に建立南無阿弥陀仏の名号の供養塔

一部焼失してしまったとはいえ大量の文書を保管していた石母田家は元和、寛永の頃、仙台藩の江戸詰奉行で政宗の右腕と言われた石母田大膳亮宗頼の家です。膨大な文書を前にして、村岡氏の気持ちを奮い立たせてくれたのは、大籠の地で俗称「塔婆」と呼ばれている地域に、一六四〇（寛永一七）年の殉教後、六二年後の一七〇一（元禄一四）年に建てられたと伝えられる供養塔「元禄の碑」でした。建立者の氏名が一七一二（正徳二）年大籠村宗門御改帖に記載されていたのです。口伝えに地域に伝わっていた石碑は単なる供養塔ではなく、殉教者の墓石だったのです。遺跡と文書が一致したことによって口承の碑であったとしても、信ずべきで検証者であることを知ったのでした。以上の資料を精査・実地踏査した村岡氏は、仙台切支丹史をまとめようとしていると記しています。

3　製鉄とキリシタン

葛西氏滅亡後、葛西氏の旧家臣団は結束して、この地方の特産である砂鉄精錬に注目しました。天文年中（一五五〇年頃）まで奥羽地方に鐵の烔屋がなく、千葉土佐・佐藤但馬が備中に行って製鐵法を学んできたのですが、結果がよくなく一五五八（永禄元）年、布留大八郎・小八郎兄弟（千松地域に在住し、後に姓を千松と改める）を呼び寄せて効率のよい鐵の精錬を行いました。その結果烔屋も増え、初めは北上川河口（旧追波川）で精錬し、寛永年中（一六二四年頃から）に飛騨・勘左衛門・駒吉・越中の四人は狼河原に居住して製鐵を行っていました。大籠では背の沢（千松沢）から烔屋が始まって八人衆と言われる指導者も生まれて次第に量産していきました。鉄砲・武器・農具を生産し、問屋に卸していました。多くは『藤沢町史』によりますと、生活必需品である鍬・鎌・鍋・釜・鉄瓶などを生産しています。特に農機具は需要が多かったようです。烔屋八人衆とは、千葉土佐、首藤伊豆、須藤相模、佐藤淡路、佐藤治、佐藤丹波、佐藤肥後、沼倉伊賀でした。この中の多くは、葛西氏の旧家臣で馬籠の佐藤家の血縁の者でした。この中で千葉土佐を除いた七人はキリシタンとして、成敗されています。

「安永風土記書出し」※によりますと、大籠村の人頭数※は一一四人、保呂羽村は一五一人、藤沢村三〇三人でしたので、昭和二六年二月の新聞の見出しにある「長崎を凌いだ仙台藩の切支丹」「使徒三万人」は、キリシタン信徒の実数ではありません。

※「安永風土記」仙台藩では、一七七三（安永二）年江刺郡から始まった地誌。

※人頭＝戸主。人数改帳の筆頭者を表す用語。

一六一二（慶長一七）年、家康が初めてキリシタン禁教令を発し、一六一三（慶長一八）年には江戸でキリシタン狩りが始まりました。登録されていた三千七百人のうち千五百人が小伝馬町に送られましたが、殆どの者は転んだり、取り締りの緩い奥羽地方の金銀山・鉱山に逃亡してしまいました。多くの者が鉱山（ヤマ）に逃げ込んだのは、家康が全国の鉱山を保護して金銀を獲得するため、幕府の直轄地として保護政策「御山五十三条之事」をとったことが要因でした。キリシタンにとって都合がよかったのは、鉱山に入っている者についての取り調べは不問にするという治外法権が認められ、ある意味安住の地になったことでした。鉱山の生産様式は基本的に採鉱部門と製錬部門に分かれ、例えば採鉱部門は、鉱脈の探索、試掘、開坑、その後鉱石を採取して坑外に運搬するまでの作業があり、大規模な労働力が集まって一つの町が形成されます。佐渡鉱山の場合は、一七世紀の初めの最盛期には、十万人近く集まっていました。このように多くの労働力を調達することは、不可能に近く、外来者は条件なしに受け入れられました。仙台藩のみでなく、当時の支配者にとって自国の財原となる鉱山経営のために、鉱山技術者の導入も必然でした。なかには、共同体から脱落した者、遁走した武士、水のみ百姓が雇用されて、これらの人々によって鉱夫たちの階級が自然に形成されました。鉱夫社会の構成は複雑で、他の鉱夫と違ってキリシタン鉱夫は強い絆が必要でした。それまでも日本のキリシタンの組織として、「組」「結」と呼ばれる組織（コンフェリア）をもっており、フランシスコ会では「帯の組」、イエズス会の場合は「さんたまりやの御組」（マリヤ会）を結成して団結していました。鉱山に入ることによってそれぞれの立場で身の安全を保つ工夫をしていたのです。

一六一七（元和三）年頃の統計によりますと、佐竹藩の院内鉱山の人々の出身は畿内が五・四％、東海が二〇・六％、北陸が一五・八％、山陽が二四・五％、山陰・南海・西海を合わせて七・五％そして佐竹、南部を含む東山地方が二五・八％と、他国から入っている者の割合が非常に多かったのです。仙台市の青葉城に向かう仙台大橋袂にあります広瀬川殉教碑の殉教者と出身は、高橋作々衛門　小浜ノ者、野口二右衛門　豊前ノ者、若杉太郎衛門　但馬ノ者、安間孫兵衛　遠江ノ者、小山正太夫　越前ノ者、佐藤今衛門　若松ノ者、長崎五郎右衛門　なんばん人（ディエゴ・カルワリオ）、次兵衛　相模ノ者、次右衛門　越中ノ者と、全員がそれぞれ違う国の出身です。また、姓のあるなしで分かるように武士や農民、身分に関わりなく幾筋にも分かれた鉱山の坑道に隠れていました。カルワリオ神父が捕縛された颪(おろ)江(せ)鉱山（その後渋民鉱山に改名して、現在はダムの一部になっている）は、仙台領と佐竹領の境界付近の鉱山で、カルワリオ神父が秋田へ向かう布教ルートにある鉱山でした。この時六十余人が生活を共にしていました。神父が懇意にしている信者が、峠付近（柏峠）にいたと思われます。

鉄鉱石に恵まれた旧大津保村のたたら製鉄の炯屋跡を流れる川は、いつも赤かったと言われていて、現在も流れる川には赤く染まった川石があり、流れる水は茶色に染まっています。いかにこの地に鉄が豊富にあったかが分かります。付近を流れる砂鉄川では川底を掬うといまだに名の如く砂鉄が採れます。この地域に他国のキリシタンや宣教師が入り込んでいても不思議ではありません。千松大八郎・小八郎兄弟が切支丹で、表向きは烔工として布教に努めたという説がありますが、定かではありません。千松兄弟のキリシタンに関わる文書はないのです。烔屋八人衆の中の千葉土佐の子孫千葉哲夫氏の屋敷続きの畑の中にある墓群の一番奥に二代目千葉土佐の墓石があります。墓碑には「寛永一八年八月七日、栄寿院顕阿広俊道寛居士　八月七日　千葉土佐　九十七」とあります。側面に「父　狼河原村月山之住累徳曰　母　長坂太郎息女也」とあり、墓の裏面に由緒が刻字されてあります。「当国御鐵方根元之始也永禄年中、大綱様御用鉄並東照宮権現公御城御用鉄指上候、当国御両御城御用鉄甚御重宝都而御国用不及申鍬打方上分ニ而菊一菊上天下一与銘目御免之上貞山公ヨリ奥州御鉄方長之家也与有御意末世御鉄繁昌之大祖也」と刻まれ、大籠で採れた鉄は、太閤様や東照宮の権現様に奉納し、最高の鉄製品であったと称賛しています。初代千葉土佐は、葛西氏の家臣として戦いましたが葛西氏滅亡後、初め歌津村に逃げたのですが、その後東和町東上沢の月山に居住し製鉄に没頭しました。この時四一歳。二代目土佐は一四歳でした。この後二代目土佐は大籠村に転住しました。千葉家の屋敷墓は、二代目千葉土佐の墓が一番奥にあり、その前方に千葉土佐の子孫の墓が雑然と置かれています。風化して見えないものもありますし、苔のいっぱい生えているものもありますが、その墓の頭部にキリシタンのマーク（一、｜、卍、釣り針）がありますので、何代かにわたってキリシタンであったことが推測されます。二代目千葉土佐の墓石の上部には「一」とあります。初代の千葉土佐も製鉄を行っていましたが、南蛮流ではなかったようです。
この地域の鉄で農機具がたくさん作られていました。「藤沢町鍬問屋及川勘助の取引」の記録によりますと、天明八年の八月から九月の生産者は保呂羽の三人で賄い、寛政元年には生産者が六人に増えて、岩屋堂や江刺、最上とも取引をしています。天明と寛政の鍬取引数は、四三七四枚にも及びました。いかに多くの工人が大籠に入り製鉄を行っていたかを物語っています。保呂羽の領主だった方の屋敷墓は、後ろに山を背負った一段高い奥に代々の領主の大きな墓石があり、四〇センチほど下の段に、取り囲むように小さい墓石があります。この屋敷のご当主の話によりますと、先祖がいくつか炯屋を持っており、小さい墓石は、そこで働いていた工人たちの墓だと考えているということでした。この墓の中にもやはりキリシタンのマークがあります。大籠地域の屋敷墓を見せていただくと、墓石の法名の上部にキリシタンのマークが刻まれているものがあります。「卍」「一」「心」を多く見かけます。

(1)キリシタンのマーク

「信楽寺、實水（じっすい）」の建白書

實水は、大東町大原字西山にある墓の岡本利兵衛當久の妻女の子どもです。

この建白書は、大東町大原の「菊池文書」にある古文書です。元禄七申戌（一六九四）年五月三日に、信楽寺（京智積院末寺、奥州仙台領宮床村）住職が、キリシタン類族のため、死後は塩漬けの上検視されて埋葬されることを嫌い、江戸の切支丹宗門改役御奉行に嘆願したものです。その結果幕府は、この實水の嘆願を認めて、同年閏年五月をもって僧籍（緇徒）の者は、キリシタン類族であっても塩漬けの上

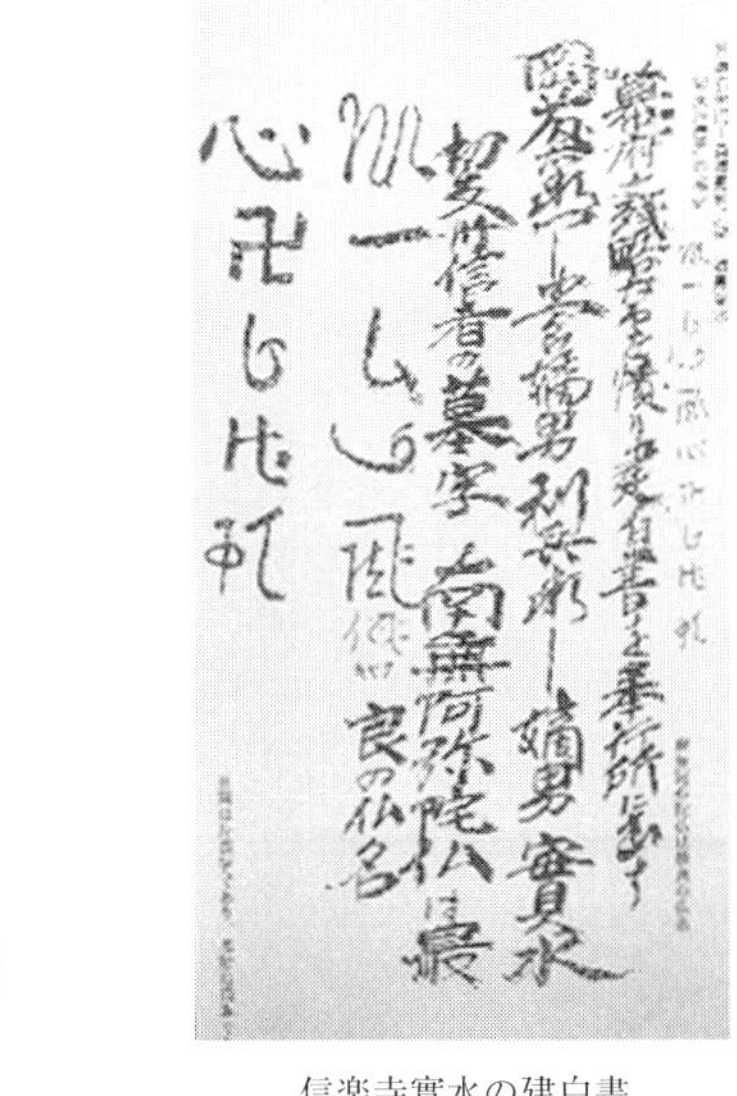
幕府残酷なるを憤り建白書を奉行所に出す
岡藤右衛門―養嫡男利兵衛―嫡男實水
切支丹信者の墓字　南無阿弥陀仏は最
良の仏名

信楽寺實水の建白書

キリシタンのマーク

検視されなくてもいいことになった証拠の文書です。切支丹の印として写真のマークを記しています。文書の解読は次の通りです。

幕府の残酷なるを憤り、建白書を奉行所に出す
岡藤右衛門―養嫡男利兵衛―嫡男實水
切支丹信者の墓字　南無阿弥陀仏は最良の仏名

（2）「黒川郡隠れキリシタン信仰――マリア観音と製鉄」（大宮司慎一、二〇〇六（平成一八）年）

黒川郡大和町鶴巣龍華院の住職大宮司慎一氏は、黒川郡の寺の墓碑に見られる切支丹の印を著書にまとめています。黒川郡は地名が語っていますように砂鉄が豊富で製鉄が盛んな地域です。岩手県南の寺の墓碑調査結果について、岩手県北上市の司東真雄氏の『岩手県南の切支丹』（一九六三（昭和三八）年）に掲載されていますが、キリシタンの類族の墓碑に刻まれているマークと比較しますと左掲のマークと

重なることは驚きでした。

大籠の地名として殉教地を物語るところがあります。「シト（使徒）の沢」「トキゾー（徒刑場）沢」「デス（仏）」「ハセバ（架場）」などです。ハセバというのは、稲を干す時のハセ掛けのように死体を並べたということです。「殉教」を「架けた」と表現する地域もありました。大籠に隠れていてキリシタンが殉教したと伝承され続けている所以は、地名によっても明らかと言えます。大籠地区自治会協議会は、元気な地域づくり事業の手始めに殉教と製鉄の里として、皆さんに親しめる「大籠の旧跡と名所」という可愛らしい地図を製作しました。この中にキリシタンに関わる史跡は二二ヵ所もあります、一部米川（狼河原）のキリシタン関係の遺跡と後藤壽庵の碑も掲載されています。

4　大柄沢キリシタン洞窟

一九七三（昭和四八）年八月、この山の持ち主であるN氏が地域の方々と山の下刈り作業中に偶然見つけた洞窟です。雑木林は下刈りをしないと陽当たりが悪く樹木の生育を妨げるそうですが、下刈りをしながら道らしきものが続いていることに気が付いたのです。右側が崖になっている藪を漕ぎながら道なき道を進んでいくと、山の一部に人工的に色が変化している箇所を発見しました。鶴橋を入れるとぽっかり穴があき、洞窟の入口だったことが分かったのです。発見当時、高さ一・三メートル、底辺一メートル、奥行き一〇メートルほどの岩穴でした。奥には祭壇と思われるものが二段あり、十字架のイエス像と聖母像を安置して、暗い穴の中で身を寄せて礼拝を行う人々の様子が想像されました。灯火用のN金属片を岩に取り付けた跡も残っていました。その後訪ねる人も少なく発見当時のままでしたが、N

HKで放映することになり、一昨年、山の持ち主の方に無理にお願いして、今は忘れ去られた道をショベルカーで低木を掃っていただいて、やっと入口に辿りつきました。五〇年近くも経た洞窟の入口は土砂が崩れ落ちて、入っていくには覚悟が必要な状況でしたが、懐中電灯に照らされた洞窟の中の岩はロウソクの煤で薄黒く、ミサで使用したものなのか壊れた皿が散乱していました。厳しい弾圧の時代に命がけの信仰を思い起こさせてくれる貴重な遺跡です。これからは葬られることなく、闇の歴史に光明が差し続けて欲しいと願わざるを得ませんでした。

三　地域に生きる人々と共に

1　おのずがだ劇団

おのずがだ劇団の「おのずがだ」は、本吉弁で「また会いましょう」「明日またね」の意味です。気仙沼市本吉町を中心に活動している住民の方々による劇団です。平成一〇年二月旗揚げ公演をしました。ところが、東日本大震災の際、馬籠の地域を含む本吉町は大変な災害に遭い、劇団の脚本や当時の資料、舞台装置はほとんど流失してしまいました。劇団代表の鈴木一史氏のお宅も劇団の事務所も流失してしまい、暖房もないバラック小屋のようなところに仮住まいされていました。厚かましく訪ねた私たちに嫌な顔もなさらず、海風の吹き込む凍えそうな部屋で次のような話をしてくださいました。

初演は本吉地域の民話や歴史を公演の題材にすることに決定しました。そこで選ばれたのが、「ポーポー様」でした。主役の「ポーポー様」が隠れキリシタンか異人かという設定は、初めての公演としては、町民の方々にとって重いテーマになってしまって、私（団長）だけの熱い思いが空回りした感じがしたので、魔術を使える人か修験者という設定にしました。二回目の公演は、地元の歴史を忠実に表現しようということになり、「馬籠物語」になりました。大柴屋敷の若き佐藤十郎左衛門が主人公で、ポスターには取り壊し前の大東の屋敷の写真をバックに使ったのです。大きな大東屋敷の古い写真を蘇らせて、ポスターにするのは、大変でした。舞台装置の屋敷の組み立てには、ずいぶん労力を費やしましたが、町の人には好評でした。その後、毎年のように公演しています。ただ平成二九年は、震災で犠牲になった団員もいたことから、旗揚げ当時の「ポーポー様」を再演し、震災の犠牲者を追悼しました。自分たちの劇団がどれほど地域に貢献しているか、考えたことはありませんが、地域の皆さんから、「元気をもらった」とか、「歴史は大切だね」とか、「楽しみにしている」という声を聴くと、折れそうになる時もありますが、また、取り組もうというエネルギーが湧いてきます。

キリシタンの歴史を背負った馬籠と大籠の方々は、今に生きる人としてどのようにその歴史を捉えて今をどう生きているのか。劇の上演ビデオが本吉の図書館に保管してあるという情報を得て、訪ねて行きました。ビデオの画面は雨降り状態で判読が難しい状況でしたが、巻き戻しをしながら忍耐強くフィルムが擦り切れるのを心配しながら見せていただきました。ビデオを観ていますと、町の方々が声かけあって、いそいそとホールに入って行く様子が窺えて、生きている歴史を実感しました。やはり地域の皆さんに身近な内容の劇は、評判もよく「ポーポー様」は、再演することになったと話されていました。

鈴木氏は、話の最後に茶色に滲んでいるポスターを津波で流された雑物の中からやっと見つけた一枚ですと、大東のキリシタン屋敷が写った大きな薄茶色の紙を愛おしそうに、自慢そうに見せてくださいました。

2　藤沢町民劇団

「新しい地域の価値を創造する地域社会の個性形成が、住民自治の取り組みである」（実行委員長　藤沢町長　佐藤守氏挨拶より抜粋）という町長のリーダーシップの元に藤沢町民劇団は結成されました。「大籠のキリシタン殉教」を藤沢町が誇る地域の歴史、地域の個性と捉えることにしたのです。原作・脚本・演出　皆川洋一氏による大籠キリシタン悲話「森に消えた十字架」が出来上がりました。公演を通して文化の情報発信をすることにしたのです。「町民一人一役」というスローガンを掲げて本格的な劇団のように組織図を作成し、徹底を図って準備に臨み、初演は大成功でした。舞台には上がらなくても、パンフレット制作、チケット販売、当日の警備など大変なことも多いが、公演できるということは幸せなことで、町民の皆様には感謝しかないと公民館館長は振り返っていました。

内容は、時は江戸初期、奥州大籠地区が舞台。製鉄技術者千松大八郎、小八郎兄弟のモデルを中心にキリスト教の布教と弾圧の顛末を演じています。最後の場面、処刑から逃れた小八郎一家は、大籠の山中でキリシタン処刑に関わってきた代官安達に遭います。己れの顔が鬼に見えるという代官の首には、十字架が下げられていました。小八郎は、ここ大籠で起きた悲しい出来事を忘れ去られることのないように、語り継いでいくことを誓います。後藤寿庵や孫右衛門という宣教師も登場します。この講演は、藤沢町のみならず、盛岡、仙台でも公演を催すなど震災前まで一三回も続けてきました。

3　ボランティア養成講座

大籠キリシタン史跡保存会は一昨年、馬籠・大籠・米川（狼河原）の三地域の方々とボランティア養成講座を立ち上げました。地域の中に留まっているのではなく、地域の歴史・文化・個性を発信していく手段の一つとして、年間計画を立てて講座の参加希望者を募りました。当初は、三地域全てに主催者の意図が浸透しにくいところもあったのですが、めげずに継続して発信しました。その結果、一昨年は米川、大籠、本吉でそれぞれに関わりのある方々や関心のある方が集まり、次第に人数が増えていきました。受講者は、延べ二五〇人もいたということです。座学だけでなく昨年はたたら製鉄に挑戦しています。東北キリシタン研究会の一員である畠山一也さんが中心になって行い、子どもたちが川底をさらって砂鉄を採集している様子が『岩手日報』に掲載されました。普段慣れない労働ですが子どもたちは、楽しく取り組んでいる雰囲気が伝わりました。たたら製鉄の準備のための砂鉄採集です。たたら製鉄の実験の場にも立ち会いました。保存会の方々が細部にわたる前日の準備のお陰でスムーズに進みました。朝五時から火入れが始まり、六時三〇分に炭と砂鉄を投入して五時間温度を保つように投入し続けます。投入終了後、冷やすために送風、冷えると炉の解体、鉧の取り出し、重量確認をして終了したのは、一六時になりました。地に足の付いた養成講座は好評で他県からの参加者もいました。鉄との関わりから生まれた貴重なキリシタンの歴史を、地域の皆さんが初めて顔を合わせた方々とも思いを共有し、温かな共同体に変わっていることを実感します。主催の皆様の献身的な取り組みには頭が下がります。ほとんど当時に近い製法でおそるおそる取り組んだ結果、一昨年は三〇キロの砂鉄から三キロの銑鉄ができたそうです。高温の炉で火照って真っ赤な顔をした皆さんの充実した笑顔もふるまわれた豚汁の味も格別でした。

おわりに

昨年まで仙台白百合女子大学カトリック研究所主催で過去三回、東北キリシタン研究会として仙台藩に見られる隠れキリシタンの足跡を発表してきました。手探りではありますが、毎月のようにテーマを設けてメンバーそれぞれの疑問や得た結果を共有し合っています。『朝日新聞』(二〇一九年一一月一六日)に山折哲雄氏が掲載していた記事の見出し「西の『隠れ』東の『隠し』の異端」を目にした時、まさに東北の隠れキリシタンは、「隠し」キリシタンという言い方に符号すると合点しました。先祖に隠れキリシタンがいたことを表に出して話すことによって、もしかしたら周りに迷惑をかけることにならないかなという思いをもつ方やご先祖が隠れて信仰していたという話を自らが明らかにすることに拘る方々がまだまだいます。我が家の近所にも祖父母から口止めされているという方もいますので、やはりその辺が仙台藩だけではなくて東北のキリシタンの特徴の一つではないかと思っています。東北の隠れキリシタンは「隠さなければという意識に拘っている地域」「隠すことに拘っているうちに、切支丹だという意識が消え去ってしまった地域」が混在しています。地域の人々は東北の隠れキリシタンの史実から自然に遠ざかってしまっている現状ではないでしょうか。

一九五一（昭和二六）年一月から本格的に宮城県史に取り組まれた経緯と成果を広報した「歴史編纂室」の研鑽のお陰で、大きくキリシタン研究が歩みを進めた成果が報じられてから七〇年以上たった今も、地域の伝承や歴史を慈しみ、個性として引き継いでくださる地域の方々がいらっしゃることは心強い限りです。歴史の中に埋もれたキリシタンの方々は、少なくとも歴史の一頁を担っていたわけですから。また、地域の方々が、自分たちが生きる地域の歴史に隠れキリシタンがいたということを、地域の個性と捉えてその個性を発揮して社会に発信しようと貢献していらっしゃることにも感銘を受けております。私自身も東北のキリシタンの応援団の一助となればと思います。最後に、この研究に際しまして多くの史料、資料、文献にお世話になりました。厚くお礼申し上げます。また、大籠を初め本吉、米川地域の多くの皆様にはご支援、ご指導、ご協力をいただきました。改めて感謝申し上げます。ありがとうございました。また、写真を担当してくれた高橋邦明氏の協力にもお礼申し上げます。

（二〇二〇年一月二五日　講演）

参考文献

『宮城県民新聞』掲載文献・資料

・享保五年一一月二九日付「類族存命壱季本譔」登米郡南方村高橋清治郎筆写
・「大籠往来」千早東山著
・「大籠神明記」千早東山著

・「裁増坊物語抄録」千早東山遺蔵書
・「大籠明神由来記」千早東山著
・『金城秘韞』平茂質記 大槻盤水著、一八一二年
・「組頭及肝煎大肝煎連判炯屋請願書」

その他の史料

大籠村切支丹類族人数改帳二十六冊（一六七二年）
安永四（一七七五）年、東山大籠村風土記―肝煎与惣右衛門書上
伊達氏史料―半三郎訴人の条・伊達政宗公治家記録印證誼記
貞享五年切支丹宗門書上げ
寛文一三年馬籠村古幾里志丹近親類書付帳
御分領中往古御金山御定目古記（津谷町検断菅原伊左衛門写本）津谷菅原文書
首藤家文書鐵山勤労書上げ
田東山寂光寺過去帳及神仏引合願書
南部領内きりしたん宗旨改人数覚
鈴木常雄翁自筆本六日入邑伝記（明和七年記）
岩淵家系譜（岩淵吉郎座衛門、一六三五年）
「長崎を凌いだ仙台藩の切支丹」『河北新報』、一九五一年二月一一日
「縣史編纂室」「光彩ある縣史を作りたい」『宮城縣民新聞』、一九五一年二月一一日
「デウス・マリヤ型どる三宝荒神」『河北新報』、一九五一年二月一七日
「貴重なキリスト布教の発見」『讀賣新聞』地方版、一九五一年二月一二日
「東北にキリシタン聖地」『朝日新聞』全国版、一九五一年二月一二日
「備前・備中のキリシタン」『宗教新聞』、二〇二〇年七月二二日

主な参考文献・資料

『登米郡史』宮城縣登米郡役所、一九二三年
『カトリック大事典』上智学院、一九四〇年
『登米郡米川村誌』登米郡米川村誌編纂委員會、一九五五年
『一関市史』第三巻、一関市史編纂委員会、一九七五年
『角川日本史辞典』角川書店、一九七六年
『本吉町誌Ⅱ』本吉町誌編纂委員会、一九八二年
『宮城県史』第九巻、第一二巻、宮城縣史刊行会、一九八五年
『東和町史』」東和町史編纂委員会編纂、一九八七年
『原色日本の美術』小学館、一九九八年
『北上町史』自然生活編、北上町史編纂委員会編、二〇〇四年
『石巻古地図散歩』「石巻アーカイブ」地図研究会、二〇一七年
安彦公一『新・寿庵の道』胆江日日新聞社、二〇一七年
伊藤幹治「東北農村におけるキリスト教の受容」国立民族学博物館研究報告、一九八六年
今村義孝『蒲生氏郷』吉川弘文館、二〇一五年
浦川和三郎『東北キリシタン史』厳南堂書店、一九五七年
遠藤周作『切支丹の里』中公文庫、二〇〇四年
遠藤光行『「つきのうら」の真実』蕃山房、二〇二〇年
及川吉四郎『みちのく殉教秘史』本の森、二〇〇五年
大塚徳郎編『仙台藩重臣　石母田家文書』刀水書房、一九八九年
沖浦和光『宣教師ザビエルと被差別民』筑摩書房、二〇一七年
尾崎保博「仙台藩製鉄制度Ⅱ」新文献紹介編、付録「仙台キリシタン史を見直す――製鉄史と関係する地域を中心に」

小野寺耕蔵『津谷川の道や経営』東磐史学会、二〇〇六年
工藤隆哉『支倉六右衛門の最期』金港堂、二〇二〇年
窪田蔵郎「鉄山の信仰とその変遷」、「たたら研究」三号、一九五九年
佐久間洞巌『奥羽観蹟聞老志』一七一九（享保四）年
佐々木和博『慶長遣欧使節の考古学的研究』六一書房、二〇二一年
佐々木徹『慶長遣欧使節――伊達政宗が夢見た国際外交』吉川弘文館、二〇二一年
佐藤直喜「仙台藩本吉郡のキリシタンについて」講演資料、二〇一八年
産金遺跡研究会『黄金の在処と行方――気仙地方とその周辺の産金遺跡』二〇一五年
司東真雄「キリシタン雑感〈一関地方の権力者の転向〉」岩手県南史談会、一九六一年
司東真雄「岩手の歴史論集Ⅱ」司東真雄岩手の歴史論集刊行会、一九七八年
司東真雄『奥羽古キリシタン探訪』八重岳書房、一九八一年
紫桃正隆『仙台領キリシタン秘話 興隆篇』宝文堂、一九六八年
紫桃正隆『仙台領キリシタン秘話 衰滅篇』宝文堂、一九六八年
助野健太郎・山田野理夫『キリシタン迫害と殉教の記録　下巻』星雲社、二〇一〇年
関根俊一『仏尊の事典――壮大なる仏教宇宙の仏たち』学習研究社、一九九七年
仙台市博物館『国宝「慶長遣欧使節関係資料」』
高木一雄『東北のキリシタン殉教地をゆく』聖母の騎士社、二〇〇一年
徳山暉純『梵字手帖』木耳社、一九七八年
只野淳『みちのく切支丹』富士クリエイティブハウス、一九七八年
只野淳『仙臺キリシタン史』宮城県史編纂委員会、一九五六年
綱木老荘会文芸部『綱木のキリシタン史跡』発行年不明
大宮司慎一『黒川郡隠れキリシタン信仰――マリア観音と製鉄』臨済宗妙心寺派當來山龍華院、二〇〇六年
中園成生『かくれキリシタンの起源　信仰と信者の実相』弦書房、一九五五年

二佐山連『いしのまき散歩』ヤマト屋書店、一九九〇年
西田耕三『仙台領切支丹史』仙台領切支丹研究会、一九九四年
文倉常長顕彰会『支倉常長伝』宝文堂、一九七五年
畠山喜一「東山町のキリシタン」東磐史学会、二〇〇六年
畠山喜一「東磐井郡のキリシタン遺跡」東磐史学会、二〇〇六年
支倉常長顕彰会『支倉常長伝』宝文堂、一九七五年
バリニャーノ『日本巡察記』東洋文庫、一九七三年
平井希昌『欧南遺使考』仙台書林、静雲堂、一八九一年
平山憲治『産金遺跡論集』産金遺跡研究会、二〇二二年
平川新『戦国日本と大航海時代』中公新書、二〇一八年
フーベルト・チースリク『キリシタン史考』聖母の騎士社、一九九五年
古川古松軒『東遊雑記』（大藤時彦解説）平凡社（東洋文庫）、一九六四年
星野博美『みんな彗星を見ていた　私的キリシタン探訪記』文藝春秋、二〇一六年
松田毅一『キリシタン　史実と美術』淡交社、一九六九年
馬籠風土研究会『馬籠の隠れキリシタン調査』研究会調査資料、二〇二〇年
三浦健『政宗伝「千年の夢」――仙台藩祖の心匠（ノーザン・ソウル）』NextPublishing Authors Press, 二〇二一年
溝部脩司教「後藤寿庵が遺したもの」講演資料、二〇〇三年
宮崎賢太郎『カクレキリシタンの実像　日本人のキリスト教理解と受容』吉川弘文館、二〇一七年
村岡典嗣「仙臺以北に於ける吉利支丹遺跡――傳説と史實」、「改造」一〇月号、一九二八年
矢嶋道文「旧伊達藩に於ける隠れキリシタンとその現況――大籠地区と米川地区における事例研究」（『キリスト教と文化』）関東学院大学キリスト教と文化研究所所報、二〇〇七年
吉田小五郎『キリシタン大名』至文堂、一九七三年
吉田裕子『海のかなたに行き着こうとも、そこに』ヨベル、二〇二一年

米倉辰治郎『郷土を語る――本吉町小史』一九七五年
渡辺信夫『東北の街道　道の文化史いまむかし』社団法人東北建設協会、一九九八年
ルイス・フロイス『完訳フロイス日本史』、中公文庫、二〇〇〇年
レオン・パジェス『日本切支丹宗門史』岩波書店、一九六五年

関連年表

一五四九（天文一八）年　フランシスコ・ザビエル来日
一五八七（天正一五）年　伴天連追放令
一五九一（天正一八）年　伊達政宗、岩出山に移る
一五九七（慶長　元）年　日本二六聖人殉教
一六〇〇（慶長　五）年　関ヶ原の戦い、イギリス人ウィリアム・アダムス（三浦按針）のリーフデ号が豊後に漂着
一六〇一（慶長　六）年　政宗、仙台城に移る
一六〇六（慶長一一）年　政宗の長女五郎八姫、家康六男忠輝に嫁す
一六一一（慶長一六）年　一一月ビスカイノとソテロ仙台城に政宗を訪ねる。一二月越喜来にて慶長大津波に遭遇
一六一二（慶長一七）年　九月幕府の直轄地にキリシタン禁教令を発し、江戸の教会を破壊する
　幕府がソテロを使者としてメキシコに派遣しようとしたサン・セバスチャン号が浦賀を出てすぐ難破する。伊達藩からも二名の家臣が乗船
一六一三（慶長一八）年　ソテロと共に使者として常長を加えて慶長遣欧使節出発
一六一五（慶長二〇）年　大阪夏の陣、フランシスコ・バラヤス神父（孫右衛門）
一六一六（元和　元）年　家康死去

一六二〇（元和　六）年　慶長遣欧使節帰還。政宗領内でのキリスト教禁止を決し、キリシタンの厳しい探索が始まる
一六二四（寛永　三）年　仙台藩多数の殉教者
一六二九（寛永　五）年　北山原大殉教
一六三六（寛永一三）年　政宗死去
一六三七（寛永一四）年　島原の乱（一六三八（寛永一五）年終結）
一六四〇（寛永一七）年　大籠大殉教　三百名殉教
一六四一（寛永一八）年　オランダ商館を長崎出島に移設
一六四四（正保　元）年　潜伏宣教師小西マンショ（小西行長の孫）が殉教
一六五七（明暦　三）年　大村藩にて翌年にかけて六〇八名が検挙される
※一六五九（万治二）年には豊後藩高田（大分）で七〇名を始めその後十数年にわたって数百名に及ぶ検挙と処刑が繰り返され、一六六一（万治四）年には尾張、美濃で最終的には、千人以上が殉教。一六六四（寛文四）年からは、各大名領に宗門改め役を設置し、人別改帳が本格的に作成される
享保年間（一七一六―一七三六年）　三経塚殉教
一七九七（寛政　九）年　大村藩外海地区より、一〇八名の潜伏キリシタンが五島に移住。最終的には三千名近くの潜伏キリシタンが移住
一八〇五（文化　二）年　島原藩で約五千人のキリシタン発覚
一八六五（慶應　元）年　四月一二日、長崎・大浦天主堂にてパリ外国宣教会のプティジャン神父が信徒発見
一八六七（慶應　三）年　大政奉還
一八六八（慶應四＝明治元）年　明治新政府により、キリシタン禁令高札が掲示される。五島でクリスマス礼拝をしているキリシタン約六〇名を検挙。劣悪な牢屋で長期間拷問する（牢屋の窄）。長崎で浦上キリシタン六八

名が逮捕される。その後摘発された一一四名が流罪となり、最終的には約三三〇〇名が流罪となった

一八七二（明治　五）年　宮城県下耶蘇教講壇事件。一〇七人が収監あるいは拘留あるいは処分保留となった

一八七三（明治　六）年　岩倉訪欧使節団ベネチアで常長関連の文書を発見キリシタン禁令高札を撤去。二五〇年以上に及ぶキリスト教禁教政策の終焉

付記事項

・昭和二六年の新聞紙上の大津保村は、昭和三〇（一九五五）年まで岩手県東磐井郡にあった村。現在の一関市藤沢町大籠・藤沢町保呂羽・室根町津谷川の一部にあたる。「キリシタンの聖地」として紹介された。

光へ続いている道——米沢・北山原の殉教

高橋　陽子

はじめに

九年前の二〇一四年から、東北に見られるキリシタンの足跡に心惹かれた数人の仲間の会を二〇一六年に東北キリシタン研究会と名付けて活動を始めました。仙台白百合女子大学カトリック研究所の支援を受け、活動を続けております。二〇一八年「長崎・天草地方の潜伏キリシタン関連遺産」が世界遺産に登録されたのを機に、人々のキリシタンへの関心を呼ぶことになりました。研究会として得た成果を、今年で八回発表してまいりました。以来、講演の回数が増える度に、かつて東北に「キリシタン」がいたとは知らなかった、信じ難いという声が多く聞かれるようになりました。

一五四九（天文一八）年、フランシスコ・ザビエルが鹿児島に上陸したのですが、すぐ海路坊津を発って北上し、平戸から日本国に上陸しました。約二年三ヵ月の間キリスト教を布教して以来、キリスト教は浸透して、九州では大村純忠・有馬義貞・晴信・大友宗麟などといったキリシタン大名が誕生することになりました。キリシタン大名は、五十数年の間に八〇人を越す人数まで増えたのです。そして、当然領主から家臣、領民へ伝播していきました。つまり、当初は西が中心のキリスト教でした。世界遺産への登録は、いっそうキリシタンは西日本だけという認識を植えつけたのかもしれません。

一　東北地方への伝播

東北へキリスト教が伝播したのは、いつ誰によってもたらされたのか、次の三説に分かれていると考えられます。

1、イエズス会史によりますと、キリシタン大名蒲生氏郷が会津に配置されたことにあります。氏郷は、キリシタン大名である高山右近の勧めによって、イエズス会士より一五八五（天正一三）年に、二五歳の時洗礼を受けています。一五八七（天正一五）年、秀吉は小田原の北條攻めに参陣しなかった各城主に対して、仕置きを行いました。奥州への仕置きの命を受けたのが、伊達政宗と蒲生氏郷でした。一五九〇（天正一八）年、葛西氏・大崎氏の仕置き後、政宗の戦略は秀吉から疑念を持たれ、それまで政宗の城であった会津黒川城に、一五九二（文禄元）年、蒲生氏郷が配置されました。その後、氏郷は南部の九戸政実の乱を平定した功により、加増されて七三万石になり、その後九一万石の大名に成長しました。この領地の中には、現在の山形県の米沢市や宮城県白石市も含まれています。一五九二（文禄元）年、氏郷は朝鮮出兵のため肥前名護屋に向かいますが、帰国後、黒川を若松と名付けました。氏郷の故郷、近江日野に若松の森があるのに因んで名付けたと言われています。氏郷は征戦に追われて、若松城を整備する余裕はありませんでしたが、秀吉の名護屋城を模して築城し、一五九三（文禄二）年にやっと完成しました。ところが、名護屋在陣の折に発病した病は、諸医に命じて診察させましたが、効なく気力も食も衰え、一五九五（文禄四）年二月に死去しました。四〇歳でした。子の秀行が藩主となりますが、洗礼を受けたという記録はありません。会津の領主として短期間だった氏郷は、西のキリシタン大名のような布教活動はできなかったと考えられています。しかし、氏郷は織田信長の娘婿であり、会津移封時には、信長の旧臣も召し抱えてきていましたので、その中にはキリシタンもいたと考えられます。大友義統の旧臣、ペトロ佃又右衛門が共に会津入りしています。氏郷の家臣白石城主蒲生源左衛門郷成は京で受洗、また、氏郷の従兄小倉作左衛門や氏郷の家臣蒲生郷安も京で受洗しています。表立った布教はしなくても、信者が増える環境でした。蒲生の領地である米沢と会津は、会津街道で結ばれており、北へ向かう者や仙台へ向かう者は主に利用する街道でした。

2、一六一一（慶長一六）年、キリスト教の禁止令が出されている中、伊達政宗がフランシスコ会のルイス・ソテロを仙台に招き入れてキリスト教布教を許可したことにあります。ソテロと政宗の出会いは、政宗の異国人の愛妾が病を得た時、フランシスコ会の修道士の医術の評判を聞き、その長であるソテロを通して、修道士に治療を依頼した際に出会ったとする説と、もう一つは、ソテロが日本で司教になるために、政宗の家臣キリシタン後藤寿庵を通して知り合いになったとするものです。後藤寿庵は、伊達家臣団の中でもリーダー的存在でした。ソテロはその後支倉常長と共に慶長遣欧使節団を率いてローマを目指しています。外国人宣教師について付け加えますと、一五六二（永禄五）年、ポルトガル人のために長崎が開港されて以来、外国人の往来は珍しくなくなり、宣教師が東北にも滞在するようになりました。一六一一（慶長一六）年頃から東北に入ったと考えられている宣教師は、フランシスコ会のディエゴ・デ・ラ・クルス神父、ディエゴ・サン・フランシスコ神父、イエズス会ではジェロニモ・デ・アンゼリス神父、マテオ・アダミ神父、ジョアン・バプチスタ・ポルロ神父などが、各藩領を巡回していたと考えられます。フランシスコ・バラヤス神父（日本名：孫右衛門）は、最も長く二〇年間に及ぶ東北滞在の間、各地を精力的に布教して廻りました。カルワリヨ神父（日本名：長崎五郎衛門）が広瀬川で殉教したのは、一六二三（元和九）年のことでした。

3、一五五九（永禄二）年、製鉄技術を持った布留大八郎、小八郎兄弟（のちに千松姓となる）が備前岡山から、葛西晴信の臣本吉郡狼河原（登米郡東和町）住の千葉土佐に招かれ、北上川（追波川）河口に着き、まず、河口付近に四ヵ所の炯屋を建てて、たたら製鉄を行いました。製鉄跡は最近まで見られましたが、震災後に流失してしまいました。その付近を歩きますと、現在でも鉱滓が転がっています。兄弟はその後、北上川を遡り、大籠に入って、製鉄業に従事しながらキリスト教を広めたと言われています。大八郎、小八郎兄弟を誰が呼んだのかは定かではありませんが、この時代、追波川の河口付近は、葛西氏と山内首藤氏が治めていました。山内首藤は、製鉄に通じている武士でした。この兄弟が、キリシタン

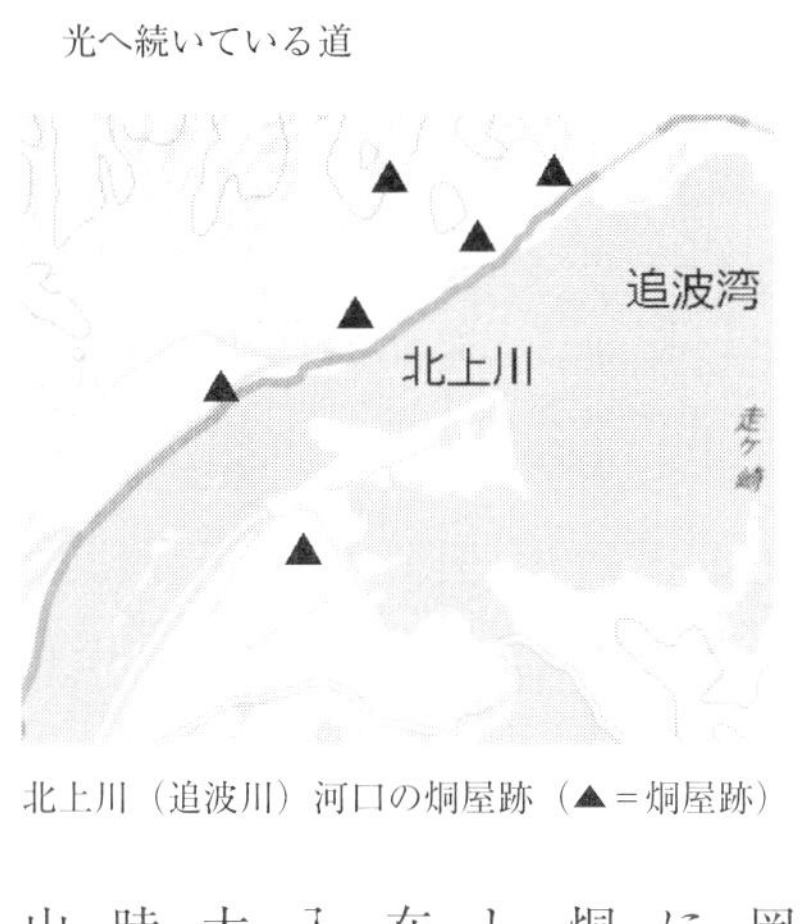

北上川（追波川）河口の炯屋跡（▲＝炯屋跡）

であったという文献は見つかっていませんが、大籠や隣接する本吉地域に、キリシタンがいた足跡が幾つもあることは、事実なのです。これが史実であれば、東北では最も早く、追波川河口やその流域に住んでいた人々に、キリスト教が伝播したことになります。

二　一五八九（天正一七）年頃からの仙台藩・上杉藩・会津藩

一五八七（天正一五）年、伴天連追放令が出されて、キリシタンへの取り締まりがいよいよ厳しくなりました。一六一一（慶長一六）年、仙台藩に呼ばれたソテロが仙台に向かう途中会津藩に入り、氏郷の子秀行と接見しています。一六一三（慶長一八）年には、支倉常長が、ローマへの使節としてヨーロッパに出航しました。かたや、一六一四（慶長一九）年には、日本で活動していた宣教師九六名がマニラやマカオへ追放されているのです。この時、追放を逃れた宣教師は、四五名おり、各地に潜伏しました。幕府と仙台藩のこの違いについては、布教と一体化していた南蛮貿易の魅力にあります。国力を強化しようとしている幕府と仙台藩にとって利害が一致していたのです。この時の藩主は、一七代伊達政宗でした。同名の先祖に九代伊達政宗がいます。

米沢地域の理解のために、現在の置県とは違っていた、この地域の歴史の概略を記したいと思います。一一八九（文治五）年、源頼朝率いる鎌倉軍は奥州平泉の藤原泰衡との戦いで勝利しました。中村念西入道は、泰衡の配下である飯坂大鳥城主信夫佐藤庄司を、厚樫山の戦い（現在の福島県伊達郡付近宮城県との県境）で倒し、活躍の恩賞として頼朝から伊達郡（現在の福島県）を拝領しました。これ以後伊達氏を名乗ります（諸説あり）。その後、伊達氏は、居城を福島県の梁川、桑折、山形県の米沢、宮城県の岩出山、仙台へと移りました。一七代政宗の曽祖父稙宗の時代には、近隣の大名、国人との婚姻を結び、勢力の拡大を図りました。しかし、この稙宗の策略は、息子の晴宗の反対に合い、親子は対立して天文の乱が起こります。その結果、稙宗は晴宗に家督を譲り、晴宗は山形の米沢城に本拠地を移すことになったのです。一五四八（天文一七）年のことでした。政宗の曽祖父稙宗は、一五二二（大永二）年、陸奥国守護に任ぜられ、官職としては、奥州探題に匹敵すべき地位を確立しました。伊達領内の法令集「塵芥集」を制定して、領内の裁判権の集約を図っています。晴宗も奥州探題となって、二年後に一七代政宗は生まれました（以後一七代は省略）。政宗は大崎・葛西の仕置きの功を表向きは認められ、秀吉から旧葛西・大崎領一二郡を与えられ、政宗の本領であった六郡（長井・伊達・信夫・二本松・田村・刈田）は没収されてしまいます。そして、居城を陸奥岩手沢城（現在の宮城県岩出山城）としました。政宗にとっては、湿地帯が多く不毛の地を預けられたことは、屈辱的なものでした。伊達氏の本領の大部分は、蒲生氏郷に与えられたのです。蒲生氏郷が会津に入封した際には、近江から氏郷に従ってきた赤佐隼人は戦功を認められ、蒲生の姓と郷の一字を許されて蒲生郷安と名乗り、大崎氏・葛西氏の一揆討伐後は、米沢城主となりました。一説には、郷安は受洗したと言われています。氏郷の家老蒲生郷成が着用した南蛮具足の背面には、大きな十字架が朱塗りで記されています。一五九一（天正一九）年の検地帳によると、上杉藩には支城が一九あって、米沢城はその一つでした。

三 「列福記念誌」を歩く

カトリック米沢教会では、殉教者の列福を記念して二〇〇九（平成二一）年「記念誌」を発刊しました。

1、北山原殉教地の特定

一九二七（昭和二）年の暮れ、ヨゼフ・シュエンテック神父が米沢に赴任してこられました。神父は鶴岡で司牧をしておられましたが、『日本切支丹宗門史』の記述により、米沢の殉教を知って調査のための赴任でした。佐藤吉茂伝道士も派遣されて、当時米沢には教会がなかったため、市内の館山口にある高野薬局の借家に住まわれて、聖テレジア教会を立ち上げ、調査・布教をされたのです。上杉藩の処刑地は、当時白幡松原に移っていたこともあって、人々から忘れ去られ、処刑地の特定には難航を極めたのですが、カトリック米沢教会の森憲一氏の曽祖父古海勘三郎氏や米沢の郷土史家伊佐早氏などの協力によって、上杉藩初期の頃の侍の処刑場であった北山原の場所を発見しました。一九二九（昭和四）年四月三〇日、整地した北山原にコンクリート製の実物大の十字架を立て、ドイツから贈られたキリストの御像をかけて序幕式を行っています。殉教から三百年の年月が過ぎていました。西側の小川のほとりには桜樹が植えられました。そして二〇〇八（平成二〇）年一一月二四日、長崎で一八八名の殉教者列福式が行われ、米沢では五三名が列福されました。

2、米沢殉教の主導者甘糟右衛門

一五八七（天正一五）年、秀吉が「伴天連追放令」を発出して後、重なる禁教令、弾圧は厳しさを増していき、西日本の信者は東北へ逃れたり、流されたりしていきました。元和の大殉教、長崎の大殉教、江戸の大殉教と続く厳しい弾圧は、当時米沢地域にいたとされる三千名のキリシタンの耳にも届き、キリシタンに寛容であった上杉景勝が没し、その子定勝が三代藩主としてわずか二〇歳で襲封したため、幕府の方針に従うほかありませんでした。宣教師が追放されて以後、国内の信者たちは、どのようにして信仰を深め、布教活動をしたのか。その方策として、「組」（コンフラリヤ）という組織がつくられたとされています。米沢でも甘糟右衛門を中心に「組」がありました。まず、「小組」を組織して責任者を置いて「小組」が集まって「大組」をつくり、組の親を置く。更に大組が集まった「親組」をつくっていました。神父は、この親とつながりを持ち、育てることにより当時の教会を維持していったのです。米沢には教会はなく、神父の宿は右衛門の自宅で、司祭はいませんが、教会としての維持は信者の手でなされ、守られていたのです。主たる指導者であったルイス甘糟右衛門は、上杉藩の重臣であり、藩主のお側用人として藩主から信頼されていました。ルイス・ソテロ神父から洗礼を受けたと言われています。右衛門の生涯をたどってみます。

一五七七（天正五）年、上杉家家臣甘糟備後守、護摩堂城主になる（甘糟孫右衛門継義が戦死し、謙信公の指示により登坂家より甘糟家に入婿。甘糟家を相続）。天正七年頃、右衛門誕生する。

一五八三（天正一一）年、父備後守五泉城主となり、景継を名乗る。泉沢氏の娘を室として迎え、妹、弟吉継、長継が生まれる。

一五九三（文禄二）年、父備後守酒田城主となる。右衛門も、妹、弟と共に移る。備後守、直江兼続と共に羽黒山長寿寺黄金堂の修復を行う。

一五九八（慶長三）年、備後守主家の移封に伴い会津へ。次に上杉藩の支城白石城代を務め二万石を知行した。

一六〇〇（慶長五）年七月二二日、会津若松での軍議に参加のため（右衛門の母逝去。葬儀のため白石城を離れたとの説もある）城を留守にする。留守大将は、実弟登坂式部だったが、伊達軍を防ぎかね白石城落城。式部は降伏して伊達家に仕えた。以後、右衛門は与板衆※二百石として認められ米沢に移る。関ケ原の戦い。右衛門、兼続の配下として軍役につく。上杉家一二〇万石から三〇万石に減封される。

※予板衆＝上杉藩の中級家臣団。

一六〇一（慶長六）年、備後守は六六〇〇石の侍組となる。右衛門は与板組として勤める。

一六一一（慶長一六）年、備後守、故あって自害。甘糟家嫡流は相続を許されず、お家断絶となる。この時に、フランシスコ会のルイス・ソテロ神父は仙台に行く途中、会津若松から米沢に廻り、右衛門に洗礼を授けたと言われている。

一六一五（元和元）年二月、右衛門は米沢のフランシスコ会キリスト教徒の頭に抜擢。コンフラリヤ（信徒信心組織）を組織し布教にあたる。小組、大組、親組の中心（総親）になる。米沢では今日のような教会という建物はなく、巡回してくる神父の宿は右衛門の自宅であり、信者は毎週一度集まって礼拝をした。この組の組織には司祭はおらず、司祭は年数回巡回して、許しの秘蹟と御ミサをするだけである。つまり、民間の信者が宣教師の役を担うことが許されていた。右衛門は、弱者を救済し、自宅を迫害から逃れてきた信徒の隠れ家にもした。上杉家の家臣として、鉄砲隊長も務めた。

一六二三（元和九）年七月、定勝公、徳川三代将軍家光の将軍宣下式に参列のため上洛。右衛門、与板組の武頭として供する。秋、右衛門親子は小伝馬町に入牢中のデ・アンゼリス神父を訪ねていく。一二月四日、東海道沿いの札の辻で原主水・アンゼリス神父ら宣教師を含む五〇名が火刑に処せられる。江戸の大殉教。上杉家中は、殉教を実見する。

一六二四（寛永元）年三月、甘糟本家の復興を許される。弟（吉継、長継）それぞれ、二百石にて父と同じ侍組に召し入れられる。八月、岩手の南部公に使節として赴く。

一六二六（寛永三）年、フラシスコ会の依頼で、アウグスチノ会のフランシスコ・デ・ヘススが米沢にきており、右衛門の屋敷を拠点にして布教活動をしていたと思われる。

一六二八（寛永五）年、二月末日、川越御鷹場へ幕府への使者として赴く。三月、与板組鉄砲足軽五〇人組頭となる。一二月四日、右衛門らの役職を解く。殉教の準備。右衛門は殉教する準備と祈りを信者に説いた。

一六二九（寛永五）年一月一二日、甘糟右衛門、一族と共に北山原にて殉教。

3、ジョアン・バプチスタ・ポルロ神父の報告書

右衛門一族の殉教の様子は、当時会津若松に滞在中だったイエズス会のジョアン・バプチスタ・ポルロ神父によってローマに報告書が送られました。

◎北山原の殉教者

・一月一二日

米沢城下　二九名　列福（和田村居住一名を含む）

糠山　六名　列福

新洞ケ台　八名　列福

氏名不詳者　七名

・一月一七日　ヨアキム庄市（列福には入らず）

◎南原（糠山）の殉教者

・一月一二日　七名　列福

◎新洞ケ台の殉教者

・一月一二日　三名　列福

殉教者：五三名（氏名不詳者、ヨアキム庄市は含まず）

◎南森、南陽の殉教者

・一月一六日　一〇名

◎山上口の殉教者

・一月一六日　一名　ヨアキム皆川

◆列福時　二〇〇八（平成二〇）年に判明していた殉教者五三名は、一月一二日の殉教者です。

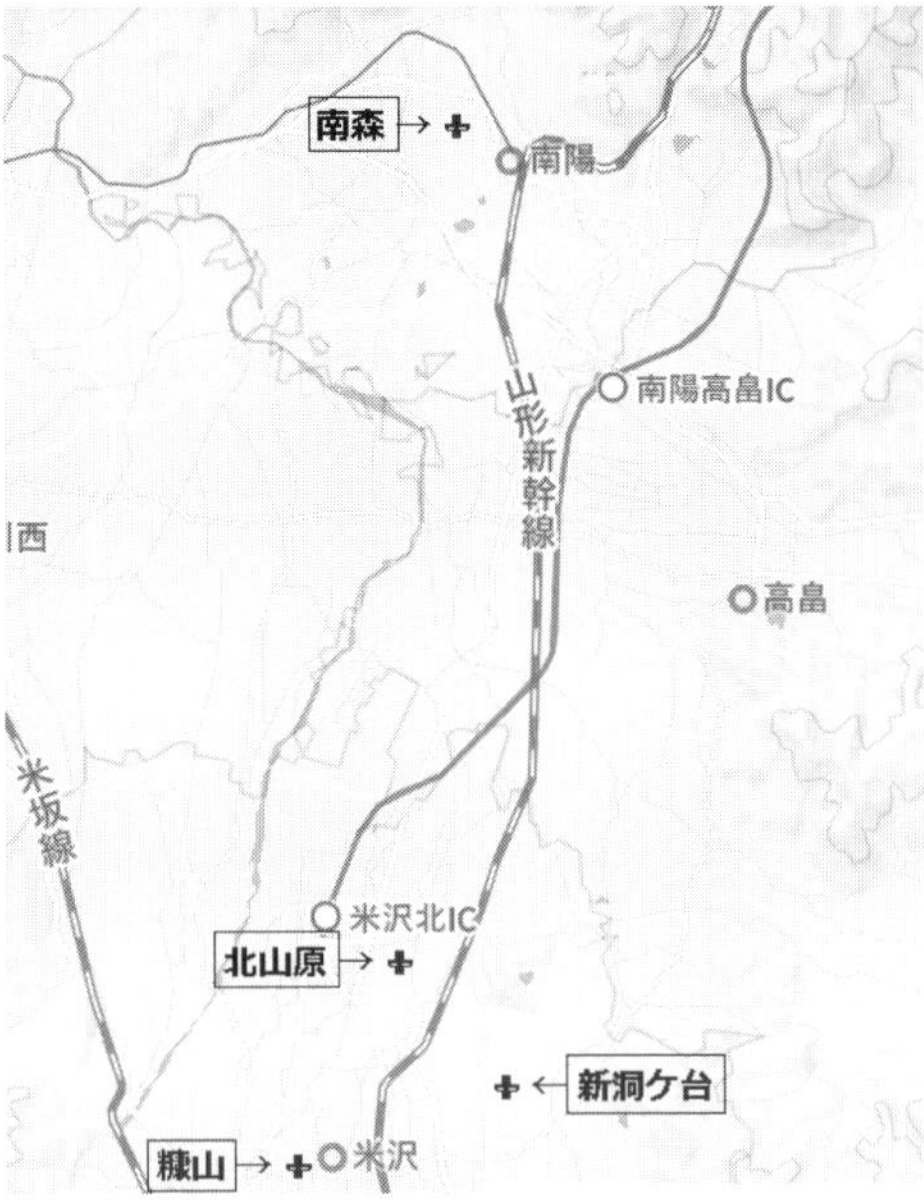

北山原の主な殉教跡地（✚＝殉教地跡）
※山上口は、米沢の南郊外に位置する。

一月一二日

殉教地	居住地	人数
北山原	米沢城下	二八名
	糖山	六名
	和田村	一名
	新洞ケ台	八名
	不詳	七名
糠山	南原（糠山）	七名
新洞ケ台	新洞ケ台	三名

一月一六日

殉教地	居住地	人数
南森・南陽	北条郷	一〇名
山上口	米沢	一名

一月一七日

殉教地	居住地	人数
北山原	不詳	一名

氏名不詳の七人の組は、『北条郷縁起』（松木健三著、二〇一四年）に記載されており、殉教前に松木一族が移った花沢の新洞ケ台の殉教者の箇所に書いてありました。花沢町（新洞ケ台）は、右衛門配下の鉄砲組の居住地であり、松木主計は、確かに鉄砲の熟練者でありました。

ポルロ神父の報告書は、会津若松に滞在した折に書かれた報告書で、三三枚にも及んでいます。この報告書は、歴史家・研究家であるレオン・パジェス、姉崎正治氏、浦川和三郎氏によって解読され、フランス語版、イタリア語版に翻訳されて世に出ています。諸氏の訳本を基本として読まれているので、時には原本から離れてしまい、他の書物にも影響を与えています。日本における殉教についての報告書

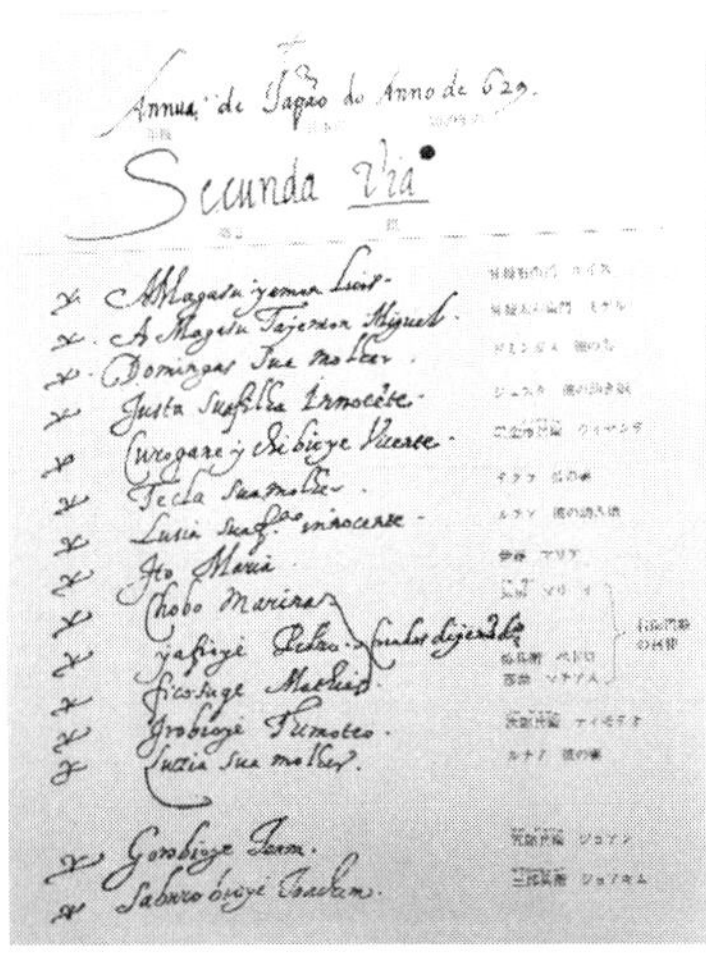

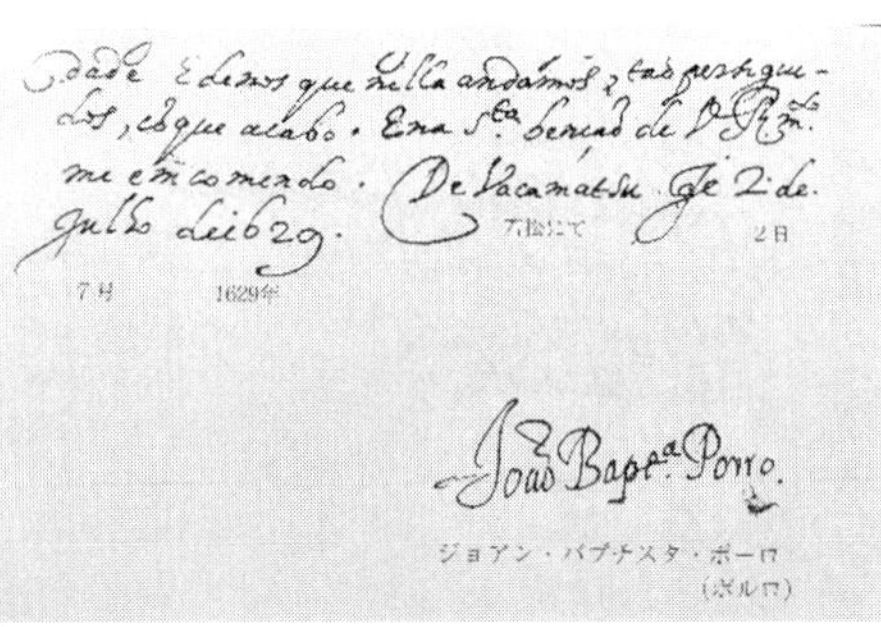

ポルロ神父の報告書の一部。甘糟右衛門の名が先頭に書かれている。1629年会津若松で書かれた。

は、ディエゴ・デ・サン・フランシスコの記録はありますが、フランシスコ会との関わりがあった殉教者についての報告です。

一六二九（寛永五）年、米沢の殉教者の総数は、七二名とポルロ神父は報告していますが、そのうち列福されているのは、五三名です。殉教は数日にわたって行われたので、第一日目の殉教者を数えると五三名でした。ポルロ神父の報告書の原文は、ポルトガル語で書かれているのですが、フランス語やイタリア語の訳語、特に固有名詞や地名に不明確なところがありました。カトリック米沢教会会員の森憲一氏は、結城了悟神父様と共にポルロ神父の報告書に記載してある殉教地を隈なく歩きました。その当時は、どうしても不明の地名がありました。その後、森氏は、ポルトガル語の原本の逐語訳を約一〇年かけて完成されました。その結果、不明・疑問であった地名など理解が深まり、新しい知見も生まれたと記しています。ポルロ神父の報告書にある、残りの一九名は森憲一氏のポルトガル語の解読によって初めて明らかになったのです。「松木文書」にその鍵がありました。森氏の一〇年にわたる労苦は、松木一族が北山原で殉教したという史実を初めて明らかにしたのです。

四　松木文書

二〇一二（平成二五）年一月一二日の『カトリック新聞』に、甘糟右衛門らと共に殉教した松木主計の子孫である松木慶次郎氏、その分家の子孫である松木健三氏がカトリック米沢教会で行われたクリスマスミサにあずかった記事が掲載されました。松木健三氏（米沢興譲教会会員）は、実家にある先祖の巻物にキリシタンであると書かれてあることを知り、森氏にこの事実を告げて、旧梨郷に住む本家の松木慶次郎氏の家に伝わる多くの文書資料や石碑に触れ、一族の歴史と北山原の殉教の史実を知ることになったのでした。

1、松木家一族とその系譜

松木主計家

慶長八年六月一日　喜左衛門　五男　主計　二二歳

志免　二〇歳

切支丹道場建立
1590（天正 18）年

米澤花澤町に移る　　※傍線筆者
主計は直江兼續家臣にしてキリシタンなり
慶長五年六月最上御一乱出兵御奉公、命により鉄砲師　吉川惣兵衛に師事、稲富流鉄砲隊長成りて　上杉藩に功す
寛永五年一二月一八日　藩命に依り　甘糟右（エ）門一族共　北山原に於いて処刑受
キリシタン法名　主計　サビーナ　妻　志免　マリアナ　娘　アンシィ

（慶応三年正月松木慶太氏作成）

右の文書は、「梨郷村史」（昭和五四年刊行）、「北条郷縁起」に同様の記載がありました。平成二四年、南陽市梨郷の松木慶次郎家から、松木一族のキリスト教信仰について綴った古文書や石碑などが発見されました。巻紙三巻に書かれた文書は、江戸時代に信仰に生きた一族の記録でした。以前の調査で氏名不詳のキリシタンの名がこの文書に記されていたのです。この事実は、『カトリック新聞』（二〇一二年一月二二日）に驚きをもって報じられました。発見された古文書は、松木一族の子孫にあたる松木健三氏（米沢興譲教会会員）によって巻物三巻の記録を原文のまま収録され、参考として脚注と年表が添付されていました。内容は、まず冒頭に次のような記載があります。以下「松木文書」に関する記述は、松木氏から承諾を得て記録のまま記載しています。

一　移住と切支丹道場建立

北条切支丹道場開基　松木六左衛門書　天正一八（一五九〇）年

二　キリスト教を取り巻く当時の情勢

イエス十字架を担う　松木新右衛門書　元和九（一六二三）年

三　置賜地方での殉教と殉教者

北条切支丹覚　松木六郎左衛門書　正保元（一六四四）年

右の項目を時代順にし、「北条切支丹道場開基」を第一巻としました。

第一巻「北条切支丹道場開基」より一部抜粋（原文のまま、句点のみ付記）

松木家のキリシタン信仰は、先祖喜左衛門直則成る人。大和の国高市に発祥し度るものにて、地元の存在豪に在り候。以ってイエス・キリストを信じ信頼するこの方百年余に及ぶもの、言えては南朝北朝期足利幕府に仕え、執事職成り公事終了。一族は切支丹となり生活の中にて候や、イエス信仰なくして生き

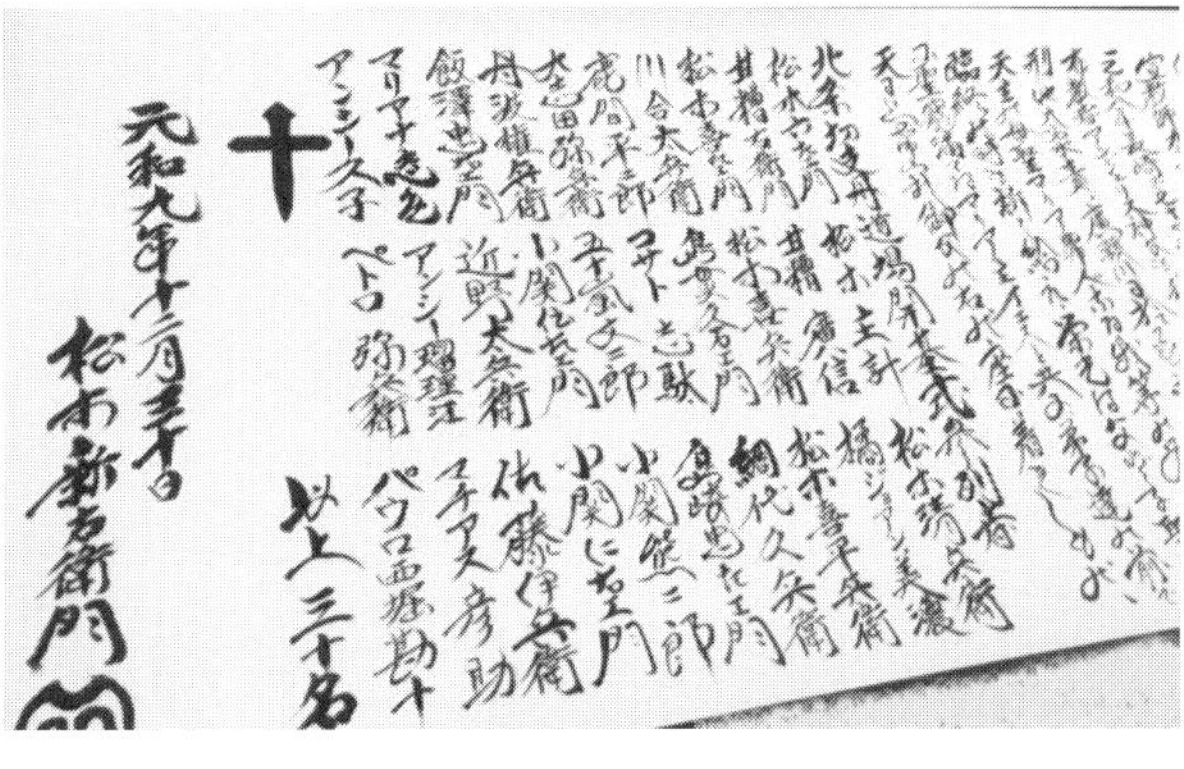

北条キリシタン道場開基式参列者

がいなく候。敢えて幸い一致する松木一族二一人衆なり。永禄元年奥州の豪族、伊達晴宗公の要請を受諾し、この地、羽前の国、北条郷に落着仕り候に付、荒廃する宇喜多美の里、北条郷の三十三ヶ村の開拓に奉仕せる日々、朝な夕なにキリスト神に礼拝、更にマリアにもヨハネにも、礼をしている中に夕日輝く。駆け足で迫りくる切支丹道場周辺には近衆の信仰者三〇人也。一族の家族は涙々。空晴れ渡りて飛ぶ鳥のにぎやかさ、イエスの目がしらアーメン。これひとえに神に感謝仕りたく存じ候。ザビエルが天文一八年、小雪降る中この日本国にも友情の証かな。イスラムやヒンズー教とも異なる神イエス・キリストに付いて行く我等切支丹にて候。

松木一族の年次の概略

一五二七（大永六）年、松木喜左衛門直則誕生（北条時頼一三代目道安次男）

一五五七（弘治三）年、松木六左衛門誕生（喜左衛門直則三男）

一五五八（永禄元）年、松木喜左衛門直則と二一人のキリシタン、大和国から伊達晴宗の領地羽前北条郷梨郷（南陽市梨郷）へ移住。

移住にあたって晴宗公と取り交わした書状の内容。

一、各々氏の身分に付、苗字帯刀は一代免許成り

一、各々氏の宗派・信仰は自由成りて宗門にこだわらず

一、各々氏は対伊達藩貢献を責務とし、僧、武士、法印、農、易者、商に従すも自由成り

一、各々氏は藩の要請に従い、藩内各地に移りしも帯刀免許の身分格式、威厳を忘れず永住の地と定め、生きるものなり

以上

南無絡陽一族奉賛大日如来

喜左衛門直則　印

一五七二（元亀三）年、松木主計誕生（喜左衛門直則五男）。

一五八七（天正一五）年、六左衛門、喜左衛門家より分家し、キリシタン道場建立に着手。松木喜左衛門屋敷内、樫木峠を挟む用地に切支丹道場成るを建立すべくまとまりて、これ天地と定めたり。キリスト信仰者仲間集い聖母に感謝忘れず、特に友人たるジョアン美濃氏、ダウイ弥兵衛氏の道場建立の勧めにも応じたり。

（「北条切支丹道場開基」より一部抜粋）

一五九〇（天正一八）年、蒲生氏郷が会津若松の領主になる。米沢城主は蒲生郷安。

一五九〇（天正一八）年、北条切支丹道場開基式典。建屋整備は順調に進みて、天候にも恵まれおり、特に注目すべし十字塔工作に在りては、美濃氏固有林依杉材頂きて工作したり。大工職二〇人左官職一〇人による建前も終了。

（「北条切支丹道場開基」より一部抜粋）

式典では、三日三晩の感謝と祈りと祝いがあったことが記されている。

開基式典の参列者、同志、親族の友、次へ記帳致可候。（写真参照）

一五九八（慶長三）年、上杉景勝領地に。

一六〇〇（慶長五）年、「松木新右衛門・渡部兵次郎は共に免許百姓として出羽合戦に参加し、新右衛門は二一名の家来を率いて功があり、直江兼続より小旗と玄米百俵を賜る。

一六〇三（慶長八）年、松木主計家、六月一日喜左衛門五男主計二二歳、志免二〇歳、米澤花澤町に移る。

一六一五（元和元）年、甘糟右衛門、コンフラリヤを組織して布教。

一六二三（元和九）年、松木新右衛門書「イエス十字架を担う」

一六二八（寛永五）年三月、甘糟右衛門与板組鉄砲隊長、松木主計、副長に命ぜられる。八月、定勝公キリシタン迫害に踏み切る。一二月一八日、藩命に依り甘糟右衛門一族共、北山原に於いて処刑受、キリシタン法名主計ザビーナ・妻志免マリアナ・娘アンシィ・松木六郎左衛門確認。梨郷村にも、この三名の処刑者のあった事が記録あり。「処刑後も、残された松木主計一族は、カクレ切支丹として布教に努め、その信仰を捨てなかった」と『梨郷村史』にあり。

一六三七（寛永一四）年、上杉藩の要請を受けて島原の乱出兵。松木家は天草四郎時貞に同調。

一六三九（寛永一六）年、宗門改め帳。上杉藩、宗徒の取り締まりの為各村にキリシタン横目を派遣。

一六四四（正保元）年、松木六郎左衛門、梨郷から長江森（長井市森）に移住。松木六郎左衛門書「北条切支丹覚え」

一八六〇（安政七）年、松木慶太書「松木家キリシタン信仰覚書」

一八六六（慶応二）年、松木慶太書「松木家一族系図」

一八七三（明治六）年、キリスト教解禁。

五　奥羽における布教

一五九〇（天正一八）年、米沢城下には蒲生氏の領地になったことから、多少のキリシタンがいたと言われる。イエズス会の神父たちは、時々会津から巡回にきてキリシタンを訪問し、求道者にも洗礼を授けていた。梨郷の松木総本家には、宣教師を泊めていたと言い伝えがある。

一六一一（慶長一六）年、ソテロ神父は仙台に赴く道すがら、米沢を迂回してキリシタンを訪問した。その時、甘糟右衛門は、ソテロから洗礼を授かったのだとディエゴ・デ・サンフランシスコに話している。

一六一二（慶長一七）年、家康公により天領におけるキリスト教の禁教令が出される。

一六一四（慶長一九）年一月、家康公により禁教令が全国に拡大される。高山右近がフィリピン・マニラに追放。

日本で活動していた宣教師九六人をマニラやマカオに追放。追放を逃れたイエズス会士二六人、フランシスコ会士六人、ドミニコ会士七人、日本人司祭五人の計四五人の宣教師が潜伏。

一六一五（元和元）年、後藤寿庵の勧めで、潜伏していたイエズス会士ジェロニモ・デ・アンゼリス神父が、前年津軽に流刑となった京都、大坂の信徒を訪問。毎年、宣教師たちが津軽訪問を続ける一方、その他の地域にも頻繁に往来するようになった。米沢や山形にも宣教に訪れるようになる。この時期、鉱山開発が盛んだった。そこで働けば、労働は厳しくても罪に問われることはなく、そのため、多くのキリシタンは逃れて鉱山に入ったと言われている。北村山には延沢銀山があり、アンゼリス神父らはそこにも訪ねて行ったと思われる。

一六一七（元和三）年、イエズス会士ホアン・マテオ・アダミが奥羽副地区長として猪苗代の宣教所に常駐。

一六二〇（元和六）年、フランシスコ会士フランシスコ・ガルベス、ディエゴ・デ・ラ・クルス、ディエゴ・デ・パロマレスらが会津領で宣教活動を行う。イエズス会修道士ジョアン山も会津、二本松で宣教活動をする。ジョアン山は、米沢領の白鷹にも来ていた。西置賜郡白鷹町には、切支丹屋敷跡の看板（白鷹町教育委員会設置）が文字は薄くなっているが残っており、近くの称名寺には、切支丹文書や外国から伝わる十字架聖像がある。

一六二三（元和九）年、アンゼリス神父は奥羽の布教長となる。カルバリヨ・ガルベス・アダミなどがこれを助けて東北全体から蝦夷まで巡回していた。元和七年江戸布教に転じ捕縛される。アンゼリス神父は江戸の小伝馬町で入牢中に甘糟右衛門親子の訪問を受ける。一二月四日、布教長アンゼリスは札の辻で殉教。

一六二六（寛永三）年、長崎にいたフランシスコ会士ディエゴ・デ・サンフランシスコは東北地方の宣教を志し、二人の会士ベルナルド・デ・サンホゼ・オゾリオとフランシスコ・サン・アンデレス、アウグスチノ会宣教長フランシスコ・デ・ヘススの四人で長崎から七三日かけて酒田に到着する。酒田から江戸へ向かい、長崎のディエゴ・デ・ラ・クルスを呼び寄せてディエゴの担当地区は山形を中心とする最上地方とし、酒田にフランシスコ・デ・サン・アンデレス、鶴岡にはベルナルド・デ・サンホセ・オゾリオ、仙台領にフランシスコ・デ・バラハスとフランシスコ・デ・サン・アンデレスを配置し、フランシスコ会の布教組織を強化した。フランシスコ・デ・ヘススは一六二六年から二八年までの間米沢で活動する（同会のフランシスコ・テレロも共に働き会津に巡回に行っていた）。この時初めて米沢に常駐の宣教師が滞在した。救道者は著しい数に上り、一年間に受洗者一五〇〇人を得たと言う。

一六二七（寛永四）年、ベルナルド・デ・サンホセ・オゾリオ神父が津軽、秋田、最上、仙台、会津を巡回。ドミニコ会ドミンゴ・イバニエス・デ・エルキシアが長崎に向かう途中、会津、桧枝岐を経由する。

一六二八（寛永五）年、ヘスス神父は、夏に米沢を去り長崎に帰って行った。一六三二年九月、西坂で殉教。一二月一八日の米沢の殉教については、当時会津若松にいたジョアン・バプチスタ・ポルロ神父が三三枚の報告書を一六二九年七月二日ローマに送った。米沢の殉教の事績が優れて精密なのは長く若松に在って会津や置賜の布教に奔走したジョアン山と同宿の報告に基づくものと言われている。

一六二九（寛永六）年、ジョアン山が会津で捕縛される。四年後、江戸で殉教。

一六三八（寛永一五）年二月、島原、天草一揆終結。七月、寒河江白岩で農民の一揆が起こる。ディエゴ神父は最上領の迫害と領主の苛政、農民の貧困について報告していた。

一六三九（寛永一六）年三月、仙台領水沢でペトロ・カスイ岐部が捕縛される。七月、仙台でジョアン・バプチスタ・ポルロ神父とマルチノ式見市右衛門を江戸に召喚させ拷問したところ、色々白状し最上山形にも宗門の者がいると、その名前を差し出した。八月、米沢にベルナルド神父とバラハス神父の捜索命令（広域重要指名手配）が届く。一二月三〇日、ベルナルド神父（日本名：市左衛門）が寒河江で捕縛。付き添っていた賄い人二人と共に江戸に送られた。

一六四〇（寛永一七）年、最後に仙台でバラハス神父（孫右衛門）が捕縛された。ベルナルド神父とバラハス神父は江戸の札の辻で火刑に処せられた。キリシタン火刑の最後と言われている。

六　ポルロ神父の布教と殉教

イエズス会本部へ報告書を書いた宣教師ジョアン・バプチスタ・ポルロ神父とはどのような人物だったのでしょうか。レオン・パジェスの『日本切支丹宗門史』、只野淳著『みちのく切支丹』から引用しました。

一五七六（天正四）年、イタリア、ミラノに生まれる。

一五九二（文禄元）年頃、一七歳でイエズス会に入会する。

一五九九（慶長四）年二月から九月までの間に有馬や大村地方に天主堂が再興され、他の神父と力を注ぎ、四万人の未信者に洗礼を授けた。特に肥後には更に多数の信者が生まれ、ポルロ神父の力が大きかった。

一六〇〇（慶長五）年、印度のゴアに渡る。

一六〇三（慶長八）年、マカオに渡る。

一六〇四（慶長九）年、再来日する。

一六〇九（慶長一四）年、四日間滞在後駿河に行き、一週間後にはフィリピン総督ドン・ビベロの通詞として皇帝（秀吉）に謁見する。

一六一五（元和元）年、秀頼の陣中には、アウグスチノ会、フランシスコ会、イエズス会、の数人が、大阪の市内に隠れていた。ポルロ神父も大阪の市中に住んでいた。目を覆うような惨禍の中であっても、火災の最中にキリシタンの告白を聴き未信者に洗礼を授ける。市中から野外に逃れたが、衣服は破れて、ぼろぼろになった襦袢ばかりになってしまった。しかし、奇蹟的に内府様の軍中を通過して政宗の陣営に遭遇した。神父は室津に行けると思って政宗に保護を求めた。政宗は神父がもし、キリシタンでなかったら、役に立ったものをと答えさせた。彼は天主の摂理によって決められた時まで人の子（イエズス・キリスト）のために迫害を受け、その地方を彷徨していた。

◎一六一五（元和元）年末、メキシコから帰った遣欧使節の船が浦賀に入る。

◎この頃仙台藩重臣向井将監は、ディエゴ・デ・サン・フランシスコ師の釈放を請うて許される。

一六一七（元和三）年、迫害が厳しくなりつつあるこの頃、神父たちは各地方に分かれて布教し続けた。長門、周防、安芸、備後の諸国で、アントニオ石田と共に、迫害を受けたキリシタンのために大いに尽力した。当時、日本には三四人のイエズス会の会員がいて、その他にフランシスコ会五人、ドミニコ会五、六人、アウグスチノ会一人、他に日本人司祭が五人いて、大部分は長崎に隠れていた。

一六二〇（元和六）年、中国地方、四国地方、特に信者たちが激しい迫害を受けていた播磨、熱心であったマツンガ（備前の松荊田か？ 姉崎博士による）、備前の城下町岡山を訪問した。また、イエズス会の宣教師は五畿内とその付近の諸州を歴訪した。この中には、ディエゴ・デ・ユーキ（結城）もいた。

一六二一（元和七）年、伯耆、出雲、因幡に布教して海岸沿いを神話の島、淡路でも布教した。

一六二二（元和八）年、ローマ教皇の教書が日本の信徒に宛てた激励文（一六二一（元和六）年）と一緒に日本に到着した。イエズス会管区長クロースは直ちに翻訳させ、その写しを各方面に伝達させた。中国、四国を廻ってその後奥州に向かった。この書簡（激励文）の日付が、この年になっているので、ポルロ神父は元和七年の秋には仙台と見分に滞在していたと考えられる。

教皇の激励文によって、各地方の信徒たちは大いに喜び、精神的な助力の源になりました。感激した各地方の信徒たちは、教皇に宛てて奉答文を書き送りました。日本文とラテン文に起草されて、各地方の代表者の署名人を記した五通の書簡は、現在バチカン図書館に保存されています。この奉答文の先頭にある名は、後藤寿庵です。

一六二三（元和九）年、蒲生飛騨守が、迫害を始めた。信仰があまり深くない人々が多く、棄教する者を多く出した。領内に住んでいたジョアン・バプチスタ・ポルロ神父は、枕を置くべき場所をようやく知り、食べ物なしで、幾日かを過ごした。

一六二四（寛永元）年、播磨・備前・中国・四国の教会でポルロ神父は困苦に耐えながら布教して歩く。

一六二五（寛永二）年、中国と四国で非常な成果を収めた。播磨では、一一〇人の成人の受洗があった。広島でもポルロ神父の行く先々には多大なる危険があった。山口の城外、宮野でフランシスコ・ザビエルが住んでいた家がそのまま保存されているのを見出した。その後讃岐、高松、板島（現在の宇和島）、城下町岡山にも行く。

一六二六（寛永三）年、上方布教長となる。

一六三〇（寛永七）年、アダミ神父とポルロ神父は江戸にいた。ここには、ドミニコ会の神父もいて、お互いに結束していた。この後、奥羽副地区長となってアダミ神父と共に、津軽、出羽に流されたキリシタンの中で生き残っている人々を慰めるために出かけた。仙台、筆甫、二本松、白河、会津方面も訪ねている。筆甫では、同宿の十兵衛と共に東海林備後宅を隠れ家とした。米沢領では、小池金山、半田銀山、米沢城下までも巡回するようになった。アダミ神父とポルロ神父は、北方を歴訪し、追放者の中で生き残っている人々を慰めるために、津軽に行った。蝦夷を回遊したとさえ思われていた。

一六三八（寛永一五）年二月一四日、幕府から仙台藩に神父の捕縛命令が出されたため、四月一〇日仙台藩宗門奉行石母田大膳に自首した。
一六三九（寛永一六）年七月、江戸でイエズス会の日本人ペトロ粕井（葛西）が惨い拷問を受けた後、穴に吊るされて死亡した。この時、フェレイラが立ち合い、ペトロ・粕井に堂々と非難され、いたたまれず、その場をはずした。同年某日、ジョアン・バプチスタ・ポルロ神父は、小さな邑で住民と共に火炙りになった。六四歳だった。イエズス会にあること四五年だった（ペトロ・粕井はペトロ・カスイ岐部と同一人物）。

ここで、ポルロ神父と晩年ともに行動することが多かったヨハネ・マテオ・アダミ師についてその動向を追ってみました。

一五七六（天正四）年生まれ。シシリヤ人、マザラ市の人。
一五九五（文禄四）年、一九歳でイエズス会に入会する。
一六〇四（慶長九）年、日本へ。主に西国地方で活躍していた。
一六〇五（慶長一〇）年、他の神父と大阪へ行く。
一六一四（慶長一九）年、マカオに一時追放される。
一六一六（元和二）年、肥前国大村に潜入して天草で活躍した。
一六一七（元和三）年、奥羽副地区長として会津猪苗代修道院に常駐。
◎一六二〇年奥州では、千人の未信者が、アンゼリス、カルヴァリオ（日本名、長崎五郎右衛門）たちから洗礼を受けている。

一六二一（元和七）年、越後と佐渡を二回巡回する。

一六二二（元和八）年、以降会津に於いて隠れ家を転々とする。

一六二四（寛永元）年、蒲生忠郷は、キリシタン迫害を命じ、領内のキリシタンの中に多数の棄教者を出した。領内に住んでいたアダミは身を隠すことに精一杯で食べ物なしで、幾日かを過ごした。

一六二七（寛永四）年、会津藩主加藤嘉明がアダミ神父の捕縛命令を出したために、江戸に逃れて更に京都、大阪へと逃げ回った。

一六三〇（寛永七）年、ポルロ神父と共に江戸で暮らしていた。

一六三三（寛永一〇）年、京都で捕縛される。一〇月二日出発し、豊前、筑前、肥前、諫早の地方を経て長崎の牢屋に入れられる。そこには、クリストファー・フェレイラもいた。日本人ジュリアノ・デ・中浦神父（少年使節の一人）も監禁されていた。一〇月一八日アダミ神父を含む六人（フェレイラとジュリアノ・デ・中浦神父もこの中に入る）が穴吊りの刑を受け、五時間後に沈没。六五歳だった。アダミ神父は、二六日に落命。五七歳だった。

フェレイラ神父は棄教してしまうのですが、その様子について、パジェスの『日本切支丹宗門史　下巻』の二五五頁に次のように記しています。

イエズス会の管区長ポルトガル人のクリストファー・フェレイラ神父とイエズス会の日本人神父ジュリ

アノ・デ・中浦が穴の中に入れられた。また、シシリヤ人でイエズス会のヨハネ・マテオ・アダミ神父が六人の修道士と共に穴の中に吊るされたとあり、フェレイラ神父について、この最も華々しいものの一つであるべき殉教が、イエズス会の立派な宣教師、否管区長その人の背信によって暗くされた。拷問五時間の後、二三年の勇敢の働き、改宗の無数の果実、聖人のように忍耐された無限の迫害と難儀によって、確固していそうに見えたフェレイラ神父が、天主の正しく計り知れない審判によって、哀れに沈没した。

また、下巻の三五〇頁には、一六四一年八月、棄教したフェレイラ（日本名：澤野忠庵）、寺の敷居に十字架を置かせてキリシタンを発見するということをしていたと記述しています。背教者となったフェレイラの悪評を晴らし、カトリック教会に補いをすべくマカオの神父や巡察師が来日を準備していたが、悪天候のために小島に上陸して小屋にいたところを発見され、目的はかなわず、捕縛されてしまったことも記されています。

七　ポルロ神父の捕縛命令と自首そして白状

「石母田文書」から引用

「石母田文書」は、慶長、元和、寛永にわたり仙台藩の奉行として主に渉外に関わることに従事していた石母田大膳宗頼の文書を指し、内容は宗頼の案文、書簡類、宗門改めなど一二〇通残っています。このうち仙台藩の切支丹に関わる文書は、火災で欠損したものも含めると四六通残っています。

・一六三八（寛永一五）年、切支丹探索に関して幕府より、松平陸奥守忠宗へ二度目の覚

一、東海林備後　相馬境筆甫之者
一、同女房かでれいな　同所
一、佐久間若狭　同所
一、庄司監物　同所
此者共きりしたんニ而候由訴人致白状候。其迄後藤寿庵所　可遣とて書置候状有之
一、横沢藤左衛門　仙台之者
一、太郎作　渡辺吉内子　同所
此者共強きりしたんニ而候由訴人致白状候
一、与左衛門
一、小兵衛
一、孫左衛門　渡辺吉内兄
此三人之者共ハ伴天連しゆあんはうろ小者ニ而候右九人之者被致穿鑿伴天連之行衛相尋可被申候。有様に申いたし伴天連捕させ候者ハ其身宗旨をころはせ身命御助可被成旨をころはせ身命御助可被成旨上意候

以上

二月二一日

松平陸奥守殿

一六三八（寛永一五）年に老中土井大炊頭から出されたと考えられる。「伴天連しゅあんはうろ」とは、ジョアン・バプチスタ・ポルロ神父のことです。「領内に隠れているポルロ神父及びその小者六名の行方を探索して逮捕せよ」という文書です。藩では早速、切支丹渡辺吉内を逮捕し、その後極力捜査したのですが、ポルロ神父の行方は分かりませんでした。この上意に対して、忠宗は、返書を送っています。

- 一六三八（寛永一五）年、切支丹召捕りについて陸奥守より土井大炊頭等宛書簡

急度令啓候。此中於此方きりしたん頭立之者四五人抱置申候。妻子以下人数一八人御座候。於此方成敗可申付候哉。先達被仰越候はうろ右之者共に具尋申候共行衛于今無御座候。重而承付候者則可為申上候。此御報に早々待入候。

陸奥守

三月二四日

土井大炊頭殿
酒井讃岐殿
阿部豊後殿
堀田加賀殿

右の文書中四五人の者の中には、ポルロ神父と親しい盲人喜斎がいました。同年四月朔日付で、白石近く刈田郡宮で捕らえた旨片倉小十郎から石母田大膳に報告されています。仙台藩の苦心探索の中、突然ポルロ神父が自首してきました。

・ポルロ神父自首について石母田大膳より中嶋監物等宛書簡

早便之間令啓候、今十日申上候南蛮伴天連十太夫小人佐次右衛門ニ措置申候ニ付而大学、此中持病煩被申候に而大学駿河相談いたし竹庵療治被為候。然者伴天連被申候は…（中略）…拙者所へ走入候儀此跡後藤寿庵ニ懇意之由及承候間参候由被申候、於此方馳走申事候。伴天連被申候ハ何時被為召上候共存分之通書物仕候間御奉行衆御一覧被成候様ニ申度との念願迄候年を承候へ者六十三に罷成候、二十六に而日本へ渡り申由候、猶此者口上ニ可申候

恐惶惶言

石母田大膳亮宗頼

卯月一九日

中嶋監物様
古内主膳様
古内伊賀様

ポルロ神父は自首の理由とその思いを次のように述べています。石母田大膳が後藤寿庵と懇意の間柄

であって、切支丹に対しても同情的であったこと。領内の取り締まりが厳しくなってきた上に、二六歳で日本に来たのだが、もう六三歳になったこと。病弱であって、もう精根尽き果てたという思いが読み取れます。大膳は、すぐ医者の竹庵に治療させて、御小人（召使）佐次右衛門の家に約一ヵ月預けていたのですが、一六四〇（寛永一七）年四月に江戸に送られました。

・一六三九（寛永一六）年、ポルロ神父江戸送りの宿次手形

此南蛮伴天連従仙台至江戸召寄候間路次中宿次に馬にのせ泊にてはめしをくはせ不欠落之様番をいたし急度可送届者也

寛永一六卯　対馬
　　　　　　豊後
　　　　　　伊豆
　　　　　　右宿中

仙台　江戸へ伴天連召寄候宿次手形壱枚

仙台藩での取り締まりが次第に厳しくなっている状況の中を逃げ回るのは、老齢で病弱なポルロ神父にとって残酷なことと推察できます。捕縛後の取り調べの様子の文書はないのですが、自首後すぐに竹庵に診せていることや食事を取らせて馬にも乗せて護送するほどの配慮は、ポルロ神父が自首して白状したためと思われます。カルバリヨ神父とは護送の待遇に大きな差があります。後藤寿庵と懇意の間柄

で、切支丹に対して同情的であった石母田大膳の人となりが、切支丹の間で伝わっていたことが分かる文書ですが、ポルロ神父の自首を書き付けた唯一の文書になります。

•ポルロ神父二度目の白状についての江戸の久世より大膳宛書簡

…（中略）…伴天連寿庵重而致白状付而御老中より御一ツ書写被遣候、先以御状箱阿部豊後殿へ措上御一ツ書段々

…（中略）…重而近日様子可被仰渡候間其節具ニ可申上候

一、支倉六右衛門口書壱枚

一、田村長門子二人ノ者之儀ニ竜宝寺隠居

一、冨塚弥平次子二人之者ノ儀ニ竜宝寺より書物壱枚

右三枚慥請け取申候委細宮川半之丞口上ニ可被申上候

恐惶謹言　久世九左衛門　花押

一〇月二三日

石母田大膳様

古内主膳様　御館

この書簡は、ポルロ神父が、二度目に白状をしたキリシタン名が挙げられています。ポルロ神父は、

日本名を半右エ門、寿庵、十太夫と称していました。支倉常頼、田村長門の子二人、富塚弥平次の子二人です。これより二年前、支倉常長の長男常頼の家僕与五右衛門と妻きりが捕らえられて、転ばなかったので、吊り殺しの刑を受けて殉教しています。老齢で病弱のポルロ神父にとって、拷問は過酷で到底耐え得るものではなかったのでしょう。この白状によって仙台藩で探索中のキリシタンは芋づる式に捕縛されていったのです。

江戸に送られたポルロ神父は、井上筑後守政重の手によって過酷な取り調べを受けることになりました。井上筑後守政重は、一五八五（天正一三）年、遠江国で生まれました。二三歳の時、二代将軍秀忠に仕えて御書院番になりましたが、秀忠の家臣になる前にキリシタン大名であった蒲生氏郷に仕えていました。その頃洗礼を受けて信者になりましたが、一六一四（慶長一九）年、禁教令が出た時に棄教したと言われています。家光の家臣になってからの出世は目覚ましく、目付、大目付の職に就き一六四〇（寛永一七）年には上総国に一万石を与えられ、宗門改の責任者として外国船の取り締まりとキリスト教禁止の最高責任者として手腕をふるい、幕府の重要人物の一人になりました。棄教した宣教師たちは、小石川小日向にある井上筑後守政重の屋敷に収容されました。この屋敷は、井上筑後守政重の下屋敷でしたが宣教師らを監禁するために、一六四六（正保三）年に造った囲い屋敷（約六百から八百坪）でした。一棟に三部屋ある牢屋が四棟、独房が七つありました。井上の屋敷は「切支丹籠屋敷」と呼ばれて広大な屋敷には空堀がめぐらしてあり、その堀の幅は一間（約一・八メートル）、深さは一間一尺（約二メートル）あり、屋敷の北側は谷になっている地形から「山屋敷」とも呼ばれていました。一七九二（寛政四）年の宗門改め役の廃止まで、キリシタン屋敷が存続したのは一四〇年間ほどでした。

三代将軍徳川家光は当初、キリシタンの捕縛後転宗を勧める方針でしたが、一六三七（寛永一四）年の島原の乱後は、容赦なく殺す方針に変えたのです。その後イエズス会巡察師ヴァリニャーノの指導方針もあって、井上筑後守はキリシタンを残酷な方法で殺すのではなく、キリシタン禁圧政策の責任者の立場から、拷問してでも説得して棄教させるのがよいという考えで屋敷に移しました。捕らえた信者たちの中で大きな影響力を持った宣教師たちを、屋敷の一つに幽閉し、時間をかけて詮議・説得して、秘密のうちに処理したのです。井上筑後守が最初に取り調べたのは、仙台から送られてきたポルロ神父、ペトロ・カスイ岐部、マルチノ市左衛門の三人の神父でした。この時、神父たちを説得するように長崎から幕府が呼びつけたのは、フェレイラ改め澤野忠庵です。フェレイラは嘗ての部下である三人の神父に向かって棄教するよう説きました。フェレイラの説得に対してペトロ岐部は鋭く批判しました。フェレイラは、白洲から姿を隠したと記録されています。この後一〇日間も拷問され、二人は転んでしまいますが、ペトロ・カスイ岐部は最後まで転ばなかったため逆さ吊りの刑に処されたのでした。

八　信仰の光

1、江戸切支丹屋敷に最後に収容された伴天連シドッチの遺骨ではないか、と思われる人骨が屋敷跡から出土したという新聞記事が、二〇一六年に発表されました（『読売新聞』二〇一六（平成二八）年四月五日「宣教師シドッチの墓か」）。シドッチは、牢役人夫妻を入信させたため、地下牢で獄死しています。シドッチが入国したのは、一七〇九（宝永六）年でした。切支丹屋敷が空になって久しい頃、イタリア

2016年(平成28年)4月5日(火曜日)　読売新聞

宣教師シドッチの墓か

新井白石が尋問

東京都文京区は4日、江戸幕府がキリスト教宣教師らを収容した同区小日向の「切支丹屋敷跡」の発掘調査で出土した人骨が、幕府の命を受けた儒学者・新井白石に尋問されたことで知られるイタリア人宣教師ジョバンニ・シドッチ（1668〜1714年）の可能性が高いと発表した。

遺骨 文京で出土

発掘は、マンション建設に伴って2014年7月に行われ、墓の遺構から3体の人骨が見つかった。国立科学博物館などが骨の形態やDNA型を分析したところ、体をほぼ伸ばして埋葬されていた1体がイタリア人と判明。切支丹屋敷に収容された記録がある20人の中にはイタリア人が2人含まれ、埋葬方法や骨から推定される身長などが、シドッチに関する文献の記述と一致したとしている。

シドッチは1708年、禁教下の日本に上陸して捕らえられ、江戸の切支丹屋敷に収容され、地下牢で死亡した。白石がシドッチを尋問して得た情報を基に後に著した「西洋紀聞」と「采覧異言」は、鎖国時代にいち早く海外事情をまとめた文献として知られる。

五野井隆史・東京大名誉教授（キリシタン史）は、「『西洋紀聞』『采覧異言』は、後世の蘭学者が西洋やキリスト教への理解を深め、世界に視野を開くきっかけとなった。きちんと埋葬されていたのも興味深い」と話している。

『讀賣新聞』二〇一六（平成二八）年四月五日

人の伴天連ジョアン・バプチスタ・シドッチが収容されました。屋久島で捕らわれたシドッチ神父は、日本語も通じず、幕府から意見を求められた新井白石が江戸で取り調べることになったのです。シドッチ神父は、キリスト教布教への熱意を語り、天地万物の創造主の話、聖書の話を熱心に語ったのです。儒者白石がそれまで抱いていた西洋人への偏見は狂気的でなくなっていきます。白石は、マテオリッチの「万国坤輿図」の誤りを指摘されたり、ヨーロッパの地理、歴史、風俗等もシドッチから学び、『西洋紀聞』に著しています。福沢諭吉は白石のシドッチからの学びを、日本の洋学の起源であるとしています。これまでの伴天連と同じ処遇にはしたくない白石の思いは、食事や散歩を許可して牢役人に世話をさせました。二〇一四年にキリシタン屋敷跡から発掘された人骨三体は、国立科学博物館による人骨のDNA分析など、関係者による一年以上の分析と検討の結果、発掘から二年後に新聞発表の運びとなったのです。記事の三体の遺骨は、シドッチと牢役人夫妻の三人と思われます。使命と高潔さを持って誠実に生きたシドッチ神父は三百年経った今、光に照らされたのです。

ほぼ全身の骨格出土

千々石ミゲルとみて鑑定へ

諫早・4次調査

『長崎新聞』二〇二一（令和三）年九月一七日

2、日本でのキリスト教布教促進のために、一五八二（天正一〇）年、巡察師ヴァリニャーノと共に、ローマに渡った天正少年使節の一人である千々岩ミゲルは、大村純忠の甥で、有馬晴信の従兄でした。帰国後四人共イエズス会に入会しましたが、ミゲルだけは、後に退会し、キリスト教を棄教して仏教徒になりました。名前を清左衛門と称し、大村藩主に仕えるのですが、棄教の理由は何なのか、晩年はどうなったのか、詳細は不明でした。二〇〇三（平成一五）年、諫早市多良見町で、ミゲルの四男と同じ名玄蕃と裏側に彫られた石碑が発見されました。表に二人の戒名と没月日があり、ミゲル夫婦の墓と推定されました。平成二八年、千々岩ミゲル墓所発掘調査委員会によって組織的に調査をすることになりました。令和三年、ミゲルの子孫と一人の研究者が一七年の歳月をかけた調査が、やっと実ったのです。一号墓からは、キリスト信仰用具の一部や、ミゲルの妻のものと推定される人骨と歯が出土されたのです。紆余曲折はありましたが、その左側に新たな墓壙を発見しました。考古学者の田中先生談として、「二つの墓は、仏教的儀式をしていない。キリストの信仰形態を尊重していた可能性が、非常に高い」という見方を示しています。子孫の浅田氏は、「この墓所の持つ意味を判断するが棄教してはいなかったことを判断する材料となる。一つの区切りがついた。」と話しています。当時の教皇グレゴリウス一三世に謁見し、イタリアの人々に歓迎を受けて、西洋の文化を持ち帰り、一五九一（天正一九）年、帰国した後に、太閤様に謁見して楽器を披露する等の栄光の陰には、それまでの四人の測り知れない忍耐と苦難がありました。

3、一五四九年ザビエルは、日本への宣教を夢見て鹿児島に到着しました。約二年三ヵ月の間滞在した後、一五五一年一一月、鹿児島出身ベルナルド、山口出身マテオの日本人青年を伴いマラッカに向かいました。翌年二月ゴアに帰りました。なぜ、ザビエルは、日本に来たのでしょうか。ザビエルは、一五〇六（永正三）年、バスク地方にあるナバラ王国のザビエル城で生まれました。バスク地方は、イベリア半島の北部からピレネー山脈の南西部まで広がっている地域で、この地方のバスク人は先住民族で、独自の言語を持っていました。バスク地方の両側にあるフランスとスペインから異民族として、特別の目で見られていました。現在でも民族の自治権と数千年もの間つないできた独自の民族文化を保ち続けています。ザビエルの父は、ナバラ王国の大臣でした。イベリア半島の中でも辺境な地域であるナバラは、ローマ文化の影響も遅くキリスト教化が遅れていましたが、九世紀末頃に、ナバラ帝国が独立して建国されると、西ヨーロッパのキリスト教世界とイベリア半島を結ぶ交通の要地となりました。つまり、商業と巡礼の通路の拠点となったのです。バスク地方には、ガラリアの貧しい漁夫であったヤコブとヨハネの兄弟への信仰がありました。ヘロデ王に迫害されたヤコブは、パレスチナで殉教しますが、イベリア半島まで伝導し、数々の奇蹟を起こしたと伝えられています。九世紀初頭にサンチャゴで見つかったヤコブの骨が収められている教会への巡礼には、バスク地方のナバラを通っていきます。後でザビエルと行動を共にする足の不自由なロヨラもバスク地方の貴族の出身でした。東洋にきたザビエルの布教の目線は、貧しい漁村、下層の民衆が中心でした。『バテレンの世紀』（渡辺京二著）には次のように書かれています。

在欧のイエズス会士に送った書信の中で、肉体的に元気だが、日本から「精根尽き果てて」帰ってきたと言っている。四六歳で頭は既に白髪に覆われていた。彼が日本で数々の労苦や危険を経験するまで、自分の中にどれほどの悪と惨めさが潜んでいるか認識していなかったというのも、彼の受けたダメージが大きかったことの証拠である。彼によれば、日本は死ぬほど寒いところだった。食べ物と言えば米と少量の野菜。昼も夜も訪問客が押しかけて質問攻めで、祈りや黙想をする暇もなく、食事と睡眠の時間さえない。日本人は「本当にうるさい人たち」なのだ。しかも常に死の危険に脅かされる。たとえ収穫の見込みは大きいにしても、それを刈り取るには尋常ならざる志操が求められるのである。

イエズス会を背負って日本に来たザビエルは、帰路マカオに寄った時には、心身共に弱っていました。シナ国への布教の意欲は最後まで持ち続けたまま、臨終時は故郷のバスク語で祈るのでした。一五五二年一二月三日、中華人民共和国江門市上川島で召されました。

イスラエルの考古学チーム発見

エルサレムに2800年前地震跡

旧約聖書の記述裏付け？

『河北新報』二〇二一（令和三）年八月三〇日

4、二〇二一（令和三）年イスラエルのエルサレム市内で、約二八〇〇年前に発生したと思われる地震の痕跡を発見した、という新聞記事が出ました（『河北新報』二〇二一（令和三）年八月三〇日「エルサレムに二八〇〇年前地震跡」）。一部抜粋すると、「この時代の地震の跡が見つかるのは、初めてである。旧約聖書に触れられている地震の記述を裏付ける発見である」。考古学チームの学者は、「考古学的発見と聖書の記述が結びつくことで、新たな歴史像が描ける――」と話している。旧約聖書アモス書に「ユダの王ウジャ（中略）の時代、あの地震の二年前に」との記述がある。聖書が現在に蘇った瞬間でした。

5、石母田大膳宗頼とポルロ神父

仙台藩の石母田大膳宗頼は、慶長、元和、寛永にわたり重臣奉行として従事していた時の文書は、切支丹への迫害と弾圧の激しかった寛永一五、六年の様子を知る上で大変貴重です。幕府や藩の動向が詳細につかめて、当時の仙台藩の実情が手に取るように分かるのです。

ポルロ神父が自首した理由の一つに、石母田大膳がキリシタンのリーダー的存在であった後藤寿庵と親しい関係にあったことを話していますが、後藤寿庵は、現在の岩手県奥州市水沢区の見分に領地を拝領している仙台藩の小藩士でした。大阪冬の陣では、鉄砲隊長を勤めています。一六二一（元和七）年、奥羽信徒一七名の筆頭としてローマ教皇パウルス五世へ奉答書を送っています。見分の近隣に水沢城主石母田大膳がいました。二人は気心の知れた間柄だったと推測されます。後藤寿庵が転宗するよう勧める役も大膳が担ったのですが、頑として断わられてしまいます。前述の「宿次送り」にあるような気遣った待遇は、病弱とはいえ当時は考えられないことでした。晩年、諸説ありますが、大膳は切支丹になったと推測されています。宮城県栗原市黄金寺にある宗頼親子の墓には、キリシタンマークが刻まれています。

二〇〇二（平成一四）年、米沢教会が創立七五周年を記念してパレードを行いました。仙台藩のキリシタンが最後に殉教したのは、ポルロ神父の白状によるものでした。しかし、殉教地の北山原まで、三百人の巡礼団の先頭を飾るのは、ローマから届いたポルロ神父の手紙でした。ポルロ神父の手紙がなかったら、七二名の殉教者の存在は、時と共に風化してしまって、米沢の歴史から消え去ってしまう運命にあったのでした。現在を生きる人々にとって「ポルロ神父の手紙」は賛美の対象となったのでした。

おわりに

東北キリシタン研究会では、毎年殉教地の巡検をしているのですが、米沢興譲教会の方々の案内で、一昨年は北山原と周辺の殉教地、西山形地域のキリシタン寺やキリシタンの伝承地を歩きました。郷土史に詳しい方しかご存じない場所もあり、朽ちた墓石が草の中に埋もれているところもあって、来し方を心痛く受け止めざるを得ませんでした。また、中でも松木慶次郎氏宅の山のような文書や天正一八年の墓碑は脳裏から離れませんでした。その後ご迷惑とは思いながら、松木健三先生のお宅にまでお邪魔して、一族の膨大な資料への疑念をお尋ねして、この原稿に至ることができました。松木健三先生ご自身が書かれた「古文書にみる北条郷のキリシタン」「ある一族のキリスト教信仰の記録」「南蛮鉄火鉢のなぞ」等の並々ならぬ労作を快く「ご自由にお使いくださっていいですよ」と複写までしてくださったご厚意に、深謝申し上げます。松木一族が初めに米沢入りした年月日が伊達晴宗の時代だったことに、驚くと同時に、なぜ大和からこの遠隔の東北に来たのか、あるいは招かれたのかという私たちの疑問の明確な答えはまだ見つかっていませんが、当時、大和地方は自然災害のため飢饉に襲われていたので、新開拓地を求めて、キリシタンの一族として集団の村創設のため、松木喜左衛門は二一名を率いて使命を抱いて遥々やってきたのでしょうか。あるいは、南陽市の地域は鉱山が多く、技術者の一団として招かれたのでしょうか。まだまだ多面的に深める必要に迫られるところです。

「松木文書」と共にその後、松木一族に関わる貴重な「列福記念誌」を読ませていただきました。米沢置賜地方の殉教の様子を書いて報告したイエズス会のポルロ神父が、「石母田文書」の切支丹に関わる文書の中に登場するポルロ神父と、同一人物であることに行き着くまで時間がかかりました。記念誌の編集者のお一人であるカトリック米沢教会の森憲一氏にご教示いただいて、何とか納得することができました。一〇年にも及ぶ研究の成果を提供していただきました。本当に頭が下がる思いでした。ポルロ神父がイエズス会の神父としての使命を果たすべく、三七年間東奔西走して信者を増やし、その後管区長としての責任から殉教者を報告せねばならない心情は、どのようなものだったのでしょうか。一六一五（元和元）年に報告された東北の殉教者は、全部で一七六人、その上、秋田では一五〇人が牢内にいると報告されています。ポルロ神父の動きは幕府でも危険視されて、二度も捕縛命令を出しています。行動を共にしたアダミ神父は捕縛されて獄死し、支倉常長とサン・ファン・バウティスタ号で一緒だった渡辺吉内も江戸送りになってしまった状況の中、ポルロ神父は自首しました。老弱な我が身を思って葛藤の中で、使命を果たすべき時の啓示を受けたのではと考えます。そのポルロ神父が約四百年を経た現在、米沢の人々に感謝と尊敬の念を持って迎えられているのです。それにしても、時を経て歴史を俯瞰した時、信仰に身を捧げた人々が存在したという史実だけで意味があるのだと思うのです。

最後に、松木先生、森先生、興譲教会の皆様、高橋呼雪様、米沢の郷土史家で文化財保護委員の清野春樹先生のご支援、写真の記録を担当した高橋邦明氏の協力に改めて感謝申し上げます。

〈追記〉

(1)北条郷

米沢盆地北部の糠野目から北に続く一帯で、宮内、梨郷（りんごう）に至る三〇余村の地域。江戸時代には他の地域に先駆けて青苧の生産に取り組み生活を支えた。

⑵コンフラリヤ

川村信三氏によりますと、「信徒だけで自主運営できる信仰共同体という具体的な布教によって、宣教師が不在となった後でもリーダーと仲間の絆が存続可能になった組織」としています（於仙台白百合女子大学講演会、二〇一九年七月二〇日）。甘糟右衛門の一族も共同体を組織していました。伴天連追放令、切支丹禁教令、といよいよ取り締まりが厳しくなる状況の中で、宣教師が一ヵ所に滞留することも難しい時期は、宣教師に告解しなくても信者に告解することを認めたのです。

一五六一（永禄四）年、江戸に初めて教会が建てられて後、教会が破壊されるまでは、前述のような組織（寄合、講）は、条件付きで認められていましたが、教会が無くなると、教会の代わりになる家に集まって組織の親が中心となり、ミサをあげていました。宣教師がいなくても洗礼を授けることを許可していたのです。イエズス会の場合は、「さんたまりあの御組」（マリア会）、「慈悲の組」などフランシスコ会の場合は「帯の組」と名付けて信者の団結を図ったのです。フロイスは、「京だけでもこうした組が七つか八つあり、婦人たちは婦人たちで、男子とは別に互いに組を組織する方法を講じている」（『完訳フロイス日本史3』織田信長篇Ⅲ「安土城と本能寺の変」282頁）と記しています。

⑶本文の表記に関して、参考資料の引用部分は、文意が通じるように一部変更しています。年号は、明治以降は西暦を省略した年があります。ポルロ神父の呼称は、バプチスタがバプチスト、ポルロ神父がポーロ神父となっている書があります。

参考図書・文献・資料

『山形県史』近世史資料2、一九八五年
『米沢市史』第二巻（近世編1）、一九九一年
『南陽市史』一九九一年
『梨郷村史』一九七九年
『長井市史』一九八四年
『白鷹町史』一九七七年
『宮城県の歴史』一九八八年、『伊達氏ゆかりの歴史を訪ねて』福島県伊達市教育委員会、二〇一三年
『カトリック大辞典』上智大学、一九四八年
『山形県の地名』日本歴史地名体系6、平凡社、一九九一年
「歴史散策 桑折町」桑折町役場まちづくり推進課、二〇一九年
『絆』大学博物館共同企画シリーズ、「東北におけるキリスト教布教と禁教」安髙啓明、二〇一五年
「キリシタン研究」第一一輯、キリシタン文化研究会、吉川弘文館、一九七六年
『米澤史料叢書』第三巻、米澤史談会、一九三三年
「庄内のキリシタン」No.1、庄内キリシタン研究会、一九七七年
「庄内のキリシタン」No.2、庄内キリシタン研究会、一九八一年
「列福記念誌 米沢五十三名の殉教者」米沢カトリック教会、二〇〇九年
『大籠の切支丹と製鉄』（第三版）、藤沢町文化振興協会二〇一七年
浅見雅一『フランシスコ・ザビエル』山川出版社、二〇一一年
安彦公一『新・寿庵の道』胆江日日新聞社、二〇一七年
伊藤幹治「東北農村におけるキリスト教の受容」国立民族学博物館研究報告、一九八六年

今村義孝『蒲生氏郷』吉川弘文館、二〇一五年
浦川和三郎『東北キリシタン史』厳南堂書店、一九五七年
井出勝美『キリシタン思想史』第一部研究編、平成七年
及川吉四郎『みちのく殉教秘史』本の森、二〇〇五年
大橋幸泰『潜伏キリシタン　江戸時代の禁教政策と民衆』講談社、二〇一四年
大塚徳郎編『仙台藩重臣　石母田家文書』刀水書房、一九八九年
沖浦和光『宣教師ザビエルと被差別民』筑摩書房、二〇一六年
奥村幸雄『米沢藩内切支丹の実相』一九七五年
尾崎保博「仙台藩製鉄制度Ⅱ」新文献紹介編、付録「仙台キリシタン史を見直す――製鉄史と関係する地域を中心に」
　産業考古学会、一九九一年
遠藤周作『切支丹の里』中公文庫、二〇〇四年
川村信三『キリシタン信徒組織の誕生と変容――「コンフラリヤ」から「こんふらりや」へ』教文館、二〇〇三年
菅野正道「伊達晴宗と奥羽の戦国時代」宝文堂、二〇一九年
窪田明治『切支丹屋敷物語』雄山閣、一九七〇年
窪田蔵郎「鉄山の信仰とその変遷」「たたら研究」三号、一九五五年
幸田露伴『蒲生氏郷・平将門』改造社、一九二六年
佐々木徹『慶長遣欧使節――伊達政宗が夢見た国際外交』吉川弘文館、二〇二一年
司東真雄『奥羽古キリシタン探訪』八重岳書房、一九八一年
紫桃正隆『仙台領キリシタン秘話　興隆篇』宝文堂、一九六八年
紫桃正隆『仙台領キリシタン秘話　衰滅篇』宝文堂、一九六八年
助野健太郎・山田野理夫『キリシタン迫害と殉教の記録　下巻』、星雲社、二〇一〇年
高木一雄『東北のキリシタン殉教地をゆく』聖母の騎士社、二〇〇一年
只野淳『みちのく切支丹』富士クリエイティブハウス、一九七八年

大宮司慎一『黒川郡隠れキリシタン信仰』龍華院、二〇〇六年
谷真介『江戸のキリシタン屋敷』女子パウロ会、二〇一五年
筒井義之『サムライたちの殉教　米沢1629・1・12』絵　神保亮、ドン・ボスコ社、二〇〇九年
中園成生『かくれキリシタンの起源　信仰と信者の実相』弦書房、一九五五年
延沢恒夫『米沢の殉教者とその余影』カトリック米沢教会、一九九九年
ヴァリニャーノ『日本巡察記』東洋文庫、一九七三年
平山憲治『産金遺跡論集』産金遺跡研究会、二〇二二年
平川新『戦国日本と大航海時代』中公新書、二〇一八年
フーベルト・チースリク『キリシタン史考』聖母の騎士社、一九九五年
古川古松軒『東遊雑記』大藤時彦解説、平凡社（東洋文庫）、一九六四年
星野博美『みんな彗星を見ていた　私的キリシタン探訪記』文藝春秋、二〇一六年
松木健三「松木家の資料」私家版、二〇一三年
松田毅一『キリシタン　史実と美術』淡交社、一九六九年
三浦健『政宗伝「千年の夢」――仙台藩祖の心匠（ノーザン・ソウル）』Next Publishing Authors Press, 二〇二一年
溝部脩「東北のキリタン史ディオゴ・カルヴァリオ神父の生涯」桜の聖母短期大学、二〇〇三年
溝部脩「後藤寿庵が遺したもの」講演資料、二〇〇三年
宮崎賢太郎『カクレキリシタンの実像　日本人のキリスト教理解と受容』吉川弘文館、二〇一七年
村岡典嗣「仙臺以北に於ける吉利支丹遺跡――傳説と史實」「改造」昭和三年一〇月号、一九二八年
山岡荘八『伊達政宗　朝明けの巻』毎日新聞社、一九八一年
矢野孝子「南蛮文化館」南蛮文化館、二〇一六年
矢嶋道文「旧伊達藩に於ける隠れキリシタンとその現況――大籠地区と米川地区における事例研究」『キリスト教と文化』関東学院大学キリスト教と文化研究所所報、二〇〇七年
宮永孝「東京キリシタン屋敷の遺跡」「法政大学社会学部学会　社会志林」六〇巻一号、二〇一三年

結城了悟『米沢の殉教者』日本二六聖人記念館、一九八七年
ルイス・フロイス『完訳フロイス日本史』中公文庫、二〇〇〇年
レオン・パジェス『日本切支丹宗門史』クリセル神父校閲、吉田小五郎訳、岩波書店、一九三八年
渡辺信夫『東北の街道　道の文化史いまむかし』東北建設協会、一九九八年
渡辺京二『バテレンの世紀』新潮社、二〇一七年
吉田小五郎『キリシタン大名』至文堂、一九七三年

『米川新聞』からみえるキリシタンと地域社会

佐藤　和賀子

戦後、女性が参政権を得て、最初の市町村議会の議員選挙が、一九四七（昭和二二）年四月に実施されました。宮城県では一三人の女性が議員に当選しました。その中の一人が、米川村出身の沼倉たまきです。沼倉たまきは米川村の議会議員に当選して以来、一八年間の長きにわたり一度も落選することなく、議員としての務めを全うしました。そのような沼倉たまきに、かねてより非常に関心を持ち、『米川新聞』（以下、『　』をはずして記す）にも巡り会うことができました。米川新聞は、沼倉たまきが議員をしていた時期に一五年間発行された新聞です。

私は二〇一八（平成三〇）年に論文「沼倉たまきの生涯と業績――「米川新聞」（一九五一―一九六五）からみえる戦後東北の農村社会」（『東北学院大学東北文化研究所紀要』第五〇号）を執筆しました。論文を執筆した後に、新たに発見された米川新聞を含めて、現在では総数五〇〇号のうち四九〇号分が発見されています。その中からキリスト教に関連する記事を紹介いたします。

一　米川新聞について

最初に、米川新聞の名称変遷と町村合併との関係について、お話しいたします。米川の場所を地図（資料1）で確認いたします。地図のⒶが米川です。現在の宮城県登米市東和町米川です。Ⓑは、後で説明します大籠、現在の岩手県一関市藤沢町大籠です。地図には、宮城県気仙沼市がありますので、おおよその位置はお分かりかと思います。

米川新聞は、一九五一（昭和二六）年一月一五日に創刊され、終刊は一九六五（昭和四〇）年二月二一日です。米川新聞の名称は、町村合併との関係もあり三回変わっていますので、米川地区の町村合併についてお話しいたします。一八八九（明治二二）年四月一日に狼河原村と鱒淵村が合併して米川村になります。新聞が創刊された時は米川村でした。当時の米川村は人口が五千八百人ほど、農耕地の少ない山村で、煙草や養蚕や製炭が主な産業でした。その後、米川村と錦織村が合併して、一九五六（昭和三一）年九月三〇日に日高村になりました。新聞の名称も日高新聞に変わりました。新聞

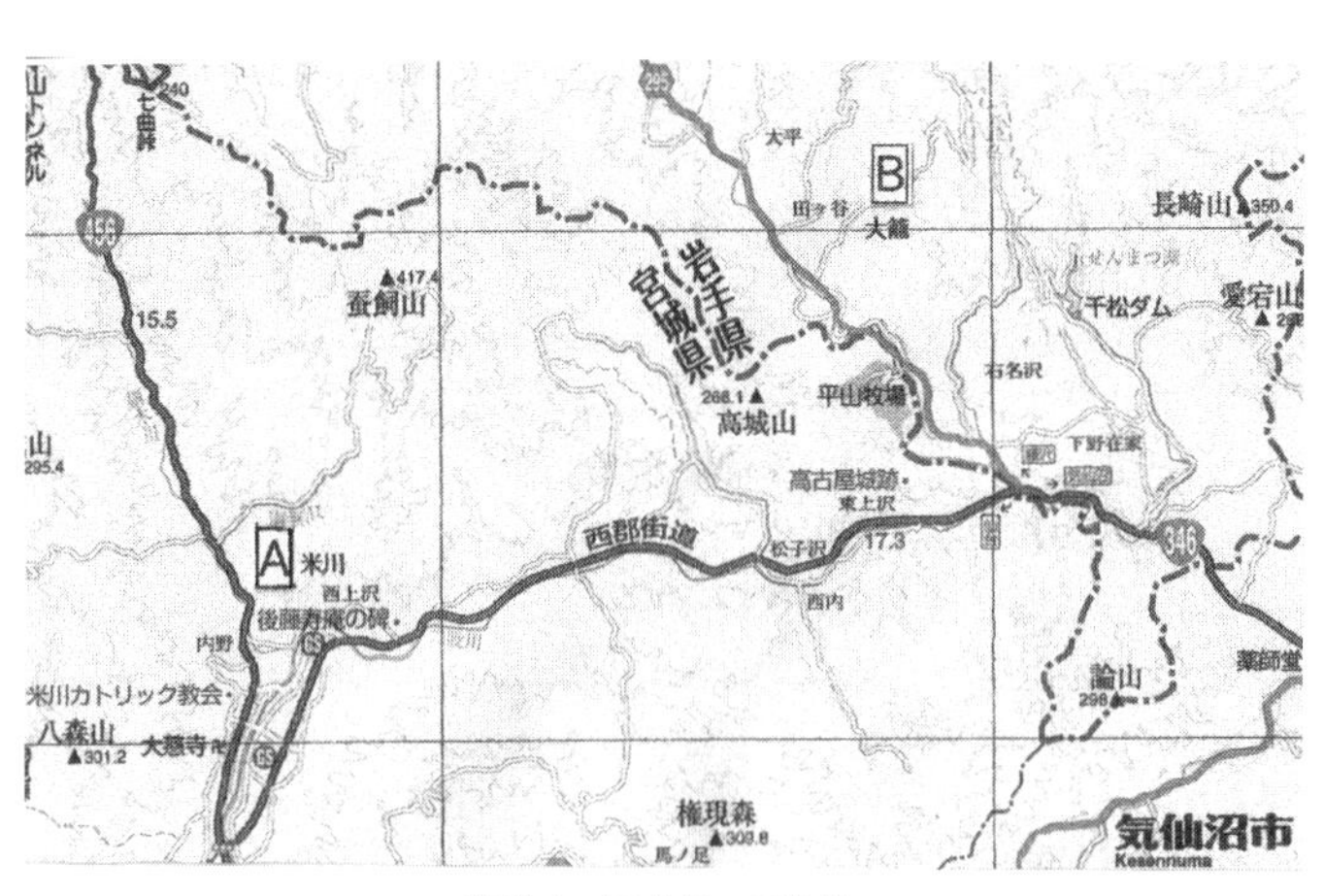

資料1　Ⓐ米川、Ⓑ大籠

の名称が変わっても、号数は通し番号ですので、以下号数でお話を進めます。

米川村議会では、正式合併が決定される一年半前、一九五四（昭和二九）年三月二六日に錦織村との合併が決議されました。その直後に発行された一一四号（一九五四年四月一日）の「波紋」という読者投稿欄には、次のような意見が掲載されました。


本村と錦織の両村の合併が決定され、本村としては新町村構成の第一歩を踏み出したのではあるが、第一の念願たる米川の主体性確立には、今後の大籠部落との併合が是非必要である。


記事にある大籠部落という表記ですが、この場合の部落とは地区というほどの意味で、それ以外の意味はございません。大籠は米川の隣地区で、キリシタン遺跡がある点で共通しています。

ここで大籠地区の変遷を確認しますと、一八八九（明治二二）年、大籠村は津谷川村と保呂羽村と合併し、各村の頭文字をとり、岩手県東磐井郡大津保村となりました。さらに、一九五五（昭和三〇）年に大津保村の旧大籠村と旧保呂羽村は近隣の町村と合併し、岩手県東磐井郡藤沢町となりました。その後、二〇一一（平成二三）年の合併で岩手県一関市藤沢町大籠となり、現在に至ります。旧米川村の人々の「第一の念願」は、現在も果たせないままになっています。

米川地区に話を戻します。米川村と錦織村が合併して、一九五六（昭和三一）年九月三〇日に日高村が誕生した時、人口は八千五百人ほどでした。当時の県は、人口一万人以上の広域合併を地元に強く勧奨しました。その結果、合併から一年も経たない一九五七（昭和三二）年五月一日に、日高村と米谷町が合併して東和町になりました。この時、新聞の名前は東和新聞とはならずに、北星新報に改称しました。しかし、一一ヶ月後に、名称は再び米川新聞になります。変更の理由は、購読者の大部分が米川地区の住民であり、従来通り、米川地区の地域情報を求める声が非常に大きく、要望に応える紙面作りをするために、名称も米川新聞になりました。名称の変遷を振り返ると、新聞が発行された一五年間に、米川新聞から日高新聞に、さらに北星新報となり、最後に創刊時の名称である米川新聞に戻りました。

次に、米川新聞について具体的にご説明いたします。

米川新聞の形態は、藁半紙（ほぼＢ４サイズ）にガリ版で両面印刷された二頁です。発行部数は三五〇部前後、月三回の発行で、購読料は一五円（一九五三年当時）でした。編集に関わった人々は「同人」と呼ばれました。「同人」メンバーは議員の沼倉たまきを中心に、教員、郵便局員、役場職員、農民、主婦などで、年齢も職業も多様な人々でした。配達は「小さな同人」と呼ばれた高学年の小学生や中学生が担当し、その報酬は不明ですが、年に一度、バスで松島等へ行く遠足のご褒美がありました。

米川新聞の特色は、詳細な議会報告が掲載されたことです。議会報告は沼倉たまきが担当しました。しかし沼倉たまき個人の議会活動の報告ではなく、あくまでも議会の会議録で、詳細な記録を残しています。米川新聞は一般紙と同様に多様な内容で、論説があり、「桑の実」という朝日新聞の「天声人語」に相当する欄もあります。不定期に農事放談、農事メモなどの農業関連記事が掲載されました。広報紙が学校、教会、公民館、婦人会になかった時代には、それらの広報紙の役割を果たし、学校の行事予定や人事異動が載ることもありました。「波紋」という読者投稿欄や、「ほそみち」という風刺の効いたエッセー欄もあります。時々、小学生向きの景品付きクイズが出題されました。景品は文房具で、多分、貧しい家の子どもたちに景品という形で、文房具がプレゼントされたと推察いたします。出生欄、死亡欄、会葬御礼、火事見舞い、商店の広告等も載りました。

二　米川新聞編集発行人　沼倉たまき（一八九六―一九九〇年）の生涯

沼倉たまきは一八九六（明治二九）年に米川村で生まれました。沼倉家は江戸時代から続く医者の家です。父の精一郎で五代目と言われております。たまきが生まれる五年前の一八九一（明治二四）年、沼倉家は宮城県石巻町の安田家から昌平という一二歳の男の子を養子に迎えています。たまきは一九一四（大正三）年、宮城県女子師範学校を卒業し、その翌年に米川村の小学校の教員になりました。一九一七（大正六）年には、朝鮮総督府に勤務していた義兄を頼り朝鮮に渡り、日本人学校に勤務しました。義兄の勧めで、一九一九（大正八）年に婿養子縁組の結婚をして、朝鮮で生活を続けました。しかし、その翌年には夫が亡くなり、その三ヶ月後に長男隆文が誕生します。一九四一（昭和一六）年、朝鮮でたまきと一緒に暮らしていた母りんが亡くなりました。その二年後、一九四三（昭和一八）年には、長男の隆文が結核を患い二三歳で死去しました。

資料２　米川村議会議員　沼倉たまき
（出典『登米郡米川村誌』）

終戦後、たまきは母と夫と息子の三つの位牌を持って故郷米川に戻り、一九四六（昭和二一）年に米川小学校に勤務しました。

翌年には、米川中学校に転勤し、中学校に在職のまま米川村議会議員に立候補して当選いたしました（資料2）。当時は教員と議員を兼務することができたようですが、今はこのようなことはできません。一九四七（昭和二二）年四月三〇日に米川村議会議員に当選し、その後も日高村議会議員、東和町議会議員に連続当選して、一九六五（昭和四〇）年五月一四日まで議員を続けました。

その翌年、一九六六（昭和四一）年に洗礼を受けました。洗礼名はモニカです。一九九〇（平成二）年に九四歳で亡くなりました。たまきは、一九八五（昭和六〇）年に沼倉正見・満帆夫妻と養子縁組をしました。沼倉正見は米川出身の画家、高校教員の満帆は、たまきが朝鮮で小学校の教員をしていた時の教え子です。

三　沼倉たまきの議員期間（一八年間）と米川新聞の発行期間（一五年間）との関係

たまきが、米川村議に就任してから三年八ヶ月が過ぎた一九五一（昭和二六）年一月一五日に、米川新聞は創刊されました（資料3）。「発刊の辞」に「米川新聞がこのたび発刊されたのは、明瞭な村を再建するため」とあります。

米川新聞は、一九六五（昭和四〇）年二月二一日に発行した五〇〇号（資料4）を最後に廃刊になりました。「米川新聞の廃刊に際して」には「終戦五年という頃、米川村にも正しい民主主義を育てようと同士が集まって新聞を発刊した。その功罪は読者の判断に委ねたい」とあります。たまき自身は、その三ヶ月後の一九六五（昭和四〇）年五月一四日に一八年間の議員生活を終えました。

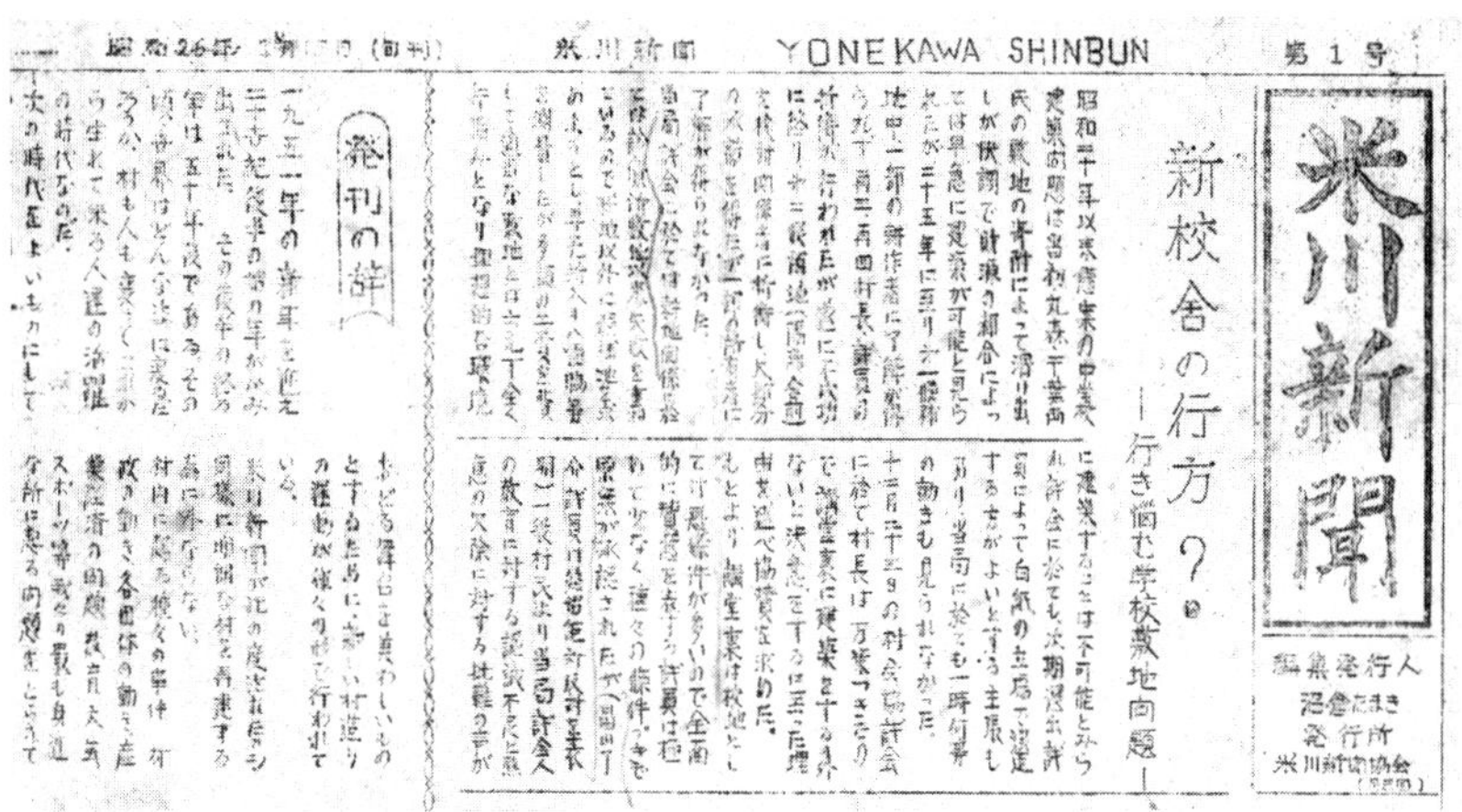
昭和26年1月15日（旬刊）　米川新聞　YONEKAWA SHINBUN　第1号

米川新聞

編集発行人
発行所
米川新聞協会

新校舎の行方？

—行き悩む学校敷地問題—

発刊の辞

資料3　米川新聞創刊号（1951年1月15日）

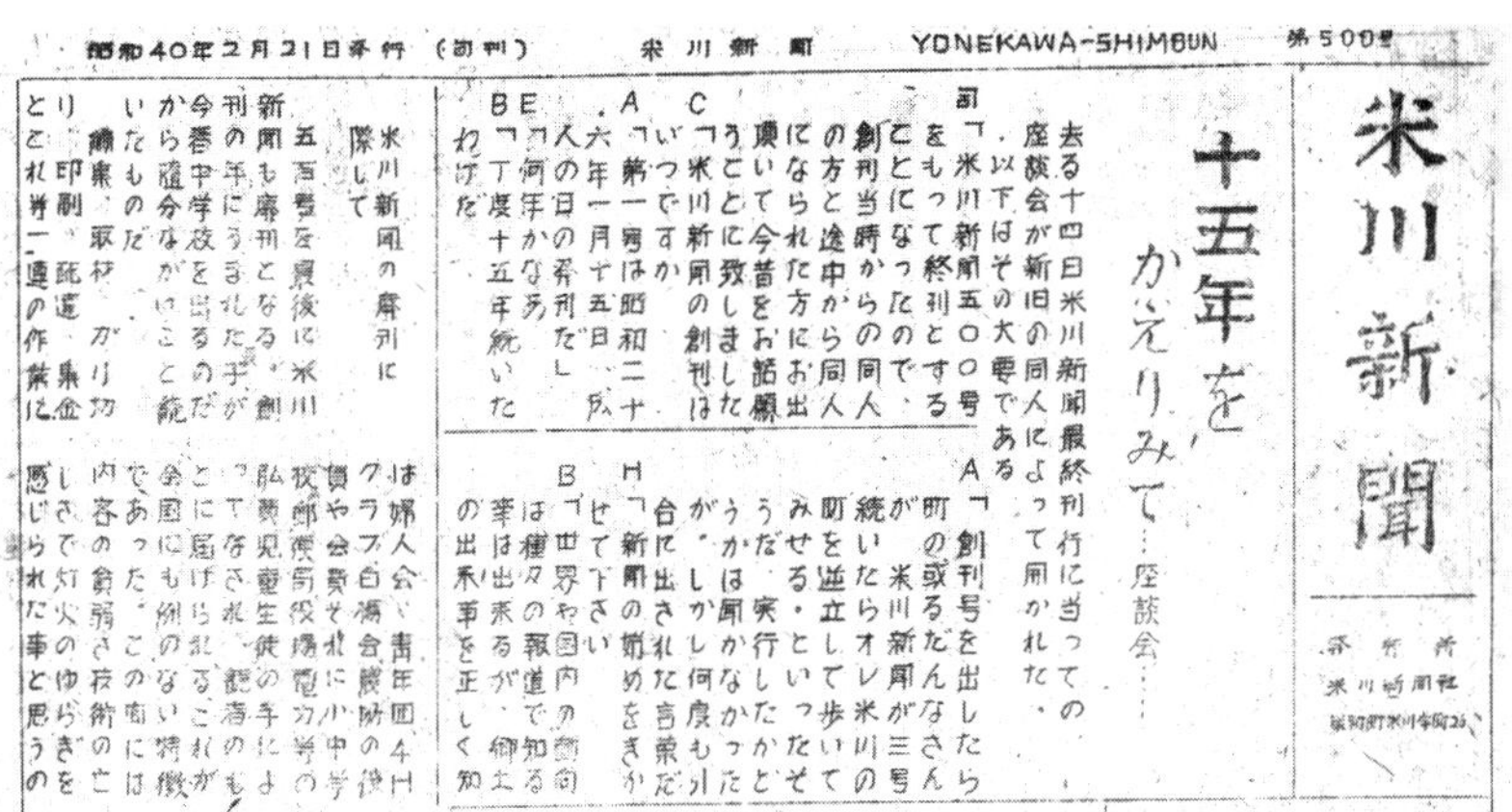
昭和40年2月21日発行（旬刊）　米川新聞　YONEKAWA-SHIMBUN　第500号

米川新聞

発行所
米川新聞社

十五年をかえりみて…座談会

去る十四日米川新聞最終刊行に当っての座談会が新旧の同人によって開かれた。以下はその大要である。

司会「米川新聞五〇〇号をもって終刊とすることになったので、創刊当時からの同人の方と途中から同人になられた方にお出で頂いて今昔をお話し願うことに致しました」

C「米川新聞の創刊はいつですか」

A「第一号は昭和二十六年一月十五日」

資料4　米川新聞500号（1965年2月21日）

以上のように、米川新聞はたまきの議員生活と共に歩んだ新聞と言えます。編集責任者は一号から二二一号までは沼倉たまきです。その後、二二二号から四〇六号までは東北電力に勤務する亀掛川貢一、それ以降の編集責任者は、個人ではなく米川新聞社になっています。

四　米川新聞に掲載されたキリスト教に関連する記事

前置きが長くなりましたが、本日のメインテーマである米川新聞に掲載されているキリスト教に関連する記事についてお話しいたします。キリスト教関連記事は、その内容から三つの時期に分けられます。第一期は隠れキリシタンの遺跡や資料の発見が相次いだ時期で、一九五一（昭和二六）年から一九五三（昭和二八）年です。

八号（一九五一年三月二五日）には「カトリック聖人　後藤寿庵の墓発見さる」と見出しがあります。墓とされる墓石の絵が掲載され、「一天齢延壽巻主」と読める文字があります。後藤寿庵について長文の記事がありますので、次に内容を要約します。

後藤寿庵の前の名は岩淵又五郎で、葛西氏の家臣である兄が戦死、葛西氏が没落後、又五郎は諸国を放浪し長崎でキリスト教徒になった。京都の商人田中勝助と親交を結び、田中の推薦で伊達政宗の家臣になり、その時、後藤と改姓し、現在の岩手県水沢市福原の地に領地を与えられた。福原に堰（寿庵堰）を作り農業の発展につとめた。キリシタンの迫害が激しくなり、政宗は片倉小十郎に捕縛を命じるが、寿庵は逃れ、元和九年十二月以来、行方は不明になったと伝えられている。

元和九年は一六二三年です。その前年に元和の大殉教が長崎でありました。五一号（一九五二年六月二一日）には「訪う人繁き　寿庵師の墓」、五三号（一九五二年七月一一日）に「後藤寿庵墓参の名士」と寿庵関係の記事が続きます。五三号の「名士」とは、全日本観光事務局と宮城県観光課の関係者です。キリシタンの遺跡を観光資源にしようとする動きがあったようです。五五号（一九五二年八月一日）では、一九五二（昭和二七）年七月一六日の岩手日報に掲載された「岩手県南部家の古文書によれば寿庵の系統をひく信者が八十四人いた」という記事を紹介しています。しかし、五九号（一九五二年九月一一日）には新しく後藤寿庵の墓碑がつくられ、仙台と一関の教会が協賛で落成式をおこなったという記事が掲載されています。では、八号で後藤寿庵の墓と紹介された「一天齢延壽巷主」と、この新しくつくられた墓碑との関係はどうなるのでしょうか。当時の米川新聞には、その関係については全く書かれておりません。

米川新聞が「一天齢延壽巷主」の墓について報道してから四〇年後に、郷土史家の沼倉良之氏は『洞窟が待っていた仙北隠れキリシタン物語』（宝文堂、一九九一年）という一冊の本を著しました。その中で、「一天齢延壽巷主」の墓が、一九五一（昭和二六）年三月一八日に旧米川村で発見されて後藤寿庵の墓と報道されたが、その墓は、後に「狼河原村高人数御改帳」から後藤正八の墓であることが確認された、と記しています。

米川新聞にお話を戻します。六〇号（一九五二年九月二一日）には「聖地における荘厳ミサ」という見出しの記事があります。新しくつくられた後藤寿庵の墓碑の前でミサが行われ、その様子はＮＨＫから全国に放送の予定である、と書かれています。この六〇号には、じゅあん羊かん本舗の広告があります。包装紙に十字架があり、十字架の部分に「じゅあん羊かん」と印刷されています。六一号（一九五二年一〇月一日）では、宮城県史編纂委員の只野（淳）・小原（伸）・岩間（初郎）の三氏が米川綱木沢の小野寺藤右衛門宅を調査して、キリシタンに関する重要な古文書を発見したとあります。この古文書は、小野寺宅の仏壇から発見された巻物で、大きさは縦一二センチ、横一二〇センチほどで、その中に三経塚の由来等の記述があったようです。この巻物については、私が二〇一八（平成三〇）年八月に米川を訪ねた時に、地元の郷土史家の方に巻物の所在を確認したところ、現在は不明で、貸した後に戻ってこなかった、ということです。六八号（一九五二年一二月一一日）には「子安観音三体発見」の記事があり、宝ノ沢で二体、毘沙門天の堂内で一体発見され「何れもマリアを観音様や地蔵様の形にして礼拝したものです」と説明があります。

七五号（一九五三年二月二一日）で、沼倉良之氏は前述の巻物「老聞並伝説記」（注、『洞窟が待っていた仙北隠れキリシタン物語』では「伝説並老聞記」と記している）にある「三経塚之事」の部分を紹介しています。しかし、新聞の印刷が不鮮明ですので、読める部分だけを記します。

鉱山盛りし処　東磐井郡保呂羽村千松大篭村より製鉄方お役人が来り　神仏の信仰を語り教え人々は皆尊び申候処　其後は伊達様の御役人参り　信者を集めて打ち首となす張付となす　手と足に釘を打つ……死体と経文を埋候　鉱夫の人数は三ヶ所……一場所に四十人位……享保年間の事

七六号（一九五三年三月一日）には、「老聞並伝説記」から「隠れ籠の由来」の部分が紹介されています。

（旅人が）享保九年八月十五日夜、磐井郡一関より黄海に行くために一夜の宿を願うにより　是を許したるも出発は何時とたずねしに　明朝五ッ刻と語りし時　門外に人の声するあり　これは追手の役人なりこの家に五〇位の男あらば差出すべしとの事　その中に裏門より出で山に登りて一夜を明かす……かくれた所を隠れ籠と呼んでいる……旅人はついにつかまって磔になったという

第二期は、小林有方司教が米川村を訪問し、その後に集団洗礼や聖堂建設等がおこなわれ、教会活動が活発になった時期で、一九五四（昭和二九）年から一九六〇（昭和三五）年頃です。小林司教は仙台教区長を退いた後に、一九七一（昭和四六）年八月に第八代米川教会の主任司祭に就任されました。

小林司教は「米川と私」というエッセーを、一九八〇（昭和五五）年に発行された『身も魂も　米川カトリック教会創立二五周年記念誌』に寄せています。

私が……仙台教区長に任ぜられたのは、昭和二十九年の春三月でした……（只野淳氏が）「宮城県北に、米川という不思議な村があります。三百五十年前の殉教者の子孫の住む村落です。殉教の遺跡も数多くありますから一度行ってみませんか」そして、私は、誘われるままに、何気なしに、二十九年の夏の一日、

その米川に第一歩を印ました。

この時の記事が、一二四号（一九五四年七月一一日）に「尊厳と愛情をもって来村を語る」の見出しで掲載されています。小林司教が初めて米川に来られてから一年後、一九五五（昭和三〇）年七月一〇日に集団洗礼がありました。一五九号（一九五五年七月一一日）には「全国的にも異例の式」「七月十日の受洗者は百八十四人で、その中で大人が三十八人、大部分が小中学生であった」とあります。次は同号の社説です。

去る十日、一八四名が受洗された事は本村何百年来の快事である……われわれの祖先がキリスト教を信仰し、百二十の殉教者を出した聖地である事は、つい近日まで誰一人、口にする者のなかった……人類愛に生き抜くべく改宗された方々のその英断、ひたすら良い子たれと、わが子を神に託すべく受洗させられたご両親の決断に対し、心から敬意を表したい。願わくは受洗者のすべてが、村人の心のともしびとなられるよう祈ってやまない。

この米川の集団洗礼は『アサヒグラフ』（一九五五年七月二七日号）で「バテレン村に主は来ませり—宮城県登米郡米川村—」という題で紹介されました。集団洗礼がおこなわれた時、米川には聖堂がありませんでした。洗礼式は米川小学校で行われました。集団洗礼がおこなわれた七月一〇日は農繁期で、昼間は忙しかったので夜に行われました。『アサヒグラフ』には手にロウソクを持った写真が掲載されています。『アサヒグラフ』の記者が、受洗した少年に「どうして集団洗礼を受けたの」と問うたところ、「母ちゃんが、まぁええじゃろう」と答えた、と記事にあります。

米川新聞にお話を戻しますと、一八一号（一九五六年三月一日）では、米川の聖マリア保育園の開園を知らせています。二四一号（一九五七年一一月一日）には「カナダ　レミュ大司教の贈物」の見出しで、聖堂落成の記事が掲載されています。小林司教は米川に聖堂を建設するためにカナダに行き、江戸時代に殉教があった米川で集団洗礼が行われたことを講演しました。その結果、浄財が集まり、聖堂建設が実現したと報じています。

三〇一号（一九五九年七月一〇日）には「集団洗礼四周年」の見出しで、次の記事が載っています。

七月十日は米川カトリック教会に於ける第一回集団洗礼の記念日にあたり、教会では……ミサを捧げることになっている……信者たちも追々増え信仰生活も漸く板について来つつある。保育園事業その他教会を中心とした仕事も着々と実績が上がって居り今後が期待される。

前掲の『身も魂も　米川カトリック教会創立二五周年記念誌』によると、同誌が発行された昭和五一（一九七六）年の時点で、米川教会と米川教会の巡回教会になっていた大籠教会の両教会で受洗した人は、臨終洗礼の人も含めて五四〇人です。

第三期は、米川カトリック教会の神父の随筆が掲載された一九六〇（昭和三五）年から一九六三（昭和三八）年の時期です。

一九六〇（昭和三五）年に米川カトリック教会は、教会報の「じゅあん」を発行します。それ以降、米川新聞には教会関係の記事は少なくなりますが、神父のエッセーが掲載されるようになりました。その中から三例をご紹介いたします。三四七号（一九六〇年一一月一日）には浅沼事件について平田浩神父が寄稿しています。浅沼事件とは、一九六〇（昭和三五）年一〇月一二日に、社会党委員長の浅沼稲次郎が右翼の青年に刺殺された事件です。このように神父のエッセーには、当時の社会状況を反映した内容が多く、三七九号（一九六一年一〇月一日）の島村泰三神父のエッセーの題は「世界の関心は核実験」です。このエッセーが掲載される一ヶ月半前の八月一三日には、冷戦の象徴ともいうべきベルリンの壁が構築され、九月二日に日本政府はソ連の核実験再開決定に抗議しています。

ベルギー人の村首ステファノ神父は「青い目で見た米川」の題でエッセーを連載しています。辛口の内容の時もあり、四三二号（一九六三年四月一日）では「私は出来るだけ他人の私生活に、お互いに余り興味を持たない方が良いと思います。私生活、これは私達の自由の一つです」と書いています。

五　カトリック布教からみた米川新聞の評価

米川新聞をカトリックの布教という観点から考察した時、米川新聞に対する評価の一つに「間接の布教」という意見があります。これは『身も魂も　米川カトリック教会創立二五周年記念誌』に掲載されている意見です。

記念誌の編集に当たって、かつての米川新聞の記事から教会関係のものだけを抜き出したら、実に豊富な資料になりました。高橋神父様が「じゅあん」の中でおっしゃっているように、間接の布教をしてくれたといえます。

この「間接の布教」という評価ですが、前述の通り、教会報「じゅあん」が発行される前には、米川新聞が教会の広報紙の役割を果たしていました。その結果として「間接の布教」になったということで、米川新聞の編集者が、布教することを第一の目的に記事を書いたのではないと思います。その理由は、米川新聞は公平な報道を第一に心がけていたと推察できる記事があるからです。

一四三号（一九五五年一月二四日）に「新春座談会　若い世代に聞く」という企画があります。ある青年の意見として「自分だけが幸福になるのならば宗教によって出来ようが、家族を幸福にするためには、それに経済がともなわないことには」という率直な意見を掲載しています。

三五九号（一九六一年三月一日）には辛口のエッセーを載せている「ほそみち」という欄があり、次のような文章が掲載されています。

すがすがしく迎えた旧正月元旦、口をすすぎ　身を清めたお父さん、うやうやしく神ダナの前に進んで「五穀ホージョー、国家安全とかしわ手うてば、今年七つのA子ちゃんと五つのS坊、保育所のおしこみよろしく「チチトコト　セイレイノ　ミナニヨリテ　アーメン」……これに続いたのは三才になったT坊や「ナンミョーホーレンゲッチョ、ナンミョーホーレンゲッチョ」……ところが昨夜来の年越パーテーで

大分夜更かしをし　遂に今朝に及んでやっと床にもぐり込んだハイテーンのＫ君の床の中から「アアアリガタヤ　アリガタヤー」

この最後の「アアアリガタヤ　アリガタヤー」というのは、一九六〇（昭和三五）年に某歌手が歌って流行した「ありがたや節」の一節です。文中の「五穀ホージョー国家安全」の「国家安全」は誤記ではないと思います。この文章が掲載された前年の一九六〇（昭和三五）年は安保闘争があった年です。そういう時代を反映して「家内安全」を「国家安全」に書き換えたと推察いたします。この「ほそみち」のエッセーから分かる重要な点は、父親だけが伝統的な宗教儀式を継承しているということです。これに関しては、伊藤幹治氏が『東北農村におけるキリスト教の受容』（『国立民族学博物館研究報告』一一巻一号、一九八六年八月二五日）という論文の中で、「家督相続者非受洗の法則」と書いています。「家督」ですから一般的には父親です。東北の農村では父親はキリスト教徒にならない、ということが「ほそみち」からも読み取れます。

まとめ

本日の共通テーマは「現代につながる隠れキリシタン」です。私はこのテーマに沿って米川新聞について紹介させていただきました。この米川新聞を、戦後すぐに一五年間にわたり発行を続けた米川地区の人々と、隠れキリシタンには、幾つかの共通点があるように思われます。

私が申し上げるまでもなく、隠れキリシタンは既存の宗教を否定し、キリスト教という新しい信仰に生きた人々です。戦後、女性は参政権を得ましたが、女性が議員として活躍する機会は、特に農村では閉ざされていました。しかし、米川の有権者は、女性で、しかも政治的な手腕が未知数である沼倉たまきを議会に送り、一八年間も地域の政治を託しました。このような有権者の選択は、既存の価値観にとらわれない点では、隠れキリシタンと通じるものがあります。

隠れキリシタンの信仰を守る強い意志は、信仰の持続性と勤勉な信仰生活にあらわれています。米川新聞が一五年の間、一回も休刊がなかったことは、米川の人々の持続力と勤勉の成果です。

これも未信者の私が言うことではございませんが、キリスト教は神の前の平等を説く教えです。米川新聞の編集者たちが、自らを「同人」と呼んだことは、象徴的なことです。「同人」には年齢や男女の差もなく、学歴も多様で、職業も多彩です。様々の経験と能力を持った人々が結集し、新聞発行を担いました。もちろん、米川新聞の担い手は編集者のみならず、米川地区の購読者もその一員です。

以上のことから、戦後の米川地区の人々の中には、隠れキリシタンと同じような精神が生き続けていたと思います。ご清聴ありがとうございました。

（二〇二〇年一月二五日　講演）

〈追記〉

本講演は拙稿「沼倉たまきの生涯と業績――「米川新聞」(一九五一―一九六五)からみえる戦後東北の農村社会」(『東北学院大学東北文化研究所紀要』第五〇号、二〇一八年一二月)から、本講演のテーマ「現代につながる隠れキリシタン」に関係がある部分を抽出して加筆した内容に、論文の発表後に発見された資料を加えて講演内容を構成しました。本稿では講演で提示した資料の一部を割愛していますので、講演原稿を文意が通るように一部変更しています。

なお、『東北学院大学東北文化研究所紀要』(第五〇号)に掲載の拙稿の一部を、本書に改めて掲載するにあたり、東北学院大学東北文化研究所からご許可をいただきました。

福島のキリシタン——泰西王侯騎馬図屏風伝来に関する一考察

佐藤　芳哉

はじめに

キリシタンにまつわる史実は全国各地に点在しており、それは福島も例外ではない。そのため、これまでも福島に関連するキリシタン史やキリシタン関連資料は会津地方を中心に多数報告されており、キリシタン関連の書籍でも紹介されてきたため、決して認知されていないわけではない。しかし、調査研究という意味ではほとんど対象とされておらず、地元の郷土史家たちがいくつかの考察や検討は行っているものの、少なくとも今日のキリシタン学ではほとんど対象にされていない地域と言えるだろう。

しかし、福島におけるキリシタン史はキリシタン大名の蒲生氏郷の会津入城に始まり、猪苗代城主岡越後が主導したと思われる一斉改宗、初期洋風画の大作《泰西王侯騎馬図屏風》（図1、2）が会津鶴ヶ城に伝来していたこと、多数のメダイ（図3）が福島市腰浜町から発見されていることなど、史実としても遺物としても興味深い点が多く、キリシタン学として十分に注目に値する地域であると筆者は考えている。

本稿では、福島のキリシタン史について会津を中心に改めて概観し、今日伝わるキリシタン関連とされる資料や遺物を紹介する。あわせて会津の鶴ヶ城に伝来していたとされる初期洋風画の大作《泰西王侯騎馬図屏風》がどのような経緯でこの地に伝来してきたのか、考察を試みたい。

図１ 《泰西王侯騎馬図屏風》神戸市立博物館蔵

図２ 《泰西王侯騎馬図屏風》右、サントリー美術館蔵

図２ 《泰西王侯騎馬図屏風》左、サントリー美術館蔵

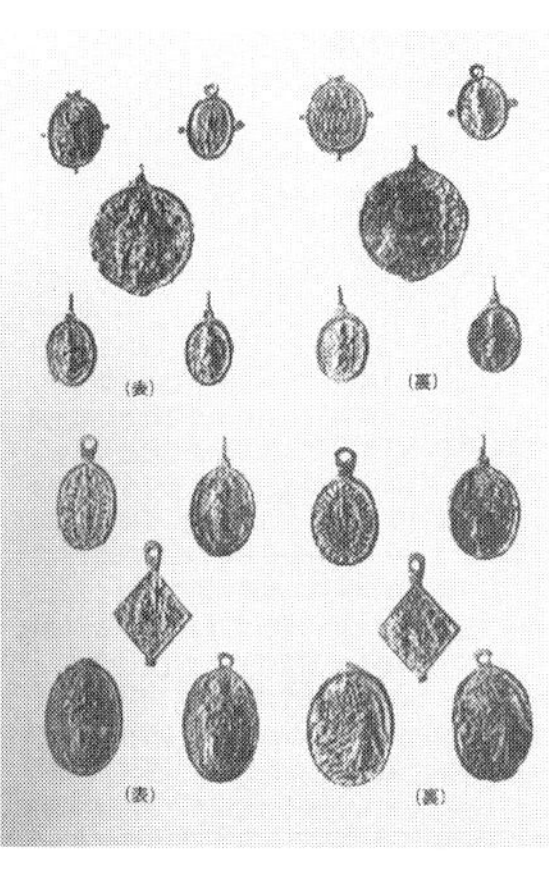
図3　腰浜町発見メダイ

先行研究

福島のキリシタン史に関する記述の特に早い例としては、姉崎氏の『切支丹伝道の興廃』[1]（一九三〇年）が挙げられる。福島に関してさらに詳細な記述は浦川氏による『東北キリシタン史』[2]（一九五七年）や『切支丹風土記　東日本編』[3]（一九六〇年）に掲載されている山口氏と梅宮氏の「福島の切支丹」に見ることができる。

その後も会津を中心としたキリシタン史が地元の郷土史家たちの注目を集め、猪苗代地方研究会による『会報第七号　切支丹特集号』[4]（一九七三年）や小島氏の『会津切支丹物語』[5]（一九七八年）、山内氏の『会津のキリシタン』[6]（一九八四年）がある。二〇〇〇年代以降では会津農村伝道センターに勤めていたクラーク夫妻による『会津のキリシタン』[7]や小堀氏の『会津キリシタン研究』（二〇〇四–二〇一二年）が挙げられる。その他、高木氏の『東北のキリシタン殉教地を行く』[8]（二〇〇一年）や近年出版されたキリシタン関連の重要書籍『キリシタン図譜』[9]（二〇二一年）にも福島に関する記述が見られる。

これらの著書のなかでも、特に地元郷土史家によるものは大変興味深いフィールドワークに基づく研究や考察がなされており、福島におけるキリシタン史を紐解く上で重要な手がかりになる。一方で、当時のキリシタン用語や宣教師活動などの理解不足、知識不足が窺える部分も多数あり、紹介されている内容についてはいま一度検討と検証が必要と思われる箇所も見受けられる。

これらの興味深い先行研究は今日の最新のキリシタン学に照らして再検証することで、福島におけるキリシタン史を一層明らかにすることができると筆者は期待している。特に山口氏によるフィールドワークについては、詳細な研究ノート（図4）が現存しており、調査時期がかなり早い点、多くの類族帳の発見に寄与している点、民俗学者として学術的な調査がなされている点からも、再検証する上でとても貴重な資料と言えるだろう。本稿においてこれらの先行研究を詳細に検証することは叶わないが、これらの著書を参考に、ここでは福島のキリシタン史を再整理して紹介する。

図4　山口弥一郎『会津キリシタン史資料』
磐梯町所蔵（福島県立博物館寄託）

福島のキリシタン史

福島のキリシタン史を語る上で重要となるのが会津領とキリシタンの関係である。キリシタン大名として知られる蒲生氏郷の会津入封後、福島におけるキリシタン史は始まる。以降は、会津藩主が保科正之の頃まで福島においてキリシタンによる活動の記録が残り、一六八七年の類族帳で全員が転宗者として記録されるまで、キリシタンがいたことになる。(10) ここでは、一五九〇年から一六八七年までの期間を、キリスト教の伝来期（一五九〇―一六一四年）、宣教期（一六一五―一六二五年）、迫害期（一六二六―一六六六五年）に分類し、蒲生氏郷から保科正之まで、会津の歴代領主ごとに福島におけるキリシタンに関わる出来事を概観する。

伝来期――蒲生氏郷の時代

イエズス会の報告書で確認される最初の東北のキリシタンは蒲生氏郷である。より正確に表現するならば、キリシタンである蒲生氏郷が一五九〇年、会津に入封することで、東北最初のキリシタンが誕生する(11)。

氏郷は元は近江（滋賀）の日野城主で、妻は織田信長の次女・相応院である。利休七哲の筆頭として茶人としても有名で、豊臣秀吉からの信頼も大変厚かった。氏郷は秀吉への配慮から当初キリシタンと距離をとっていたが、親交の深かったキリシタン大名の高山右近の強い勧めで一五八五年、イエズス会士より洗礼を授かりキリシタンとなる。イエズス会は氏郷を「最も強大な殿(12)」の一人と称しており、信長の婿である点や右近の親友である点、当時の宣教活動において弊害となっていた秀吉からの信頼が厚い点、そして会津において広大な領地を新たに有した点を報告している。これらの報告からは、イエズス会が日本の宣教活動において氏郷の協力に大いに期待を寄せていることが窺える。

氏郷が会津に入封されたのは一五九〇年のことで、その後、病で亡くなる一五九五年まで会津を治めることになる。会津治世はわずか五年であり、加えてその期間のほとんどが出兵や京での闘病生活であったため、氏郷が会津に実際にいた期間はごくわずかであると考えられているが、城下町の整備を行い後の会津藩の礎を築いた。この城下町は今日の会津若松市の骨格にもなっており、活動期間の短さに対して、会津における氏郷の功績は大きい。

キリシタンについては、実は氏郷の頃に宣教師は会津の地を訪れていない。宣教師が初めて会津に訪れるのは一六一一年のフランシスコ会士ルイス・ソテロの来訪であり、それ以前に会津の地に宣教師が立ち入った記録はない。氏郷の時代に宣教師が未踏であるという事実は、そのまま会津の地において洗礼を授かった者、つまりキリシタンになった者がいないということを意味する。

しかし、それでも会津におけるその後のキリシタン隆盛は、氏郷の影響によるところが大きい。その一つの要因が、氏郷家臣団の改宗である。会津でこそ改宗は行われなかったものの、氏郷の改宗後、蒲生郷成や小倉左近将監[13]をはじめとした主だった家臣たちも上洛の折に改宗していったものと思われ、家臣団を中心にキリシタンは確実に増えていた。もう一つの要因としては、氏郷や家臣団による教義の積極的な普及活動が挙げられる。その一端をイエズス会の報告に見ることができる。イエズス会士ルイス・フロイスによる一五九二年の報告では、氏郷が関白秀吉の顔色を窺いつつも「時が許せば、自領に大いなるキリシタン宗団を作り、大勢の司祭たちを召喚しようと約束した」ことや、まだ改宗していない家臣団に対して「予はキリシタンであるが、時代が悪くて、予の胸中を打ち明けることができない。それでも予の領地においては大々的な改宗を望んでいる」と語っていたことが報告されている[14]。また、氏郷は「キリストの福音を宣教する（許可）を願い出よう。（中略）自分の望みを達成するため、すなわち全領国がキリシタンとなるようにするためである[15]」とも語っており、氏郷自身が修道士として領民に洗礼を授けたいという野心を覗かせている。

イエズス会士ニエッキ・ソルド・オルガンティーノによる一五九五年の報告では、会津の領地が「ヌエバ・エスパーニャ（メキシコ）へ容易に渡れる[16]」ことについて言及しており、氏郷の協力を得ることで福島が日本の宣教活動の新たな要所になり得ることを示唆しているが、残念ながらその夢は氏郷の死によって潰えることとなる。

氏郷の死後も郷成が「修道院長師に説教者を派遣してもらうよう幾度と懇願[17]」しており、郷成は領地において非常に多くの者にキリスト教の教義を伝え、洗礼の準備ができていることを報告している。このようにして、氏郷治世の頃の会津では、宣教師が不在の中でも確かなキリスト教信仰の土壌が築かれることとなる。しかし、会津での本格的な宣教活動は氏郷の死後から二〇年後、一六一五年に訪れるイエズス会士ジェロニモ・デ・アンジェリスの宣教活動を待つことになる。

蛇足ながら、氏郷とキリシタンにまつわる説として、氏郷がローマ使節団を派遣したとするものがある。これらの逸話は『御祐筆日記抄略[18]』と呼ばれる覚書にその記述があり、天正遣欧使節団の話を聞いた氏郷が、イエズス会巡察師アレッサンドロ・ヴァリニャーノの協力を得て一五八四年から計四回の使節団を極秘裏に派遣し、一五八六年にはイタリア人武将の山科勝成がローマ教皇に謁見を果たしたことが記されている。しかし、出典元である『御祐筆日記抄略』は信憑性に欠いており、当時の朝鮮出兵とも時期が重なることから、本説は既に歴史学において否定されている。本説をキリシタン史から見た場合も、使節団の派遣が氏郷の改宗前から始まっている点や、宣教師側の記録にも山科勝成という武将含めて一切記述が見られない点、何よりバチカンにもそのような来訪の記録が残っていない点から、本説が事実無根であることは確かだろう。

しかしながら、このような説が偽伝としても今日残っている点は興味深い。『御祐筆日記抄略』に見られる記述は遅くとも一九〇四年の明治期には成立している。この頃、既に禁教は解かれ全国各地に教会が建てられることとなるが、上記の偽伝からは、この偽伝の著者が蒲生氏郷がキリシタン大名として重要な位置にいたことを理解していたことを感じさせる。また、海外派遣という偽伝は奇しくもイエズス会士オルガンティーノが示唆した福島とメキシコを繋ぐ航路を想起させる。どの程度まで著者による創作であるのか定かではないが、この偽伝の成立背景には天正遣欧使節や慶長遣欧使節を踏まえて、そのようなことが氏郷にも可能だったのではないかという氏郷への高い評価が含まれており、当時のイエズス会が氏郷に対して期待していた姿と重なるように思われる。その意味で、この偽伝は蒲生氏郷がキリシタン大名としてどのように評価され伝わっていたのかを知る意味で、大変興味深い資料と言えるかもしれない。

伝来期——蒲生秀行の時代

一五九五年に氏郷が亡くなると、氏郷の子の秀行が齢一三歳にして九一万石もの会津領を治めることになる。同年には秀吉の命で徳川家康の三女、振姫を正室に迎えている。秀行は会津領を治めるにはあまりに幼かったため、その政務を補佐したのが蒲生家重臣の蒲生郷安である。しかし、郷成ら他の家臣団との折り合いが悪く、ついにはお家騒動に発展してしまう。この事態を重く見た秀吉により、一五九八年に秀行は宇都宮へ転封処分となる(19)。

秀行の転封に伴い、豊臣家五大老の一人、上杉景勝が会津に入封するが、わずか三年後の一六〇一年、関ヶ原の戦いで徳川側についた秀行が、会津にいた豊臣側の景勝を牽制した功績で再び会津に入封する。その後、秀行は一六一二年に三〇歳の若さで急逝するまで会津を治める。

一五九五年時点で秀行は「自分はその機会が来たらキリシタンになるであろう[20]」と語っており、キリシタンに好意的であったことは確かだが、洗礼を受けたとする記録は残っていない。おそらくは生涯を通して改宗することはなかっただろう。ただ、キリシタンに関する出来事が全くなかったわけではなく、一六〇一年の会津再入封時には猪苗代にある磐椅神社の社領を没収している。どのような理由で没収したのか不明であるが、父の氏郷でさえ磐椅神社に献金と保護を行っており、秀行も磐椅神社以外の自社には所領を与えていたことを考えると、いささか不自然である[21]。磐椅神社の記録では、キリスト教に通じているために寺社仏閣を軽視したのだと、秀行に対する痛烈な批判が記されている[22]。その後、一六〇九年には氏郷の頃からの重臣である岡越後を猪苗代城代に据えている。越後は猛将として知られる熱心なキリシタンで[23]、彼の改宗時期はおそらく一五九五年以前と思われ、イエズス会の報告で熱心な信徒として紹介されている武将ジュアンが越後ではないかと目されている[24]。後述するが、彼の存在が会津においてキリシタン隆盛の時代をもたらすことになる。

会津で最初に宣教師を迎え入れたのも秀行である。一六一一年、フランシスコ会士ルイス・ソテロとスペインの特使として来日した探検家セバスティアン・ビスカイノら一行を秀行は城内に招き、会食をしている[25]。ソテロら一行は江戸での家康への謁見を済ませた後、伊達政宗への謁見のため伊達藩を目指している道中に立ち寄っている。秀行への謁見の理由は示されていないが、キリシタン大名として高名であった氏郷の子であり、また家康の婿にあたる秀行に謁見の必要性を感じたことと、来訪直前に発生し、会津領に壊滅的な被害をもたらした会津地震への慰問の意味があったものと思われる。秀行の死因は会津地震の心労によるものとも言われており、会食時にも秀行は「なぜ地震は起こるのか」をソテロらに尋ねている。ただ、ソテロらが会津に来た際に秀行含め領内にて洗礼を授けることはなかった。

宣教期——蒲生忠郷の時代と岡越後の庇護

一六一二年、三〇歳の若さで秀行が急逝してしまうと、齢一〇歳にして秀行の子、忠郷が藩主となる。忠郷の後見人である母、振姫が実質の権力者となるが、家臣団との対立から振姫は忠郷を置いて一六一六年に紀伊和歌山藩主の浅野長晟と再婚する。その後も家臣内での対立が絶えることはなく、治世は決して穏やかでなかった。[26] 父と同じく忠郷も短命であり、嫡子を残さず一六二七年に二六歳の若さで急逝してしまう。

忠郷もキリシタンであった記録は残っていないが、この忠郷治世の頃に、会津におけるキリシタンは黄金時代を迎える。一六一四年に全国に禁教令が発布された後ではあるが、一六一五年に東北宣教を開始したアンジェリスが会津でも宣教活動をはじめることで、遂に会津領での改宗が始まる。イエズス会が日本で宣教活動をはじめてから実に六六年、氏郷の会津入封からは二五年の歳月が経っていた。

会津領内でのキリスト教改宗に大きく尽力したのが猪苗代城代であった越後である。アンジェリスとは旧知の間柄だったようで[27]、アンジェリスが猪苗代に立ち寄った際に、見禰山の麓にある磐椅神社近くに宣教所[28]を設立したと伝わる。その後も一六二二年に病死[29]するまで、越後は猪苗代において宣教師とキリシタンの庇護を行ったため、会津領では猪苗代を中核とした宣教活動が継続して展開されることとなる。宣教所はその後もイエズス会の東北宣教の活動拠点となり、一六一七年からイエズス会士のホアン・マテオ・アダミが奥羽副地区長として常駐し、同年には津軽に行く途中であった日本人イエズス会司祭ディエゴ結城も宣教所に立ち寄っている。一六二〇年には日本人イエズス会修道士ジョアン山や日本人イエズス会司祭マルチノ式見市左衛門も会津に入り、ジョアン山は二本松でも宣教活動を行う。同年、イエズス会に続いてフランシスコ会のフランシスコ・ガルベス、ディエゴ・デ・ラ・クルス・デ・パロマレスらも会津での宣教を開始する。パロマレスは野辺沢でコルドンの組（コンフラリア／信心会）を組織し、イエズス会もフランシスコ会も、禁教令が出された中でも精力的な宣教活動を展開していることが窺える[30]。

この頃の猪苗代におけるキリシタンの状況は磐椅神社の記録に見ることができ、ちょうど宣教師が猪苗代で活動をしていた元和年間にキリシタンたちによって神社が焼き尽くされたことが記されている[31]。

全国のキリシタンの取り締まりを行った宗門改役の井上政重が記した『契利斯督記[32]』には、岡越後によって猪苗代では百姓に至るまでことごとくキリシタンであるということが記されており、宣教師の精力的な活動のみならず越後主導のもと、領民の一斉改宗が行われた可能性が想起される。どの程度の人数の改宗が会津で行われたのか明らかでないが、一六二四年に会津領で捕らえられたキリシタンは三六〇人であったと伝えられる[33]。山口氏のキリシタン類族帳の分布図（図５）を見るに、実際にはそれよりも遥かに多くの人数が会津領で改宗したものと思われる。

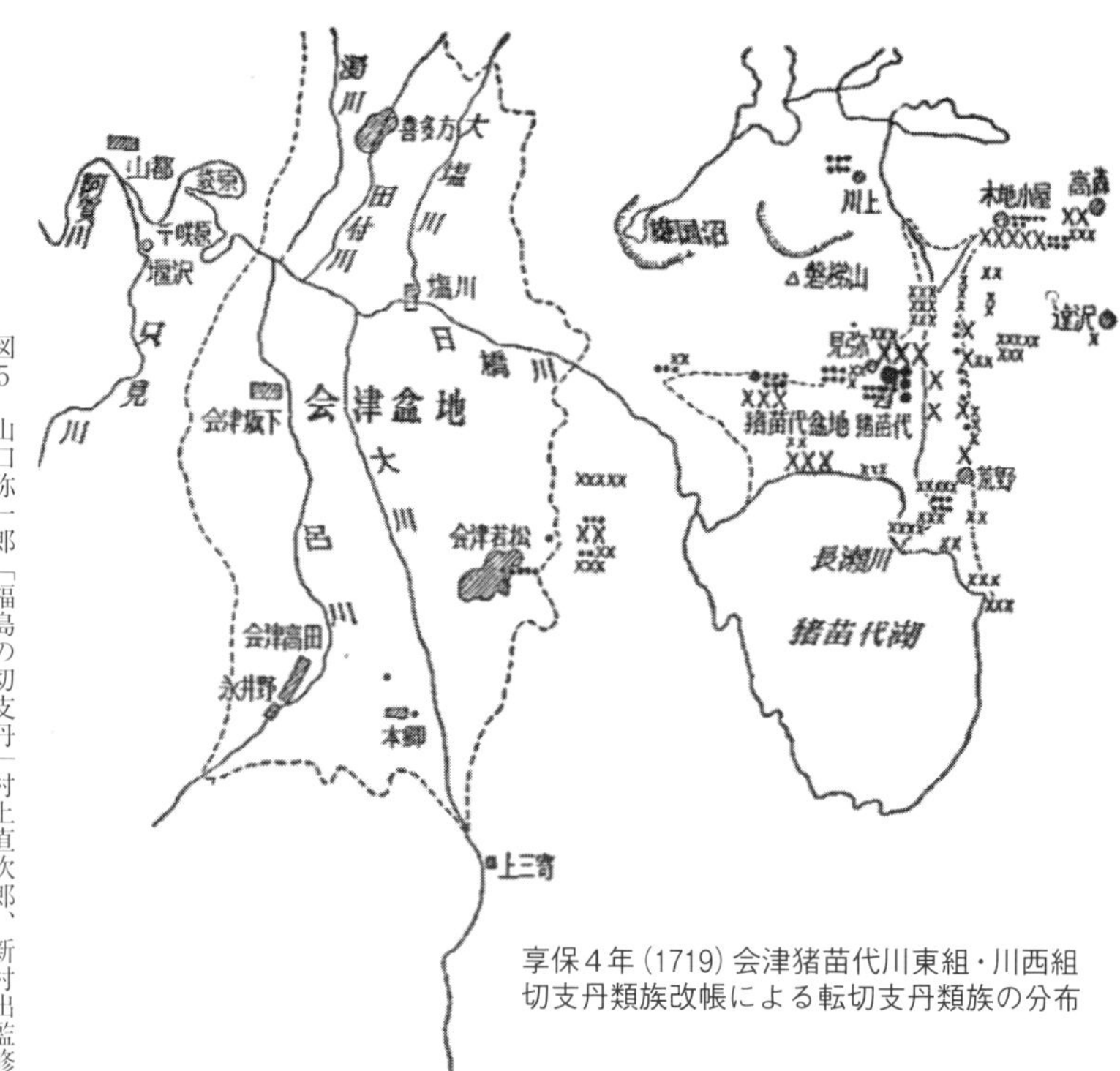

享保4年（1719）会津猪苗代川東組・川西組
切支丹類族改帳による転切支丹類族の分布

図5　山口弥一郎「福島の切支丹」村上直次郎、新村出監修『切支丹風土記 東日本編』宝文館、一九六〇年、一一九頁

氏郷の夢見た会津領民の改宗は、孫の忠郷の時代になってようやく、岡越後により小規模ながらも実現することとなるが、会津のキリシタンにとっての黄金時代はそう長いことは続かず、一六二二年に越後が病死したことで終焉を迎える。越後に代わりに甥の岡左衛門佐が猪苗代城代に就くと、これまでのキリシタン庇護から一転、キリシタンに厳しい対応をとり、会津においても迫害と殉教の時代が訪れる。

会津における最初の殉教者は、越後の家臣でキリシタンの中心的人物であったコスモ林主計であった。彼が一六二六年、左衛門佐の命で斬首されたところから、会津での殉教の歴史が始まる。

迫害期――加藤嘉明、明成の時代

一六二七年、嫡子がいないままに忠郷が急逝すると蒲生家にお家断絶の危機が訪れる。しかし忠郷は家康の孫にあたるため幕府の取り計らいにより、同じく家康の孫にあたる弟の忠知が家督を継ぎ、会津伊予松山（愛媛）に減封される形でお家断絶の危機を免れる。

蒲生家が会津を去り、入れ替わりで伊予松山から会津に転封されたのが元は豊臣家の重臣で賤ヶ岳の七本槍にも数えられる戦国の勇、加藤嘉明である。徳川からの信頼も厚く、要衝の地である会津を任された。同年には磐城棚倉城主であった丹羽長重が白河城に入り、会津藩から独立して白河藩となっている。

一六三一年に嘉明が逝去すると子の明成が家督を継ぎ、会津を治める。今日の鶴ヶ城の姿は、一六一一年の会津地震で被災してから十分に修繕されていなかった鶴ヶ城を明成が改修したものである。名将と謳われた父の嘉明に対し、明成は優れた領主とは言い難く、嘉明の頃からの重臣である堀主水と対立し、ついには主水が鶴ヶ城に銃弾を打ち込む事態にまで発展する。重臣との対立によるお家騒動をきっかけに、一六四三年、明成が治めていた会津藩四〇万石は幕府に召し上げられることになる。

キリシタンに関しては、この加藤時代に最も苛烈な殉教が会津の地で起こる。忠郷の時代まではキリシタンの家臣も残っており、キリシタンに対して厳しい処置は講じられていなかったが、蒲生家も越後もいなくなった会津藩では状況が一変する。

一六二七年には僧侶が嘉明に訴え出て小規模な迫害が起こる。[34] 一六二九年にはジョアン山ら一五名が捕えられ、江戸に送られたのち四年後に処刑されている[35]。一六三一年には懸賞金目当ての乞食が洗礼希望者のフリをして信者たちに近づき、信者リストを作って江戸に密告した[36]。翌一六三二年には福島の各地でキリシタンが殉教しており、会津領内では子供一六名を含む五一名が会津城下で処刑され殉教[37]、二本松領内でも一四名が阿武隈川畔供中河原で処刑され殉教。白河藩では一三名が処刑され殉教したと伝わる[38]。

一六三五年には会津領野辺沢の地頭、横沢丹波の隠れ家で宣教師一名と横沢一家六名が捕えられ、翌年に薬師堂川原にて処刑され殉教している。この時に処刑された宣教師は定かでないが、時期的な符号から高木氏が指摘する通り、おそらくはフランシスコ会士パロマレスであろう[39]。鶴ヶ城の牢舎にはこの時処刑された宣教師の法衣や所持品が残っており、一八六八年の落城の際に焼失したと伝わる[40]。

このように、加藤父子の時代になって迫害と殉教が会津で繰り広げられるわけだが、これらの要因は、キリシタンに寛容であった蒲生家がいなくなったからというだけではない。一六三〇年には全国で宗門改めが始まり、一六三五年には幕府に寺社奉行創設され、末寺がキリシタン摘発役として機能するようになる。また、一六三七年には島原・天草一揆が起こり危機感を高めた幕府は、これまでの宣教師や有力者を中心としたキリシタンの取り締まりから、農民に至るまで徹底的なキリシタンの取り締まりを行うようになる。その最たる例が一六三八年に全国に設置された高札である。その後も一六四〇年には宗門改役が幕府におかれ、一六一四年の禁教令以降、各地の領主の采配で取り締まられていたキリシタンは、この頃、全国で一元的、組織的に取り締まられるようになる。実際、ジョアン山ら一五名を江戸に送致している対応を見ると、会津におけるキリシタンの迫害は幕府の意向に沿った対応であると言えるだろう。

迫害期——保科正之の時代と会津キリシタンの監視体制

一六四三年、明成により会津領が幕府に返納されると三代将軍徳川家光の異母弟にあたる保科正之が会津に入封される。保科には会津二三万石に加え、南山五万石を自領同然の預り地として与えられ、徳川家の親藩としては尾張、紀伊、水戸の御三家に次ぐ大名として待遇されたものであった(41)。

正之は飢饉や明成の悪政で傾いた会津藩の再建につとめ、まず最初に疲弊していた農民生活の安定を目指した。正之の藩政は、今日における年金制度や飢饉に備えるための社倉制の導入、殉死の禁止や玉川上水の整備など、注目すべき施作は枚挙にいとまがなく極めて優秀な藩主であった。その非凡なる才から家光からの信頼も厚く、会津入封後はそのほとんどの期間を江戸で過ごし、幕府の政務や四代将軍徳川家綱の補佐を行っていた。そのため、会津での滞在期間は極めて短いが優秀な家臣団が正之の意向を藩政に反映し、幕末まで続く会津松平家と会津藩の礎を築いた。正之が会津で行った大きな仕事の一つに会津の歴史をまとめた『会津藩家世実紀(42)』の編纂事業があり、会津におけるキリシタンを知る上でも重要な資料となっている。

この頃の会津でのキリシタン関連の事項を見ていくと、正之が鶴ヶ城に入城した際、加藤時代に捕えたれたキリシタン約五百人が未だ牢獄に捕えられたままであったという(43)。これだけの人数が投獄されていた背景には、幕府によるキリシタン摘発体制の確立がある一方で、捕えたキリシタンへの対処が各藩に任されていたため、明成の手には余るものであったのかもしれない。

正之のキリシタン対応はこの捕縛者の対応から始まった。また正之の入封以降、会津でも毎年正月に絵踏みが行われるようになる。一六四七年にはキリシタン五名が会津の薬師堂河原にて処刑されているが、これが会津における最後のキリシタンの処刑である。[44]一六五一年には幕府より南山御蔵入領のキリシタンへの警戒が注進されており、[45]領内でのキリシタンの取り締まりは一層厳しくなったことが予想される。実際、一六五八年には捕縛された者のうち四四八名がキリシタンであることを告白しているが、そのうちの半数以上にあたる二四〇名が他国からの流れ者であった。[46]おそらくは摘発を逃れた多くのキリシタンが江戸とつながる街道沿いの南山御蔵入領に逃げ込んでいたのだろう。彼らは全員釈放されているが、そのうちの八四名は獄中死し殉教を遂げている。果たして彼らが「マルチリヨ」[47]の教えを守り、望んで獄中死の道を選んだのか、牢獄環境が過酷であったのかは定かでない。これ以降、キリシタンの殉教例は会津では確認されていない。

正之の時代に行われたキリシタンの処刑は一度きりで、また寛大な処置も多かったため、正之がキリシタンへの温情を持っていたのではないかと指摘されることがある。[48]実際、正之の家臣である太田実次、野村甚兵衛はキリシタンであったと伝わるが、[49]筆者は朱子学に精通した正之の哲学によるものであろうと考えている。正之は人材資源をとても大切にしており、命を軽んじることがなかった。その考えがキリシタンにも適用されたために、加藤時代の殉教例とも比較して一層に温情的な対応に見えるのだろう。正之による会津領内の自社仏閣の整理統合事業を見ても、正之は神道に傾倒しており、むしろ神道の正しい教義、信仰を守ることに注力していることが窺える。

一六八七年には藩で確認しているキリシタンは全て棄教者となっており[50]、この頃には会津領内のキリシタンは表面上いなくなったものと思われる。しかし、会津藩はこれ以降も類族改帳にて子孫類族に至るまで宗門改めを行っており、徹底したキリシタン類族の管理と監視が継続して行われた。

かくして蒲生氏郷の頃より始まる会津のキリシタン史はおよそ百年程度で幕を閉じるが、そのうちで実質の宣教期間はごくわずかであった。しかしながら、その後の殉教者の数を見れば、迫害の時代の中においても実に多くの会津のキリシタンがキリスト教の教えを守り続け、殉教していったことがわかる。会津での宣教時期からもわかる通り、彼らはキリスト教が禁教であることを知っていてなお、キリシタンとなったのである。そこには蒲生氏郷の遺した信仰の土壌や岡越後の先導があったとしても、彼らがキリスト教に救いを求めていたことは確かであろう。もし人命を尊ぶ保科正之が会津に入封していなければ、この地にはもっと血塗られたキリシタン史が残っていたのかもしれない。会津には今日まで信仰を守っている、いわゆる「かくれキリシタン」の存在は確認されていないが、信者数の広がりを見れば、一六八七年以降もわずかながらに潜伏キリシタンが存在していた可能性は十分に想起し得るだろう。

今日残るキリシタン関連資料、遺物

会津のキリシタンについては、一七世紀半ばに多少の潜伏キリシタンの活動時期があったにしても、厳しい監視体制の中で、それらの活動は一八世紀以降まで集団的に継続することはできなかったと思われる。

しかしながら会津には多くのキリシタンにまつわる資料や遺物、遺跡が残されている。鶴ヶ城に残されていた《泰西王侯騎馬図屏風》や銅版画《悲しみのマリア像》（図6）をはじめ、岡越後が信仰について記したとされる書翰や山口氏が多数の民家で発見した「切支丹類族改帳」（図7）も当時のキリシタンを知る上で貴重な資料と言えるだろう。

また、信仰にまつわるものでは福米沢のマリア観音（図8）や郡山の如宝寺に伝わるキリシタン墓碑（図9）など、キリシタンの信仰を示すと思われる多数の遺物も報告されている。ただ、信仰にまつわる遺物の多くが、明治以降になって郷土史家たちに再発見されたものであり、実際に会津の潜伏キリシタンたちの信仰にまつわるものではあるかは定かでない。

本稿では会津のキリシタン関連のものでも、とりわけ会津のキリシタン史を考える上で重要と思われ

図6 《悲しみのマリア像》17世紀初期、仙台市博物館蔵

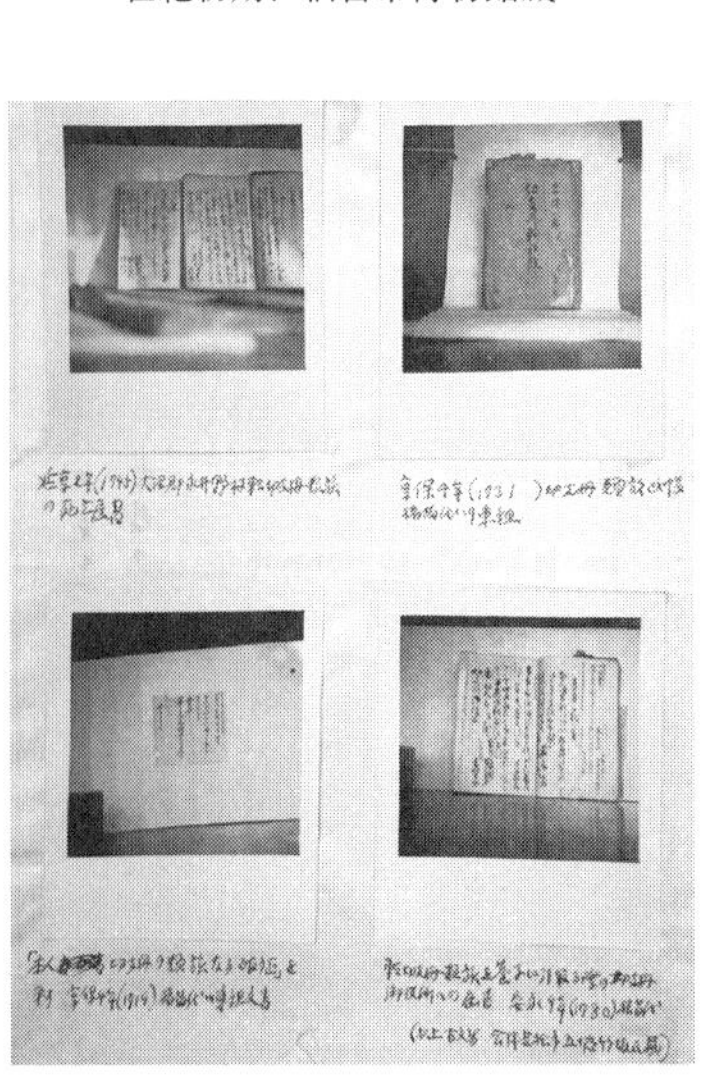

図7 切支丹類族改帳、個人蔵
山口「会津キリシタン史資料」（磐梯町所蔵、福島県立博物館寄託）より転載

る資料や遺物をいくつか紹介し、少しばかり考察を加えたい。

鶴ヶ城に残された《泰西王侯騎馬図屏風》

会津のキリシタンに関わるものの中で、最も有名であるのが鶴ヶ城の大書院の襖絵であった八曲からなる初期洋風画の大作《泰西王侯騎馬図屏風》である。この屏風絵は今日、重要文化財に指定されており一隻を神戸市立博物館が、一双をサントリー美術館が所蔵している。

本作は西洋絵画を思わせる高度な写実表現がなされている一方で、科学調査によって日本画の顔料や技法が用いられていることも明らかとなっており[51]、制作者が日本人であることが推定されている。おそらくは一五九五年以降のセミナリオにおいてイエズス会画家ジョバンニ・コラによって西洋表現を指導された日本人イエズス会士による制作と考えられる。本作の制作時期については議論のあるところだが、

図８　福米沢のマリア観音

図９　如宝寺の切支丹墓碑、筆者撮影

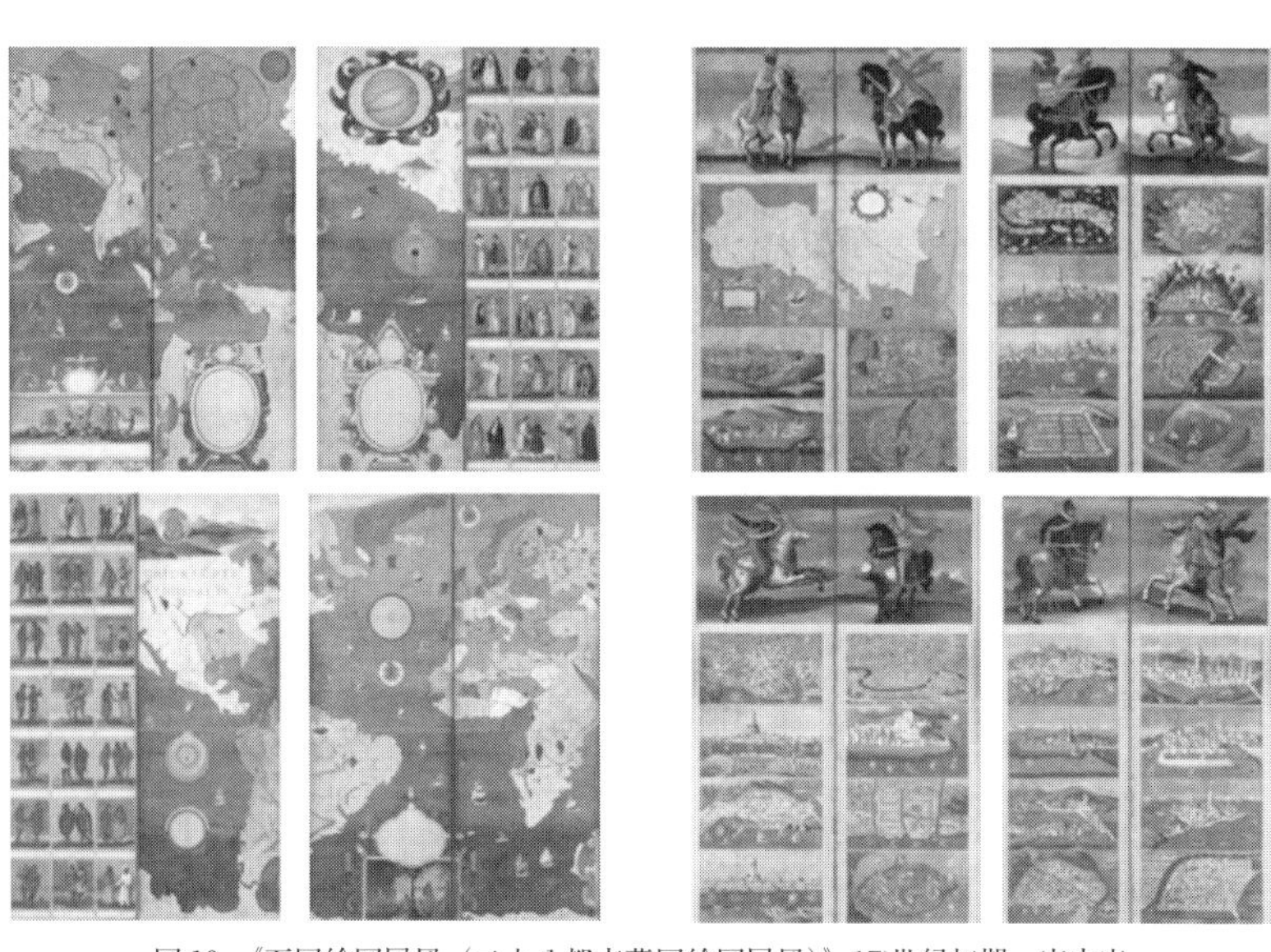

図10　《万国絵図屏風（二十八都市萬国絵図屏風）》17世紀初期、宮内庁

宮内庁所蔵の《万国絵図屏風（二十八都市萬国絵図屏風）》（図10）と共通点が多く、同時期に制作された可能性が指摘されていることから[52]、本作は一六〇九年以降の制作でないかと考えられている。

本作の図像は、一六世紀に広く流通したフランドル画家ストラダーノ原画の版画集『ローマ皇帝図集』が原図となっており、本作との関連が指摘されている《万国絵図屏風》の下絵には『ローマ皇帝図集』の模写が描かれていることがX線撮影で明らかとなっている[53]。本作と『ローマ皇帝図集』を照らすことで、神戸市立博物館所蔵の四曲には神聖ローマ皇帝ルドルフ二世、トルコ皇帝、モスクワ大公、タタール王が、サントリー美術館所蔵の四曲にはフランス王アンリ四世、アビシニア王（エチオピア王）、ペルシア王が描かれ、一人判然としないがイギリス王、あるいはギース大公フランソワ・ド・ロランまたはカール五世と目されている。

絢爛豪華な表現から、本作がイエズス会によって有力者への献上用に制作されたものであることは想像に難くないが、本作のテーマ設定には献上相手に対しての強いメッセージ性を筆者は感じている。本作が制作された時期が一六〇九年以降であるとするならば、江戸幕府の成立以後になるわけだが、江戸初期は家康が外交政策について積極的に取り組んでいた時期にあたる。平川氏が述べているように、当時のフィリピン臨時総督ロドリゴ・デ・ビベロが家康を「皇帝」と称しているところからは、家康と江戸幕府を軍事大国として一定の脅威対象としていたことが読み取れる。[54] このような認識はイエズス会にも共有されていたものと思われる。幕府側にとっても、スペインをはじめとしたキリスト教国側にとっても、双方の外交交渉が慎重を期していた時期と言えるだろう。

そのような情勢下を踏まえて本作のテーマを考えると、単に各国の英雄が描かれているというだけでない、政治的意図を感じさせるものがある。つまり、日本がキリスト教国に加われば歴代の英傑たち同様に、日本の君主もその英傑の一人に数えられるであろう歓待のメッセージと、キリスト教と対峙することは、各国の英傑たちとの対立を意味し、やっと幕府を樹立した日本にとって、新たな戦乱の時代を予見させる警告のメッセージである。つまり、筆者は本作が徳川将軍への献上品として、外交的なメッセージをもって制作されたものではないかと考えている。実際、『駿府記』においては一六一一年に徳川家康が南蛮世界図屏風を見ながら今後のことを思案したことが記録として残っており、絵画表現が家康に国際情勢を考えさせるには効果的であったことが窺える。

さて、その『駿府記』に記されている南蛮世界図屏風であるが、これが《万国絵図屏風》であった可能性が指摘されている。[55] しかるに、本作が《万国絵図屏風》とともに徳川将軍に宣教師や各国の使節を通じて献上された可能性は十分に検討できるだろう。

では、本作はいかにして会津に伝来したのであろうか。制作年代から少なくとも蒲生氏郷の頃でないことは確かである。制作年代との符号だけで言えば、蒲生秀行の頃からその可能性を検討できるが、少なくとも一六一一年のフランシスコ会士ソテロの来訪以外に宣教師が鶴ヶ城に踏みいった記録はなく、フランシスコ会のソテロが日本国内で対立関係にあったイエズス会関連の献上品を持参していたとも考えにくい。一六一五年以降はイエズス会宣教師が会津でも活動しているので、彼らが岡越後をはじめとした有力キリシタンを通じて会津藩主に献上した可能性はあるだろうが、先に述べた作品テーマの政治的、外交的意図を考えるならば、本作の贈り先は将軍家や徳川家に対抗できる有力大名にこそふさわしい。筆者は本作の伝来について、一度徳川将軍家に献上され、将軍家から鶴ヶ城に贈られたのではないかと考えている。

ただ、当時の幕府はことあるごとに絢爛豪華な品を諸藩に贈っていたため、仮に幕府からの贈り物だったとしても、その伝来時期を明らかにすることは困難である。一六一一年の会津地震で鶴ヶ城も大きな被害を受けたことを考えると、損傷がさほど見られないことから会津地震以降に伝わったと考えることはできるだろうが、その具体的時期を現状では明らかにすることができない。その上で、いまだ論拠に乏しいが筆者は伝来時期が保科正之かその後の松平家の頃ではないかと考えている。西村氏は「他見を憚り、虫干すらも遠慮して、城中奥ふかく秘襲した（大日本教育資料）という伝のあるのと照合すると、これらの絵画がキリシタン宗門関係の遺品であることは、はやくから既に当事者間では分明しておったものとみえる[56]」としているが、本作が維新の動乱の際、官軍側の前原一誠への講和の謝礼として会津松平家から贈られたことを踏まえると、本作を松平家も前原氏も南蛮美術の優れた作品として認識しており、禁教下であった当時において、本作をキリシタン関連のものとは考えていなかったと思われる。さらに、松平家が礼節を尽くして本作を贈っていたとするならば、本作には徳川将軍家とのゆかりがあったと考えることもできるのではないだろうか。

現状においては想像の域を出ないが、徳川家の献上品については徳川実紀や会津藩の資料等にも細かく記録が残っているため、鶴ヶ城への伝来時期については引き続き調査を重ね、筆者の今後の課題としたい。

会津に遺った唯一のキリスト教絵画

《泰西王侯騎馬図屏風》とともに鶴ヶ城に伝来していたキリスト教絵画が、現在は仙台市立博物館所蔵の銅板油彩《悲しみのマリア像》である。本作の表現はスペインの影響を色濃く受けたもので、類似の作例としてはメトロポリタン美術館に所蔵されているメキシコ人ニコラス・エンリケス（Nicolás Enríquez）による一七五〇年作の《悲しみのマリア（Virgin of Sorrows）》（図11）を挙げることができる。エンリケスの作品もスペインの影響を強く受けて作成されていることが指摘されているが、両作には構図や描かれている要素など、表現上の類似点が非常に多く、両作ともにスペインの《悲しみのマリア》にその図像源泉を遡ると思われる。

本作は《泰西王侯騎馬図屏風》とは異なり、明らかなキリスト教表現であるため、キリシタン関連の

図11　ニコラス・エンリケス《悲しみのマリア》1750年、メトロポリタン美術館蔵

資料として鶴ヶ城に伝来していたのは確かであろう[57]。前述の通り、鶴ヶ城の牢舎には宣教師の所持品が残されていたと伝わっているため、本作は落城の際に火を逃れた所持品の一つであるのかもしれない。　その宣教師はおそらく、フランシスコ会士パロマレスであろうが、彼の所属するフランシスコ会の後ろ盾はスペインであり、彼自身もスペイン人であった。

本作が今日まで残っている背景として、パロマレスのものと思われる宣教師の法衣なども落城の頃まで残されていたことを考えると絵踏みに使用されていた可能性がある。本作の損傷具合からほとんど踏み絵としては使われていなかったかもしれないが、あえてこのようなキリシタン物を残していたことと、会津でも絵踏みが行われていたことを考えれば、踏み絵として保管していたと考えるのが、最も妥当ではないだろうか。

福米沢のマリア観音

福島にはキリシタンの伝承が残る石像も少なくない。その中でもとりわけ有名なのが南会津町福米沢の鹿澤山常楽院境内にあるマリア観音である。胸に乳飲み児を抱いた、いわゆる子安観音像であるが、赤い大きな頭巾を被っており、頭巾を外すと宝冠に十字の刻印があったことから秘匿されていたマリア像と伝わる。本像が潜伏キリシタンの信仰を集めていたとする記録や伝承は残っていないが、福米沢にある福米沢教会は一八八三年、福島で最初にできた教会で、一八七三年に高札が撤去されて以降もこの地では「非人のごとく人に遠ざけられ、近寄ればつばを吐き、去れば塩をまいて、跡を清めるという有様だった[58]」ことから、この地で真っ先に湯田初治郎が洗礼を受けたのはキリシタンの信仰が残っていたからでないかと考えられている。

本像の台座には「当村女講中。文化四年七月一七日」の銘が記されているが、「その昔は南の山麓に埋められていたものをここに移した[59]」とあり、本像は一八〇七年よりもさらに遡るものと思われる。造形上での特徴的な点としては赤と青の着色が見られる点である。服装の赤と青の着色はマリアの図像によく見られる特徴である。果たしてこれがマリア像を意識した彩色であるか定かではないが、この地とキリシタンに多くのゆかりがあるのは確かである。

福島県域のキリシタン伝承、遺物

この他にも福島県域には多数のキリシタン関連遺物が存在している。郡山市の如宝寺には切支丹墓碑と伝わる墓碑[60]が残り、熱塩加納村の示現寺にはキリスト教における聖人表現に類似した石像（図12）が残っている。正確には会津藩ではないが、福島市の腰浜町ではメダイが多数発見されていた[61]。

図12　示現寺の地蔵群、筆者撮影

喜多方[62]や田島[63]では観音開きのような折りたたみの三連版イコンが発見されており、踏み絵だったのではとの説もあるが、図像は山内氏が指摘する通り、一九世紀に広く流布した東方正教会のイコンと酷似しており、おそらくは明治期に流入したものである。図像表現としても宣教師の活動時期である一七世紀まで遡ることは困難であろう。

伝承も県内各地に残っており、喜多方市の山都や福島市の荒井、猪苗代にもキリシタン関連の話が伝わっている。そのどれもが真偽のほどを確認することが困難であるが、福島のキリシタン史に関する今後の調査や研究によって、福島に伝わる様々な伝承や遺物について、その真偽が少しでも明らかになっていくことを期待したい。本稿がわずかばかりでもその一助になれば幸いである。

［附記］

本稿は東北キリシタン研究会並びに会津若松観光ルネッサンス協議会の依頼を受けて実施した講演会に際して調査したものをまとめたものである。また、調査においては福島県立博物館のご厚意で山口弥一郎氏の研究ノートを閲覧する機会をいただき、本稿執筆において大いに参考となった。

貴重な研究機会を賜った東北キリシタン研究会の皆様、会津若松観光ルネッサンス協議会の皆様、そして貴重な資料閲覧にご協力いただいた福島県立博物館の皆様に、末筆ながら記して御礼申し上げる。

注

（1）姉崎正治『切支丹伝道の興廃』同文館、一九三〇年
（2）浦川和三郎『東北キリシタン史』日本学術振興会、一九五七年
（3）村上直次郎、新村出監修『切支丹風土記 東日本編』宝文館、一九六〇年
（4）猪苗代地方研究会『会報第七号 切支丹特集号』一九七三年
（5）小島一男『会津切支丹物語』会津史談会、一九七八年
（6）山内強『会津のキリシタン』風林社、一九八四年
（7）アーミン・H・クレーラ、エヴァリン・M・クレーラ『会津のキリシタン』会津農村伝道センター、二〇〇六年
（8）高木一雄『東北のキリシタン殉教地を行く』聖母文庫、二〇〇一年
（9）五野井隆史監修『キリシタン図譜』潜伏キリシタン図譜プロジェクト実行委員会、二〇二一年
（10）山口弥一郎「福島の切支丹」前掲『切支丹風土記　東日本編』118頁
（11）永禄年間（一五五八–七〇年）に陸奥国中部（宮城、岩手の一部）を治める葛西家家臣の千葉土佐が製鉄技術者の千松大八良・小八郎兄弟を招聘したとされており、彼ら千松兄弟がキリシタンであったという伝承が残る。事実であるとすれば東北最初期のキリシタンは彼らと言える。他にも洗礼を受けた人物が東北の地に流れた可能性が十分にあるが、少なくともイエズス会が確認する東北地方のキリシタンは、氏郷が最初である。

(12) 家入敏光訳「一五九二年十月一日付、長崎発信、ルイス・フロイスのイエズス会総長宛、一五九一、九二年度・日本年報」松田毅一監訳『十六・七世紀イエズス会日本報告集』第一期第一巻、同朋舎出版、一九八七年、311頁

(13) イエズス会の報告書に見える洗礼を受けた氏郷の家臣にパウロ・モアンという名がある。音の響きから蒲生郷安であるとする説もあるが、チースリク氏が小倉左近将監（作左衛門）であることを同定した。H・チースリク「キリシタンとしての蒲生氏郷」髙橋富雄編『蒲生氏郷のすべて』新人物往来社、一九八八年、60-63頁

(14) 同上、235、312頁

(15) 家入敏光訳「一五九五年二月十四日付、都発信、ニエッキ・ソルド・オルガンティーノのイエズス会総長宛書簡」松田毅一監訳『十六・七世紀イエズス会日本報告集』第一期第二巻、同朋舎出版、一九八七年、41-42頁

(16) 同上、42頁

(17) 家入敏光訳「一五九六年十二月十三日付、長崎発信、ルイス・フロイスの一五九六年度、年報」同上、234頁

(18) 記述内容に使われる表現に当時使われていない表現が散見し、実際はもっと後に記された偽書であると考えられている。

(19) 伊藤真昭「蒲生氏と豊臣政権」谷徹也編著『蒲生氏郷』シリーズ・織豊大名の研究、第九巻、戎光祥出版、二〇二一年、137頁

(20) 家入敏光訳「一五九五年十月二十日付、長崎発信、ルイス・フロイスの一五九五年度、年報」松田、前掲書、第一期第二巻、78-79頁

(21) 尾下成敏「蒲生氏と徳川政権」前掲『蒲生氏郷』208頁

(22) 『磐椅明神旧記』山内強「猪苗代のきりしたんについて」前掲『会報第七号 切支丹特集号』、30-31頁

(23) 小島、前掲書、54-60頁

(24) 同上、54頁

(25)村上直次郎訳註『ドン・ロドリゴ日本見聞録　ビスカイノ金銀島探検報告書』復刻版、雄松堂書店、一九六六年、93―95頁

(26)尾下、前掲「蒲生氏と徳川政権」236、256―258頁

(27)高木、前掲書、268―269頁

(28)一部の著書ではセミナリオと伝わるが、長崎にあったセミナリオが一六一四年に閉鎖されて以降、イエズス会がセミナリオを建てた記録はない。溝部氏も仙台白百合女子大学カトリック研究所、第八回学術講演会「マテウス・アダミの生涯と会津のキリシタン」仙台白百合女子大学カトリック研究所『カトリック研究所論集』二〇〇三年、6頁にて、神学校ではなく教会学校のような伝道所であろうことを指摘している。

(29)岡越後が亡くなる前後の様子についてはイエズス会の報告「第四文書　一六二三年六月一〇日付、米沢、若松、最上地方に関するジョアン・マテウス（アダミ）の布教報告書」松田毅一、川崎桃太、ろじゃ・めいちん編『日本関係イエズス会原文書：京都外国語大学付属図書館所蔵』同朋舎出版、一九八七年に詳しい記述がある。

(30)会津における宣教師の活動については高木氏の前掲『東北のキリシタン殉教地を行く』が詳しい。その他に二本松カトリック教会編「キリシタン宣教師の往来について」二本松カトリック教会、一九九四年にも記載がある。

(31)前掲『磐椅明神旧記』31頁

(32)井上筑後守、北条安房守著、太田方編『契利斯督記』出版年不明（江戸後期）

(33)山口、前掲「福島の切支丹」114頁

(34)浦川、前掲書、28―29頁

(35)山口、前掲「福島の切支丹」114頁。捕縛の年について高木氏も山口氏同様に一六二九年としているが、高木氏は十六名が江戸に送られたとしている。また、浦川氏、小島氏はジョアン山の捕縛を一六三一年と記しており、殉教の年を一六三二年としている。

(36)小島、前掲書、29頁。浦川氏もこのことについて記しているが、小島氏も浦川氏も異教徒がジョアン山を訪ねたことを記しており、前述の山口氏、高木氏の記述と矛盾する。ただ、ジョアン山についてはパジェス氏

もレオン・パジェス著、吉田小五郎訳『日本切支丹宗門史』下巻、岩波書店、一九四〇年、131、251頁にて、ヨハネ（ジョアンのラテン語発音）山口について、一六二九年に捕えられ、一六三三年に殉教したことを伝えており、異教徒が訪ねたキリシタンは別の人物であろう。

(37) 高木、前掲書、280-281頁。山口氏は一名の名前が見当たらないことから、五〇名ではないかとしている。

(38) 同上、303-304、317-318頁

(39) 同上、282頁

(40) 梅宮茂「福島の切支丹」前掲『切支丹風土記 東日本編』125頁

(41) 宮崎十三八「保科正之とその時代」宮崎十三八編『保科正之のすべて』新人物往来社、一九九二年、19頁

(42) 保科正之は三代将軍徳川家光より松平の姓を賜るが、正之がこれを固辞。孫にあたる三代正容が一六九六年に再び松平の姓と葵の紋を賜り、以降は松平姓となる。

(43) 高木、前掲書、286頁

(44) 同上、282頁

(45) 同上、289頁

(46) 山口、前掲「福島の切支丹」117頁

(47) 潜伏キリシタンの所持していた『マルチリヨの勧め』『マルチリヨの心得』と仮題のつけられた文書が長崎奉行所に押収されており、その内容から当時の禁教弾圧化において殉教の道が強く宣教師等によって勧められていたことが窺える。このことについては東馬場郁生氏の『きりしたん受容史——教えと信仰と実践の諸相』教文館、二〇一八年に詳しく論じられている。

(48) 山口、前掲「福島の切支丹」117頁

(49) 高木、前掲書、286頁

(50) 山口、前掲「福島の切支丹」118頁

(51) 早川泰弘「《泰西王侯騎馬図屏風》の彩色材料、展覧会図録『南蛮美術の光と影　泰西王侯騎馬図屏風の謎』サントリー美術館、神戸市立博物館、日本経済新聞社、二〇一一年、182-187頁

(52)太田彩「《万国絵図屏風》の修理がもたらした成果と仮題」同上図録、201-204頁
(53)同上
(54)平川新『戦国日本と大航海時代——秀吉・家康・政宗の外交戦略』中央公論新社、二〇一八年、137-138頁
(55)塚原晃「ゆらぐ定説——徳川日本と初期洋風画の現実」前掲図録、205-207頁
(56)西村貞『南蛮美術』講談社、一九五八年、77頁
(57)梅宮、前掲「福島の切支丹」125頁
(58)渡部盛造『奥会津の語り火』マルジュ社、一九八六年、142-146頁
(59)山内、前掲書、99頁
(60)墓碑には元禄七年(一六九四年)と記されており、キリシタン類族の者の墓碑と考えられている。石井氏によって一九二六年にこの墓碑がキリシタンのものであると初めて指摘された。石井研堂『郡山市如宝寺の切支丹遺碑』一九三一年。
(61)今野春樹「東日本のキリシタン考古学」『月刊考古学ジャーナル』6月号「日本のキリシタン考古学」に写真が掲載されている。一九六四-六五年にメダイ一〇点が畑から発見されたが、火災による焼失により現存していない。
(62)山口氏の研究ノート『会津キリシタン史資料』(磐梯町所蔵、福島県立博物館寄託)に記述と写真あり。
(63)山内、前掲書、93-94頁

物語の中の慶長遣欧使節

川上　直哉

「物語の中の慶長遣欧使節」を主題として、お話をいたします。
目次は、次のようになります。

序　モチーフとテーマ
一　「キリシタンの物語」の流れの中で
二　「黒い常長」
三　「白い常長」
結　噂が絶えないように

まず、私がこの講演において何をしようとしているか・何がしたいのか（モチーフ）と、具体的に何を語るのか（テーマ）について、お話をいたします。
それから、今回は「物語の中の慶長遣欧使節」を「黒い常長」「白い常長」という二つに分けて、整理をしてみたいと思います。

以上を踏まえて、結論として「慶長遣欧使節」の出来事をみんなで物語っていきましょうと、そんな呼びかけができればと思っております。

序　モチーフとテーマ

（1）モチーフ

まず、私の話のモチーフ（何をしようとしているのか・何がしたいのか）を申し上げます。

二〇一四年、東日本大震災の被災地復興支援として、NPO法人「被災支援ネットワーク・東北ヘルプ」が、「東北キリシタン・ツアー」の開発を模索し始めました。きっかけは同年一一月二六日に大阪府茨木市で行われた「隠れキリシタンの里サミット」に、そのNPO法人の理事が参加したことにありました。そこではツーリズムと史跡そして巡礼との接点が具体的に検討されていたと、報告を受けました。そのことに刺激を受け、「東北キリシタン研究」が開始されます。そこから、今日に至る研究はスタートしました。そのNPO法人の事務局長であった私が、この事業の担当者となりました。私は仙台白百合女子大学カトリック研究所の客員所員でもありましたので、研究所の事業として承認をいただき、研究の足場を確保できたことは幸いなことでした。ほどなく、市井の有志によって「東北キリシタン研究会」が発足しました。この研究会が主体となり、大学の研究所が後援団体となって、「東北キリシタン研究」が開始されたのでした。

以上の経緯から、私のキリシタン研究は「ツーリズム」を目指すものとなっています。それは被災地の交流人口を維持拡大することを目指したもので、「観光」を目指しています。「観光」とは、いったい何でしょうか。そのことを考えるとき、次の言葉は一つの手がかりになっています。

観光資源とは単なる景色ではない。最大の観光資源はその土地にふさわしい衣食住を満喫して優雅に暮らす人間そのものであり、その優雅な人間から自ずと発せられる光こそ、最大の観光資源である。
（藤原直哉『観光が拓く新しい日本』観光立国論、https://www.slideshare.net/nipponsaisei/ss-22204796）

キリシタンとして生きた人々がいた。その人々を自分たちの祖先として生きる人々がいる。そこに生業（なりわい）があり、苦楽があり、いのちがあった。それを取り出し、今をつなぎ、未来を望見する。そこに「復興」の手がかりも見つかるのではないか。そうした願いを抱きながら続けてきたのが、私の「東北キリシタン研究」でした。感謝なことに、この研究に支えられた「〈観光〉ツアー」自体は「新型コロナ」の困難の中でも継続し、二〇二三年は七回の催行となる見通しです。

そうした中で、一つの出来事がありました。「慶長遣欧使節」の事跡を伝える「復元船サン・ファン・バウティスタ号」の解体という出来事でした。それは、「東北キリシタン・ツアー」の重要な訪問先を失うことになるかもしれないという危機感を、私に抱かせました。そして私も、ようやく「慶長遣欧使節」について真剣に学ぶようになったのでした。

一六一三年、「日本国政府としては初の公式遣欧使節」を乗せた西洋式大型帆船が、現在の石巻を出帆しました。この使節のことを「慶長遣欧使節」と言います。その使節を搭乗させて太平洋を渡った西洋式大型帆船は、一九九三年、原寸大で復元されました。それが「復元船サン・ファン・バウティスタ号」でした。復元船建造の費用は一七億円に及び、そのうち五億六千万円は市民からの寄付であったとのことです。その後、老朽化による激しい腐食等が確認されたタイミングで「リーマンショック」となり、補修のための大きな予算措置を講ずることが難しい中で「東日本大震災」に見舞われ、二〇一五年から二〇一九年までの公式な議論を経て、復元船を所有する県は正式に「保存は困難」と判断し、解体に至ったのでした。

詳しくは別の私の講演（『サンファン号』の遺志を継ぐ」https://youtu.be/3ognV2Je3Jg）に譲るのですが、この「慶長遣欧使節」の評価を巡っては、この一五〇年の間に激しい浮き沈みがありました。この評価の「浮沈」を視野に入れませんと、最近の出来事である「復元船サン・ファン・バウティスタ号の解体」も、十分に評価できないと思います。

一八七三年の「発見」以来、一九五〇年代までは、戊辰戦争以後の旧伊達領内における郷土愛涵養に資するものとして、「慶長遣欧使節」の評価は浮上して行きました。そしてそれは、南方へと展開した欧米との戦争という文脈の中で、戦意高揚のためにも用いられたのでした。

その反動もあったと思います。一九六〇年代になりますと、スペインでの一次資料の研究の進展に伴い、やや冷静な評価が「慶長遣欧使節」に下されることになります。

そしてさらに、その反動もあったのでしょう。一九七〇年代に、「慶長遣欧使節」ゆかりの地であるメキシコ・キューバ・スペイン・イタリアそして日本（仙台と石巻）に「支倉常長像」の建立が続きます。この「支倉常長」こそ、「慶長遣欧使節」を代表する人物でした。彼は徳川家康からの進物と伊達政宗の親書を携えてメキシコとスペインとローマを公式訪問し、スペインでは国王臨席の下に洗礼を受け、ローマでは教皇との謁見を許され、ローマ市民権も付与され、ローマの貴族に列せられました。しかし同時に、その外交交渉は具体的な成果を上げることができず、その帰国後の様子は公式記録に一切残されず、さらにはその事跡自体が、江戸時代を通じて機密事項とされ隠匿されたのです。実に、一八七三年に岩倉具視使節団がイタリアで「慶長遣欧使節」の史料として「支倉常長の手紙」を発見するまで、その存在自体がほとんど全く知られていなかったのが支倉常長という人物です。この支倉常長の「立像」が世界中に建立されたのが一九七〇年代でした。そこには「支倉常長顕彰会」の尽力がありました。一九七〇年代は「慶長遣欧使節」の評価が浮揚した時期となります。

そして一九八〇年に作家・遠藤周作が「慶長遣欧使節」を主題とした小説『侍』を発表し、高い評価を得ることになります。しかしこの小説『侍』は「慶長遣欧使節」について、「それはそもそも虚偽の外交使節であった」という見方を前面に押し出します。「仙台の方々の郷土愛はわかりますが……」ということを、対談の中で遠藤周作さんは語ってもいました。そして、この小説『侍』は高い評価を得ます。つまり、一九八〇年代以降、「慶長遣欧使節」の評価は沈下するのです。

そうした「慶長遣欧使節」への評価を覆す運動の起爆剤として、一九九〇年代の「復元船 サン・ファン・バウティスタ号」の建造運動があった、と見ることができます。そしてその運動は成功しました。「原寸大」の復元船の迫力は相当なものでした。小説『侍』の雰囲気はかき消され、「慶長遣欧使節」の評価は再浮上し、「歴史的な偉業」としての地位を確固としたのでした。

そして今、その「復元船」が破砕されました。浮沈を繰り返した「慶長遣欧使節」の評価は、また改めて議論されることになると思います。その議論の一つとして、この私の講演が位置づけられればと願っています。そのようにして、「東北キリシタン研究」に一つの彩を加えることができればと願っているのです。以上が、私のお話のモチーフになります。

(2) テーマ

今回、私は「物語の中の慶長遣欧使節」という視角からお話を組み立てます。「物語の中の」ということで、テーマ（具体的に何を語るか）を示したいと思っています。以下、そのことを申し上げます。「復元船サン・ファン・バウティスタ号」の解体方針が正式に発表された後、石巻に「サン・ファン・バウティスタ号を保存する会」が立ち上がり、その運動を核として「サンファン号保存を求める世界ネットワーク」が立ち上がります。この運動に呼応して、様々な保存運動が起こりました。特にこの「サンファン号保存を求める世界ネットワーク」の活動は、復元船が解体された今も、継続しています。今回、私の講演を文章にするにあたり、ネットワーク代表と事務局のご厚意を賜り、情報公開請求によって得られた資料を参照させていただくことができました。それは解体に至る宮城県側の会議資料でした。そして私は、「〈物語の中の〉慶長遣欧使節」を提示する意味を新たに見出すことができました。広く募った寄付と公費である税金によって竣工したのが「復元船サン・ファン・バウティスタ号」です。そうした建造物の保存・解体を巡る議論は、いつか必ず、法的・政治的な「勝ち・負け」に落ち着くと思います。しかし、その結末如何に関わらず、その過程が真剣で誠実なものであれば、そこには確かに

「慶長遣欧使節」を巡る歴史が、また一つ新しく、紡がれるものと思います。とりわけ、神戸市の事例と大船渡市の事例を考えると、その思いは強くなります。

二〇一三年、神戸メリケンパークに係留されていた「サンタ・マリア復元船」は解体撤去されました。二〇二一年、大船渡市商工会議所は海上係留して展示していた「千石船 気仙丸復元船」を補修し陸上保存としました。この二つの対照的な事例に共通したことは、「解体・保存を巡って、市民からの反応は、ほとんど全くなかった」ことであると、宮城県の資料に報告されていました。つまり、他の地域に比して、「復元船サン・ファン・バウティスタ号」の解体を巡っては、確かに、市民の反応・運動が起こったのです。このことには「解体か・保存か」を巡る法的・政治的決着（勝ち・負け）を超える大きな価値があります。いつか、この「保存運動」の全体像が整理され後世に伝えられるような努力がなされるべきだと、私は思っています。

今回、解体を決定・実行した宮城県側の会議資料を拝見し、その中で気づいたことがあります。それは、この講演のテーマに直接つながっています。

「解体か・保存か」を議論する最初期の議論（主催：公益財団法人 慶長遣欧使節船協会）において、宮城県慶長使節船ミュージアムの問題を指摘する声として、極めて重要な指摘がなされていました。それは以下のようなものでした。

そして、ソフトの面から言うと、支倉常長の四百年前の海を渡った偉業を紹介するシアター「夢の果てまでも」が好感されていない状態。この状態では、「小中学校の引率でミュージアムを訪れた」先生も一回行ったらもういいかな、と思うのではないか。ソフトは次々換わらなければならないというのは、観光の面では当たり前で、博物館の運営という点では不足であったと思っております。

船を残すかどうかは大問題ではありますが、それと同時にソフトをどう改善していくのかを考えていただいて、できればハードの予算の一部を、必ずソフトの予算に回すということも考えていただければと思います。

会議の中では、「四百年前の海を渡った支倉常長の偉業」ということが、終始、自明のこととして語られています。それは「復元船」への敬意を示すべきだという「空気」があった、ということであり、当時の議論としては、当然のことかもしれません。しかし、それで「ソフト」に豊かな幅が出るだろうかと、資料を読み込んで、私は不安になりました。かつて「慶長遣欧使節」は、どう語られてきたのか。今、どう語られるのか――その「語り」の中身こそが「ソフト」となります。そしての「語り」は、「それは大いなる偉業だ」というものから「それは失敗に終わった偽装使節だ」というものまで、両極端に広がるバラエティー豊かなものです。そして、それが「失敗に終わった偽装使節」であったとしても、なお、そこには豊かなドラマがあり、その中に人間の真実を示す「物語」が読み取られてきた。その「物語」の価値を提示できれば、その広がりは刺激的なものとなり、「慶長遣欧使節」を伝える「ソフト」の新規展開を常に促すものとなるのではないか。逆に、「慶長遣欧使節」の「偉大さ」だけにとらわれては、「物語の中の慶長遣欧使節」は貧相なものとなり、「ソフト」はどうしても窮屈な・退屈なものとなってしまうのではないか。

以下、本論で私がお話します事柄は、「慶長遣欧使節」の物語の広がりを総体として捉える手がかりを提示するものです。これが、私のお話のテーマとなっています。具体的には、まず「歴史の物語」は「どのように生きるべきか」を示すソフトになり得ることを確認し、そしてさらに「キリシタンの物語」は「日本と西洋」の問題を私たちに突き付けてきたことを確認して、「物語の中の慶長遣欧使節（というキリシタンの歴史の物語）」は「白い常長」と「黒い常長」という整理の仕方で、確かに「日本と西洋」の問題について、私たちに「どう生きるべきか」を語ってきたのだ――ということを、お話したいと思っています。

一 「キリシタンの物語」の流れの中で

「物語の中の慶長遣欧使節」についてお話しするために、まず、「歴史の物語」の役割を確認します。そして「キリシタンの物語」全体が提起してきた問を捉えておきたいと思います。なんとなれば、「慶長遣欧使節」の物語は、「キリシタンの物語」であり、そして「歴史の物語」であるからです。

（1）ラヂオドラマ『支倉常長』と「歴史の物語」の役割

現在まとまった形で残されている最も古い「慶長遣欧使節」の物語は、木下杢太郎（太田正雄）の戯曲『常長』（一九二八年）であろうと思います。こちらについては、後ほど「黒い常長」の代表として、詳しくお話しいたします。この戯曲が発表された七年後、「ラヂオドラマ『支倉常長』」が放送されています。作者は永田衛吉という人でした。一九三五年に仙台であった「藩祖没後三百年」企画の一環であったことが、一九三五年八月九日付の『河北新報』から知られます。それは大使「常長」と宣教師「ソテロ」との友情のドラマになっていました。その概要は、以下の通りでした。

> 常長とソテロという「心友」が「国内商業から国際貿易への大願を抱いて」黒船で進出し、艱難辛苦を乗り越える。歓迎しつつも日本の宗教事情を懸念し詮索するイスパニア。敢然と厳判する赤心も遂には挫折し、落胆する常長。ソテロは「われ等の力を以て日本の新教（ママ）の自由を獲得し、ひいては通商貿易の自由を獲やう」と励まし二人は再び立ち上がる。そしてソテロの殉教。「日本は速やかに世界に向かって目を開きその迷妄を去れ」と叫ぶ常長。「いつかその夢をかなえるために幾多の海に乗り入る青年の犠牲を待たねばならぬ」と言って果てる常長——。

このラジオ番組を紹介する『河北新報』紙は、番組紹介の記事の前に、「海外の新天地めざし　雄飛せよ！　青年諸君」と題して、青年による満州国・南洋方面・南米各国からの報告会の記事を配置しています。

　この紙面構成を見るとき、そこに「キリシタンの物語」を含む「歴史の物語」の役割を考える手がかりが得られると思います。

　東北の歴史を語る小説家に、高橋克彦さんがいます。私はいつも、高橋克彦さんの歴史と向き合う姿勢を思い出し、そこに立ち帰って考えるようにしています。「復元船サン・ファン・バウティスタ号」の竣工した一九九三年に、高橋さんはエッセー「歴史が教えてくれるもの」（『独想日本史』角川書店、二〇〇一年に所収）を著しています。その中で、現代を舞台に描かれる「時代小説」と、歴史上の出来事を描く「歴史小説」を比較して、高橋さんはこう言います。

……どのように生きたかを書くのが時代小説で、どのように生きるべきかを説くのが歴史小説だと、私自身は区別してこれまで書いてきた。反対ではないか、と思われる読者も大勢いよう。歴史は、それこそ定められてしまった過去だ。事実を曲げることは許されない。としたら、その歴史の中でどういう風に生きたか、あるいは死んだかを書くのが歴史小説ではないのか？　反面、時代小説は歴史にさほど縛られることがないのだから、自由に登場人物を動かすことができる。どのように生きるべきかを示唆することが可能となる。

これについては、個人的な見解として、違うとしか答えようがない。歴史を定めたのは人間たちである。彼らの考えや行動が歴史を決めたのだ。なぜそういう歴史になったのかを考えることは、すなわち、その人間の心に入り込むことだ。その過程の中で、実際には別の歴史になりえたかもしれない道が見えてくる。言ってみれば歴史は今に暮らす我々の反面教師の役割を果たしているのである。……少なくとも私はそう理解して今まで仕事をしてきたつもりである。歴史小説は過去を読み物にするのではなく、未来を映す鏡であるべきだ、と。

つまり、史料にとらわれる「歴史の物語」は、人がどう生きるべきなのかを表現する役割を負って存在する、ということです。なるほど確かに、例えば「歴史の物語」としての「ラヂオドラマ『支倉常長』」は、「どう生きるべきか」という問に対する一九三五年時点での一つの答として提示されていました。つまり、黒船に乗って、犠牲を払って、世界に乗り出す若者たち、という若者の生き方モデルを「慶長遣欧使節の物語」として提示しているのです。ここから私たちは、「物語の中の慶長遣欧使節」が「どう生きるべきか」を示し得る歴史の物語であることを確認できます。その上で、一九三五年の「ラヂオドラマ」の提示した答ではないものも「物語の中の慶長遣欧使節」から取り出せる、ということを、以下、「キリシタンの物語」の全体から、申し上げてみたいと思います。

（2）「黒船」の問とキリシタンの物語

ここで「黒船」という言葉に注目してみたいと思います。

実は「慶長遣欧使節」を乗船させて太平洋を渡った大型西洋帆船について、その名前を「サン・ファン・バウティスタ号」とすることには、一定の留保が必要となります。この船は国産の船です。従って日本名がつけられるべきものでしょう。この大型西洋帆船を建造した伊達政宗自身は、この船を「黒舟」と呼んでいます（『よみがえった慶長使節船』河北新報社、一九九三年）。「慶長遣欧使節」を「黒船／黒舟」に引き付けてみますと、キリシタンの物語（あるいは「キリシタン文学」）の全体を通貫する一つの「問（黒船の問）」が見えてきます。

戦後（一九四五年以後）の「キリシタン文学」は堀田善衛さんの『海鳴りの底から』（一九六〇年連載開始）を嚆矢とするそうです。この小説は「島原の乱」を描いたものですが、一九二二年に発表された芥川龍之介の短編小説『神神の微笑』と接続しています。著者である堀田さんは『神神の微笑』を「太平洋戦争の初期ごろ」に読み、その最後に描かれる「我々の黒船の石火矢の音」という言葉に「たいそう不気味な思いをした」と『海鳴りの底から』の冒頭に記しています。

今にしてこういうことを言い出せば、そんな阿呆な、という人がきっとあるであろうが、まさに「新たに水平へ現れた、我々の黒船の石火矢の音」が、我々自身の夢をぶち破って真珠湾を空襲し、プリンス・オブ・ウェールズ号を轟沈させたりしていたのだ。これがいったい「やがて我々の事業が、断定を与うべき」と龍之介が言った、その「事業」なのだろうか。

この「不気味な思い」を展開するものとして「島原の乱」を描いた作品が『海鳴りの底から』となるのです。

堀田さんの「不気味な思い」の源にある小説『神神の微笑』は、「キリシタン宗」として伝来した「西洋」と、それを受け止めた「日本」の、その「どちらが勝つか」という問を、読む者に突き付けるものでした。それは「黒船」によって答が出されるものだ、と小説『神神の微笑』は語って、その物語を終えるのです。次の通りです。

南蛮寺のパアドレ・オルガンティノは、――いや、オルガンティノに限った事ではない。悠々とアビトの裾を引いた、鼻の高い紅毛人は、黄昏の光の漂(ただよ)った、架空の月桂や薔薇の中から、一双の屏風へ帰って行った。南蛮船入津の図を描いた、三世紀以前の古屏風へ。
さようなら。パアドレ・オルガンティノ！　君は今君の仲間と、日本の海辺を歩きながら、金泥の霞に旗を挙げた、大きい南蛮船を眺めている。泥烏須（デウス）が勝つか、大日孁貴（おおひるめむち）が勝つか――それはまだ現在でも、容易に断定は出来ないかも知れない。が、やがては我々の事業が、断定を与うべき問題である。君はその過去の海辺から、静かに我々を見てい給え。たとい君は同じ屏風の、犬を曳いた甲比丹（カピタン）や、日傘をさしかけた黒ん坊の子供と、忘却の眠に沈んでいても、新たに水平へ現れた、我々の黒船の石火矢の音は、必ず古めかしい君等の夢を破るときがあるに違いない。それまでは、――さようなら。パアドレ・オルガンティノ！　さようなら。南蛮寺のウルガン伴天連（バテレン）！

ここに「西洋」と「日本」の「どちらが勝つか」という問が突き付けられています。私はこの問を「黒船の問」と名付けて、お話を進めてみたいと思います。

堀田さんは、この「黒船の問」を前にして、「平田篤胤によって天主教教理の応用の上に立って来世思想に再編成され、その来世思想が天皇信仰を生む……この不気味な自然宗教は、まだまだわれわれの中に生きているはずであり、それに支えられなかったら、天皇信仰などというものはあり得ないはずのものであろう。そういう意味では、近代の超克どころか、平田篤胤等に始まる、西洋思想応用による日本の近代は終わってなどいはしない」と記します。そしてその結果としての悲劇を「原城の虐殺」として描き、そしてそれを「原子爆弾による広島、長崎の犠牲」に比しています。おそらく堀田さんは、この「黒船の問」にとらわれてしまうことの危険であることを小説『海鳴りの底から』で表現しているのではないかと思うのです。「黒船の問」は、その問そのものを、突破しなければならない、そういう問なのだと思います。

（3）「黒船の問」を突破して

小説『神神の微笑』が堀田さんに突き付けた「黒船の問」は、遠藤周作さんの小説『沈黙』（一九六六年）そして小説『侍』（一九八〇年）へと通底しています。具体的には、小説『沈黙』を発表した後、遠藤さんは友人から『神神の微笑』を知らされ、そこに確かに同じ主題が扱われていることに驚き、長い日々を経て、遂に小説『侍』に至って、遠藤さんはこの問題自体を突破する――後ほど、そのことをお話ししようと思います。

キリシタンの物語、あるいは「キリシタン文学」を考えるとき、ここに全体を整理するための一つの枠組みになるものがあると思います。キリシタン宗の伝来によって、あるいはキリシタン宗の支配する国へ旅をすることによって、日本人に、「西洋」と「日本」のどちらが上か・下か、という「黒船の問」が突き付けられた。しかし、この問に答えようとすると、悲劇が待っている。「黒船の問」自体を解体して突破することができるかどうか――これがキリシタンの物語を理解するための枠組みとなる。

例えば、最近のキリシタンの物語では、津島佑子さんの『ジャッカ・ドフニ　海の記憶の物語』（集英社、二〇一六年）が、この「西洋」や「日本」を解体する仕方で、この問題自体を解体して突破しています。そうした「突破」が成功しているかどうかに注目して、一つひとつのキリシタンの物語を批判・整理することができる。そうした方法で、「慶長遣欧使節」の物語も、整理してみたいと思います。

以下において、私は、この整理の結果、「物語の中の慶長遣欧使節」を二つに分類できる、ということをお話いたします。それは「黒い常長」「白い常長」という二つに分けられるのです。そして、『神神の微笑』が突き付ける「『西欧』と『日本』のどちらが勝つか」という問に向き合い、「黒い常長」は内に向かって突破する様子を示し、「白い常長」は外に向かって突破する様子を示す、ということを申し上げます。

二　「黒い常長」

「慶長遣欧使節」を代表する人物・支倉常長を描いたものに、仙台市博物館所蔵の「支倉常長像」と呼ばれる油絵があります。ロザリオを持つ支倉常長が十字架上のキリスト像を前に祈りをささげる姿の画像です。暗い背景に、黒い衣装を纏った支倉常長の姿が描かれています。「失敗に終わった偽装使節」を担わされた理不尽の中で、ひたすら自らの内面に向かって何かを突破しようとしている。そんなイメージが、そこに読み取れます。「物語の中の慶長遣欧使節」の中に描き出されるこのイメージを、私は「黒い常長」と呼びたいと思います。以下、その代表例をいくつかご紹介してみます。そうして私は、「失敗に終わる偽装使節」として「慶長遣欧使節」を捉える中でも、そこに（そして、あるいはそうであればこそ）人間の可能性を示す文学が成立していることを示します。それは「慶長遣欧使節」を伝える「ソフト」の幅を広げることにもつながると思うのです。

（1）戯曲『常長』・詩『七ツ森』・漢詩『山寺は夏を消つ』

「黒い常長」に分類される物語として最初に挙げられるべきは、木下杢太郎（太田正雄）一九二八年の戯曲『常長』です。「木下杢太郎」は、太田正雄さんの筆名です。ここでは物語作者としての太田さんに注目しますから、「木下」とお呼びすることにしましょう。木下の生涯を明らかにした研究を、鈴木秀治さんが公開しておられます。それによりますと、木下は

一九二三年　パリ留学中に、支倉常長の思いを歌う。
一九二四年　セビリアのコロンブス図書館で「慶長遣欧使節」関係史料を発見する。
　　　　　　日本に帰国。
一九二八年　戯曲『常長』を発表。

となります。なお、「慶長遣欧使節」関係史料そのものは、一八七三年五月に岩倉具視使節団によってイタリアで発見され、明治政府による調査が始まっています。そして、最も早く「キリシタン」についての研究を発表したのは一八七七年のアーネスト・サトウ著『日本切支丹伝道衰亡原因考』であるとされます。つまり、サトウさんの研究と少なくとも同時期に「慶長遣欧使節」の研究は始まった。あるいは「慶長遣欧使節」から近代のキリシタン研究は始まった、と言ってもよいかもしれません。そして、この「近代キリシタン研究の開始」から半世紀後の一九二三年に、木下はパリで次のように作詩しているのです。

【七ツ森】
久しく七つ森の雪を見る
たとへ世が世なりとするも
八年苦心の羅馬　語ること一つもなし
無きに非ず　分からなんだ。
不遇はもっけの幸ひ

もしかして後世おれを
戯曲なんぞにと志すやつが出るかしれぬ
それは大馬鹿者

へへんと或る日の
支倉がつぶやいた

この詩想と、そして翌年の史料との出会いを経て、木下は戯曲『常長』を著します。その内容は、おおむね以下の通りです。

主人公は佐藤太郎左衛門。常長の家臣として共に「慶長遣欧使節」の一員となり、ローマに行き、無事に帰国した後のこと。舞台は帰国後の仙台領某所。雪の中。誰も訪ねない支倉宅へ太郎左衛門が行く。常長と太郎左衛門の秘密の会話の中に、常長の深い内心の吐露がある。それは、キリシタンとしてローマ教皇の足に接吻した際に犯した裏切りを語るものであった。キリシタンとなりつつも信仰に生きることができない、しかし帰国後の日本にも居場所のない、そんな「二心」を持った自分への呵責を告白するものであった。

「西洋」の深みにまで到達しつつも、母国においてそれを充分に活かすことができず、むしろ同胞の無理解・すれ違いにひたすら向き合い、結局、「西洋」も「日本」も裏切って余生を過ごす。そうした哀しみが、作家・文学者として名を成し、米国・西欧を巡って教養を深めて帰国した日本人によって、戯曲『常長』に描かれています。あるいはそれは、著者である木下杢太郎こと太田正雄さん自身の哀しみを表現しているのでしょう。そしてまた、藤田嗣治、宇野弘文、今道友信、といった人々の伝記等を読みますと、同様の哀しみの中を生きた姿が浮かび上がってくる。戯曲『常長』は、人間の本質の一つに触れていると思わされます。

ここに「黒い常長」のイメージがあります。内面に向かって意識を向け、「西洋」と「日本」の出会いと緊張に向き合っているイメージです。ただし、木下の『常長』においては、いまだなお、その問題の突破にまでは至りません。

木下は一九二〇年代に「黒い常長」のイメージを描いていました。一八七三年に明治政府による「慶長遣欧使節」の研究をもって近代のキリシタン研究が始まったと考えますと、ずいぶん早い時期です。そのイメージの源泉は何かと考えてみます。すると、一つの興味深い漢詩が思い出されます。

今泉寅四郎という人が一九一二年に上梓した『仙台風藻』という書物があります。この書物に、「支倉常長の漢詩」が収録されています。それを読み下ししてみますと、次のようになります。

【山寺は夏を消(き)つ】

若林友輔いわく、この詩は保田三郎治が口授して伝えたものという。

山寺を尋ぬるは涼し　客返（＝帰）るは遅し。
清風稷稷(きびきび)と池の前を過ぐる。
人間(じんかん)三伏（＝盛夏）の熱を知らず。
禅榻（＝座禅に用いる腰掛）　茶を煮て時を吸啜(きゅうせつ)す。
昼（＝日の光は）長く照り落ちるも　未だ春全からず。
六月（＝旧暦の五月初旬）の炎天　涼　冬に似たり。
尽日(じんじつ)優々と話し　禅を處(お)く。
忽(たちま)ち片月の　峰の前に上(のぼる)を看る。

初夏の晴れた日、山寺にはまだ冬を思わせるような涼しさがある。静かに友を迎え、茶を喫しながら優々と禅語を語り合い、抽象的な世界に遊びつつ気が付くと半月が山の上に上っている……という詩でした。

この「支倉常長の漢詩」が収録されている『仙台風藻』という書物は、八世紀に製作されたという日本最古の漢詩集『懐風藻』になぞらえたもので、仙台領内に残された・残されるべき漢詩を収集し、その作者の略歴も調査して共に掲載した書物です。なお、支倉常長の略歴も漢文で記されていますので、それを読み下しますと次のようになります。

支倉常長：幼字を與一といい、後に六右衛門と改める。貞山公に仕え近侍となる。慶長十八年に公命を奉じ南欧において使者の任を果たし、民の情況を視察し、八年を経て帰国する。元和八年壬戌七月一日に没す。享年五十二歳。仙台通町にある光明寺に葬られる。

口承ですから、あるいは、この漢詩「山寺は夏を消つ（き）」は、「支倉常長本人」によるものではないのかもしれません。仙台領内に「物語られた支倉常長」があり、そのキャラクターに仮託して作られた漢詩である、という可能性は、低くないと思います（実際、例えば旧約聖書の詩編には、「ダビデの歌」として、「ダビデ本人」に仮託して歌われた詩がたくさんあるのです）。そうすると、この漢詩もまた「物語の中の慶長遣欧使節」を映す作品、ということになるかもしれません。そう見てみますと、そこに描かれる「支倉常長」は、木下の戯曲『支倉』と、同一人物のようにも見えてきます。あるいは、木下のイメージの根に、そうした「物語の中の慶長遣欧使節」があったのではないか、と、これは想像の域を超えませんが、考えは広がって行きます。

（2）小説『侍』と「オペラ支倉常長『遠い帆』」

「西洋」に出会い、それを深く知り、しかし「西洋」になじめず、そうかと言って、「西洋」を知った自分であるのに「日本」にその知見を活かすこともできない。その葛藤の中で「西洋と日本を二重に裏切った自分」に苦しむ。戯曲『常長』には、小説『神神の微笑』が突き付けている「黒船の問」に取り組む葛藤が描かれています。そして、その問そのものの突破を示すのが、遠藤周作さんの小説『侍』でした。

詳しくは別の拙論（「『沈黙』から『侍』へ——遠藤周作とカトリック教育」https://xfs.jp/E9oW4）に譲るのですが、小説『侍』は、物議をかもした小説『沈黙』とのつながりの中で読まれるべきものと思います。また、この小説は、作者である遠藤周作さんの人生とつなげて読むときに、その意味がはっきりしてくるものです。

小説『侍』の中において、「慶長遣欧使節」は「黒い常長」のイメージで描かれます。キリストに出会ってしまった主人公「侍＝長谷倉（支倉）」は、心ならずも故郷への裏切り者となる。しかし注目すべきことに、この主人公はさらに、「西洋のキリスト教」をも裏切って、新しい境地へと、はっきり、突破して行く。その到達点は、例えばM・ランゲさんが『ラテンアメリカの民衆と解放の神学』（明石書店、一九八五年）という著作の中に記した次のような言葉で、簡潔に言い表されているように思われます――

私は神を探したが
見つからなかった
私はイエス・キリストを探したが
見つからなかった。
私は苦しんでいる兄弟に会って
神もキリストも兄弟も見つけた
私たちは共に
歩きはじめた。

「日本」と「キリスト教」の対決に直面したバテレンが「故郷への裏切り者」となる物語が、小説『沈黙』でした。小説『神神の微笑』が突き付ける「黒船の問」は、小説『沈黙』において「日本の勝利」に終わったようにも見えます。――もっとも、遠藤さんは、そうではないことを、小説『沈黙』の最後の補遺の部分ではっきり表現した、と、あちこちで力説してはいるのですが、少なくともそうした理解は読者に広く届きませんでした。その地点から考えると、小説『侍』には、「黒船の問」を巡って、大きな進展が確認されます。「黒船の問」そのものが、主人公「侍」の内面に向かって、突破されているのです。ここに「物語の中の慶長遣欧使節」に確認される「黒い常長」の、一つの到達点があります。

小説『侍』で到達した「黒い常長」のイメージを、さらに簡潔に・端的に、オペラで表現した作品があります。「オペラ支倉常長『遠い帆』」です。一九九九年、仙台開府四百年記念事業として完成した作品でした。この作品の成立の背景に、この後に取り上げます今東光さんの小説『はぜくら』が関係しています。砂山充子さんの研究（「オペラ《遠い帆》を巡って」https://onl.bz/DGpijT8）を参照しますと、このオペラの制作過程は以下の通りです。

一九一〇年代の前半、作曲家・山田耕筰が、哲学者・阿部次郎から、支倉常長を主題としたオペラの構想を持ち掛けられる。山田耕筰は「死の婚姻」というタイトルで具体的な構想メモを残す。

一九二六年に、小説家・今東光が仙台で「慶長遣欧使節」の物語を書くことを決意する。

一九四八年九月二六日・一〇月一八日付の手紙で、山田耕筰が阿部次郎に、支倉常長を題材としたオペラ「死の婚姻」の構想を示す。

一九六〇年に、小説『はぜくら』が完成する。

先に見た戯曲『常長』製作の背景にあった詩作（一九二三年）を考え合わせると、この「オペラ」の構想の時期（一九一〇年代前半）の早さが際立ちます。さらに、今東光さんは、「慶長遣欧使節」の物語化を決意してから小説『はぜくら』にそれが結実する期間（一九二六年から一九六〇年まで）の出来事として、次のようなエピソードを紹介しています。

先輩山田耕筰さんとお目にかかったとき、はからずも支倉の話が出て、他日、僕がこれを書き、山田さんが作曲をして、オペラを作ろうではないかと約束した。それから殆ど二十余年を経過した。

上記の記述は「昭和辛丑」つまり一九六一年のものでした。それから「殆ど二十余年」が経過した、ということは、一九四〇年代に、今東光さんと山田耕筰さんの間で「慶長遣欧使節」を主題としたオペラ製作の約束がなされたということになります。この約束は実現しませんでした。また、山田耕筰さんが構想した「死の婚姻」というオペラも完成しませんでした。しかし、こうした「幻の構想」があったことが新聞によって報道され、それがきっかけになって、三善晃さん作曲・高橋睦郎さん脚本による「オペラ支倉常長『遠い帆』」は完成します。一九九九年のことでした。

このオペラの「物語」は、小説『侍』と、とてもよく似ています。一方において、傲慢なまでに自信に溢れて登場した宣教師・ソテロは、「慶長遣欧使節」の旅を通し、その大望を挫かれ迷いの中に閉じ込められる。他方において、どこまでも自信を持てない姿で登場した六右衛門（支倉常長）は、「慶長遣欧使節」の旅の終わりに至って、理不尽な運命にも動じず揺るがない姿を示す。どこまでも続く海を見つめつつ、六右衛門はオペラの最初に、ソテロはその最後に、「慶長遣欧使節」の旅の意味を見つけられない心境を自問し続けます。それは、前半と後半に行われる以下の同じ歌詞のリフレインによって印象付けられています。

暗い　暗い　暗い　暗い　どこまでも
暗い　暗い　暗い　どこまでも
海のおもて
波のうねり　風の走り
波のしぶき　風のうめき
その上を覆うのは
どこまでも　どこまでも
闇　闇　闇だけ　／その上を覆うのは
闇だけ　どこまでも　暗い

来る日も　来る日も　海
見渡す限り
海と空

前半は、この歌が六右衛門の心情として歌われ、後半はソテロの心情として歌われる。自信溢れるキャラクターと、不安に苛まれる登場人物が、最初と最後で全く入れ替わる。前半において迷う六右衛門を励ましたソテロは、後半において不動・不惑の様子を示す六右衛門に憧れを抱く。そしてソテロ最後の台詞は、「運命という神」を受け入れた六右衛門を思い描きつつ、次のように歌われるのです。

ドン・フェリーペ殿　支倉殿
私もあなたに　あなたに　追い付きます
もうすぐ　もうすぐです

通常一般に語られる「キリスト教の神」ではなく、「運命」という神が、このオペラを支配しています。そして、その「運命」という神を受け入れ動じない人格を得たのは、偽りの洗礼を受けた六右衛門であった。「慶長遣欧使節」という政治的作為の偽りとむなしさの果ての極みで、六右衛門は不動・不惑の人格を得た。その強さが自分の人格に備わっていないことを、ソテロは、自らの挫折の内に気づかされた――ここには小説『侍』が描き出した「黒い常長」が、さらに簡潔に描き切られているように思われます。

（3）カンタータ「大いなる故郷石巻」と「復興のシンボル」

「物語の中の慶長遣欧使節」において「黒い常長」を描いているもう一つの例が、カンタータ「大いなる故郷石巻」に見られます。「失敗に終わった偽装使節」としての「慶長遣欧使節」を担った支倉常長が、小説『侍』あるいはオペラ『遠い帆』とは違う仕方で、しかしやはり、人間としての強さを示している。その点で、カンタータ「大いなる故郷石巻」もまた、「黒い常長」の代表例と言えます。そしてそれは「復興」の現実とその矛盾の中を生きる人々に「どう生きるべきなのか」を語るものとなっています。

カンタータ「大いなる故郷石巻」は、石巻市の「市政四〇周年」を記念して、小杉太一郎 作曲・石島恒夫 作詩で一九七三年に製作されました。四楽章からなり、第三楽章は「雄図」と題され、混声四部合唱によって「慶長遣欧使節」を物語るものとなっています。その「物語」は、おおよそ以下の通りです。

「奥州大将軍 政宗の雄図」を響かせて、遥か東方へ進み、世界の友とならんとする常長の夢は、「鎖国」という政治の動きによって挫かれる。そもそも「慶長遣欧使節」そのものが、権力者の政治的闘争の表出に過ぎなかった。常長八年有余の旅の目的は、すべてうたかたの露と消える。「沈黙せねばなるまい」と、歌の終わりに常長は繰り返し独白する。

その常長の旅、つまり幻滅に終わった「慶長遣欧使節」の旅を、どのように評価するか。カンタータ「大いなる故郷石巻」は、ここに一つの漢詩の読み下し文を歌詞として挿入し、その答えとします。その歌詞は次の通りです。

馬上少年過ぎ

世平白髪多し
残躯は天の許すところ
楽しまざれば　これ如何

この漢詩は、狩野安信筆「伊達政宗画像」に付せられた画賛です。晩年の伊達政宗の心境をこの漢詩に読み取って、司馬遼太郎さんは小説『馬上少年過ぐ』を著しています。全力をかけて大願の成就に専心したが、結局、大きな政治のうねりに飲み込まれ、自らの志は幻と消えた。その上さらに、「残躯」としての自らの余生が残されている。そうした人生の哀しさを引き受けて、なお、生きる。そうした人間の美しい強さを映すものとして「物語の中の慶長遣欧使節」を捉えているのが、カンタータ「大いなる故郷石巻」なのです。ここに「黒い常長」のもう一つの姿が示されています。

カンタータ「大いなる故郷石巻」は、一九七三年の初演以来、石巻市民が中心となって、一〇年ごとに公演されてきました。三度目の公演となる一九九三年は、「復元船 サン・ファン・バウティスタ号」の完成を記念したものとなりました。そして五度目の公演は東日本大震災（二〇一一年）直後の二〇一三年でした。それまで一〇年おきにカンタータ上演の舞台となった石巻市民会館は津波で全壊し、会場は石巻総合体育館となりました。結果、まだ瓦礫の残る石巻で、市民によって催行されたこのカンタータ自体が、「再び力強く立ち上がる市民十万余」を表現するものとなりました。

「慶長遣欧使節」も、津波の中で新しい物語を獲得しました。「復興のシンボル」としての物語です。「慶長遣欧使節」の出帆は、貞観大津波（一六一一年）直後の一六一三年でした。そこに「津波からの復興事業」の物語を読み取る、という「慶長遣欧使節」の解釈が提示されました。「津波によって壊滅した石巻を、国際港湾都市として復興する」という目的を持って出帆したのが「慶長遣欧使節」であった、という解釈です。この「物語」を巡っては専門家の間でも支持する意見（濱田直嗣さん等）と、それを批判する意見（佐々木徹さん等）があります。そして、例えば二〇一四年に木村直己さんは漫画「サン・ファン：復興の黒船」を著します。この漫画を掲載した雑誌『マンガッタン』四号の表紙は、津波で大きく破損した「復元船　サン・ファン・バウティスタ号」の修復後の姿を大きく写したものとなっていました。「慶長遣欧使節」は、復興の物語として、語られるようにもなったのです。

今、東日本大震災の被災地に生きる人々は、津波被災地も原子力被災地も共に、「復興」の矛盾を現実のものとして引き受けつつ、そこに生業（なりわい）を続け、生活を営んでいます。もし「復興のシンボル」として「慶長遣欧使節」を捉える物語を紡ぐとするなら、そのイメージは、おそらくきっと、「黒い常長」となるのではないか、と考えます。あるいは、これから、この被災地で、この「黒い常長」の意味は、もう一段、深まるかもしれない。そうする可能性が、私たちに開かれているようにも思われます。

三　「白い常長」

「物語の中の慶長遣欧使節」の中に「黒い常長」があるとすれば、「白い常長」もあると思います。以下、そのご紹介をいたします。

「白い常長」は、カヴァッツァ家所蔵の「支倉常長像」と呼ばれる油絵によって象徴されます。「黒い常長」の油絵と対照的に、この常長のイメージは明るく、纏っている衣服も白く、堂々と立つ武士の様子で描かれています。そばには「忠実」を象徴する犬が配置され、背後に描かれる窓の外には「復元船サン・ファン・バウティスタ号」のモデルとなった伊達政宗の「黒舟」が配置されています。この華やかな外交使節の姿をもって「白い常長」のイメージとしてみます。

今申し上げました通り、この「白い常長」の油絵に描かれた船影を元に「復元船サン・ファン・バウティスタ号」が竣工しました。宮城県石巻市で竣工式が行われたのは一九九三年一〇月九日でした。その様子を告げる地元新聞の記事がたくさん残されています。その見出しの文言は次のようなものでした。「慶長のロマン」「希望の風」「偉大なる伊達魂」「海外雄飛のロマン」「一歩先は大航海時代」「県民の希望と勇気のせ、二一世紀の大航海へ」「雄飛の帆膨らむ」――これらは「白い常長」のイメージをよく表していると思います。「黒い常長」のイメージが、全くかすんでしまうような勢いです。「白い常長」のイメージを強く印象付けたこの「復元船サン・ファン・バウティスタ号」は、二〇二二年に無くなりました。その時点から振り返り、改めて「物語の中の慶長遣欧使節」に描かれる「白い常長」について、ここでご紹介してみたいと思います。

(1) 小説『はぜくら』・小説『望郷のとき』・小説『密使』

「白い常長」のイメージを描いた物語として、まず挙げるべきは、今東光さんの小説『はぜくら』です。

先に私は、「島原の乱」を描いた小説『海鳴りの底から』をもって戦後の「キリシタン文学」の嚆矢とする意見のあることを紹介しました。しかし、それは少し修正が必要です。というのも、「慶長遣欧使節」を描いた小説『はぜくら』は一九五九年に雑誌『中央公論』に連載を開始しているのです。小説『海鳴りの底から』の出版が一九六〇年ですから、ほとんど同時期と言って差し支えないと思います。

戦後の「キリシタン文学」の最初に「慶長遣欧使節」と「島原の乱」があった――このことは、面白いことだと思います。信長・秀吉・家康の時代は「キリシタンの世紀」とも呼ばれていますが、その約百年間の最後の出来事として「慶長遣欧使節」と「島原の乱」がありました。近代のキリシタン研究の最初期に、アーネスト・サトウの研究に並んで、明治政府による「慶長遣欧使節」研究があったことも、ここで考え合わせてみましょう。そうしますと、「慶長遣欧使節」とつながるキリシタン関連事象は、実に大きな広がりを持っていることを思わされます。「白い常長」のイメージは、この広がりの中で確認されることになります。

小説『はぜくら』は、歴史家である松田毅一さんの校訂を経て発表されています。松田さんはスペイン等で史料に直接あたり、一九六〇年代に「慶長遣欧使節」の実態を克明に明らかにした研究者です。つまり、この使節の「失敗」であったことを冷静に指摘した最初の研究成果が、この小説『はぜくら』の執筆を支えた。このことはとても興味深いことです。というのも、小説『はぜくら』には、「黒い常長」のイメージは希薄だからです。その理由は、この小説の主人公にあります。小説『はぜくら』の主人公は支倉常長ではなく、名もなき下級武士・佐藤大四郎なのです。佐藤大四郎は、「支倉常長の部下」の部下」として登場します。しかし、小説『はぜくら』において、カヴァッツァ家所蔵の「支倉常長像」の「白い」イメージは、この佐藤大四郎に帰せられているのです。背景には、この小説が執筆された一九五〇年代末においてはまだ、カヴァッツァ家所蔵の「白い服を着た武士像」が支倉常長を描いたものであるかどうかについて、なお定説がなかった、という事情があるようです。

小説『はぜくら』の物語が描く様子を要約してみます。ローマに辿り着いた「慶長遣欧使節」一行の内、「上侍」たちは「法王宮内」において「絢爛な伊太利亜風の服装」「イスパニア風の豪華な服装」を着ていた。しかしその「供人」たる佐藤大四郎は和装を崩さない。「上侍」たちは全員、洗礼を受けて西欧風の名前をもらい受けていた。しかし大四郎は洗礼を拒み続ける。その大四郎はローマにて「エジプト出身」であるロザリーナと恋仲になる。あるとき大四郎は「美麗な絵を織り出し金の刺繍のある着物に羽織を着て、日本の刀をさし、轎に乗ってロザリーナの館を訪れた」――このように、カヴァッツァ家所蔵の「白い服を着た武士像」が描かれているのです。そしてその後、佐藤大四郎はこのロザリーナとエジプトに向けて逐電し、物語は終わります。

ここで小説『神神の微笑』が突き付ける「黒船の問」への答が確認できます。小説『はぜくら』は、「『西洋』か『日本』か」という選択を前に、主人公を佐藤大四郎に選んだ上で、「そのどちらを選んでも、上下関係という枠組みから逃れられない」という厳然たる現実を提示します。そしてその現実に向き合う主人公は、旅の果てに「黒船の問」を突破する。ここでその突破の先に見据えられているのが「エジプト」であることは、重要です。ここに、西欧における「ジプシー＝エジプシャン＝エジプト人」という（歪んだ）イメージが活かされています。人外の境地へ、主人公は飛び出し、そうして「上か・下か」という枠組みそのものを突破して行く。それが小説『はぜくら』でした。

この「外への突破」の先にあるものは何か。それを描いた小説があります。城山三郎さんの小説『望郷のとき』です。これも「慶長遣欧使節」の物語です。小説『はぜくら』と同じく、その主人公は支倉常長ではなく、使節の随行員となります。華々しい出航後、幾多の嵐と沈黙の凪の恐怖を乗り越えて、遂にメキシコのアカプルコまで到達した後、カヴァッツァ家所蔵の油絵「支倉常長像」を思わせる晴れやかさでメキシコ市に迎えられた使節一行ですが、物語の舞台はそこに足止めとなります。つまり、物語はメキシコにひたすら止め置かれる随行員に焦点を当て続けるのです。外洋を越えて「外」へと飛び出してみた主人公たちを待っていたのは、ひたすらに「動かない時間」でした。メキシコの大地では、四季の移ろいすらおぼろげである。日本の「内」では政治的に大きな動きが続き、「日本全土で切支丹が禁制になった」「大阪城は落城。豊臣方一党は滅んだ」「家康さまも亡くなったそうだ」と、断続的に連絡が入る。しかし、欧州へ渡ったらしい支倉常長ら正使一行は、いつまでも戻ってこない。全く動かない時間。「外」へ出た苦しみ。「望郷＝ノスタルジア＝故郷への憧れの痛み」が小説『望郷のとき』の主題です。さらに、「外」へ出て行った「自分たち」が徐々に消えて行くという事態に、主人公たちは気づきます。「毛唐くさく」なり、旅先の女性と所帯を持ち、「イスパニア人くささ」を帯びるようになる。「外」に出てみた自分たちは、存在そのものが忘れられて行くはかなさに包まれている。物語はそこに、繰り返し、一つの歌を挿入します。

花咲き　鳥はうたう
生きるはよろこび
愛するは輝き

ここに、カンタータ「大いなる故郷石巻」で引用された漢詩

馬上少年過ぎ
世平白髪多し
残躯は天の許すところ
楽しまざれば　これ如何

と同じ響きが聞き取れると思います。「白い常長」の物語が、「黒い常長」の物語と、ここで共鳴するのです。

小説『望郷のとき』は、「ハポン」と呼ばれる人々を巡る調査の結果、生まれた作品でした。「慶長遣欧使節」の随行員が、メキシコに残り、生業（なりわい）を立て、子孫を残した。そのことが断片的に知られています。その人々が「ハポン」と呼ばれていると聞いた城山さんが、その今の様子を調査しにメキシコに行き、「慶長遣欧使節」研究に生涯をささげた大泉光一さんと出会い、そして生まれたのが小説『望郷のとき』でした。その物語は「慶長遣欧使節」から「ハポン」と呼ばれる人々が生まれた物語となっていたのです。

もう一つ、「白い常長」を描き出している作品があります。長部日出雄さんの小説『密使』です。これは極めて愉快な冒険活劇小説になっています。チャンバラと忍者の世界です。そして、山形の最上、

広島の福島といった大名家が次々と取り潰される政治的策謀の渦中にある伊達家が、自らの生き残りをかけた切り札としたのが「慶長遣欧使節」ということになります。欧州での外交交渉が成功することなく、しかし、成功の可能性もゼロではない状態を保つこと。そうすることで「万が一の可能性としてイスパニア（スペイン）と伊達家が連合することも考慮に入れなければならない」と、そのように幕府中枢に思わせること。そうすることで、結果として、伊達家中には充分な時間が稼ぎ出され、その時間を存分に用いて政治的手立てを尽くし、以て「伊達家の安泰」を確保する。それが「慶長遣欧使節」の本当の意味であった——と、小説『密使』は物語るのです。

小説『密使』の特徴は、東北キリシタン全体の中心に位置づけられるべき「大籠」（現在の岩手県一関市藤沢町大籠）が、物語における重要な場所として登場するところにあります。主人公の支倉常長は、キリシタンが製鉄産業を起こして盛んな勢いを示している緑の山間「大籠」に行き、そこに神学校「セミナリオ」を建てる志を胸に、太平洋の旅に出ます。そして帰国後、ねんごろに伊達政宗から労わりの言葉を賜った常長は、物語の最後、五二歳のなお壮年の身ながらも病床を離れられなくなり、「音楽が聞こえてくる校舎の中で、異国人の教師に、奥州の子弟が学んでおり、ソテロは日本の大司教を諦めて、ここの校長に満足している様子」を夢の中にはっきり見ながら、その末期のときを迎える。——これが小説『密使』の物語です。

『はぜくら』と『望郷のとき』と『密使』という三つの物語に共通しているのは、「外」への突破です。人外の境地、あるいは「自分」もかすむ別世界、そして彼岸の彼方に、主人公たちは出て行く。そこには「『西洋』か『日本』か」という「黒船の問」はもう届かない。そのようにして、外交使節としての惨めな敗残の痛手も、もはや「白い常長」のイメージをかすませることはない。逆に言えば、そのようにすれば、どうにか「白い常長」のイメージは説得力を持たせることができるのだ、と、「物語の中の慶長遣欧使節」は語っているようにも思われます。

（2）漫画『ファシクラ伝』と漫画『支倉常長』

「自分」が消えてしまうような「外」、あるいは「人外の境地」「彼岸」を挿入しなければ、なかなか、「白い常長」のイメージは保てない、ということでしょうか。確かに、「慶長遣欧使節」は失敗に終わりました。華々しい外交交渉は成果を上げることができず、支倉常長は帰国後に政治的厄介者となり、その事跡ごと、歴史の闇に消されたのです。「白い常長」のイメージは、説得力を維持しにくい。しかし、それを覆す可能性と、そこに伏在する課題を示す物語が二つありました。それを以下にご紹介します。

「復元船サン・ファン・バウティスタ号」竣工の前年、一九九二年に発刊されたのが千葉真弓さんによる漫画『ファシクラ伝』です。その表紙には「白い常長」の絵画が用いられています。この物語は小説『密使』と三つの点で共通しています。まず第一に、物語全体が冒険活劇風に仕立てられていること。そして第二に、伊達家を取り潰そうとする幕府の謀略に抗う文脈で「慶長遣欧使節」が描かれていること。さらに第三に、他の「キリシタン」の物語と接続させていること。この三点において、漫画『ファシクラ伝』は小説『密使』と通じる物語となっています。

この共通点のうちの第三の事柄は、特に重要に思われます。小説『密使』が「大籠キリシタン」と物語を接続させたように、漫画『ファシクラ伝』は、「長崎潜伏キリシタン」あるいはプチ・ジャン神父による一八六五年の「信徒発見」の物語に接続しているのです。そのことによって、「外交交渉の失敗」を乗り越えて「白い常長」のイメージが説得力を維持する。それは見事な展開でした。

もう一つの例をご紹介します。「失敗外交」の無残を乗り越えて、「白い常長」のイメージを説得力あるものとして示す物語は、二〇二三年に川崎町が作成した漫画『支倉常長』にも見られます。この漫画は歴史家の佐々木徹さんが監修しています。歴史上はっきりと確認できる「慶長遣欧使節」の外交上の失敗を確かに描いた上で、この漫画の最後は次のように総括の言葉を記しています。

支倉常長と遣欧使節に光が当たるのは
約二五〇年後の明治時代になってからである。
明治時代初め
政府により派遣された右大臣・岩倉具視を大使とする使節団は
日本から遠く離れたヨーロッパで
ソテロと常長の書状を発見する。
自分たちよりもずっと昔の江戸時代初期に
ヨーロッパに来ていた日本人がいたことを初めて知るのである。
西洋の地を踏んだサムライの存在に
一行は驚きと感激の念を持ったともいう。
西洋に追いつけ追い越せと言われた明治時代の彼らは

常長の功績にもきっと勇気づけられ
日本人の誇りを垣間見たのではないだろうか。

このように、一八七三年の岩倉具視遣欧使節の物語と接続することで、「白い常長」のイメージは説得力を回復します。これは、一八六五年の「信徒発見」の物語とつなげることで、漫画『ファシクラ伝』が「白い常長」のイメージに説得力を持続させたことと、相通じるものだと思います。

ただし、川崎市が作成した漫画『支倉常長』には、この私の講演の初めの方で見た問題が伏在しているように思います。つまり、ここには小説『神神の微笑』が突き付けてくる「黒船の問」が、そのまま見出されるのです。「西洋」と「日本」の「どちらが勝つか」という問です。その「問」が、突破されないままに、取り扱われています。そしてこの延長線上に、最初に見たラヂオドラマ「支倉常長」も、直接つながって見えてきます。「西洋」と向き合う中で、ともすれば見失いがちな「日本人の誇り」を垣間見ることは、良いのです。そしてそれを取り戻すことも良いでしょう。しかし、その先に、何を目指すのか。歴史の物語は「どう生きるべきか」を読者に語るべきものです。「慶長遣欧使節」の物語も、「日本人の誇り」を取り戻した後のこと・その先にあるものを、示さなければなりません。実に「その先」を見出せなかった結果が、一九四五年に一つの区切りを迎えたあの戦争の悲劇だったのではないでしょうか。

私たちは「白い常長」のイメージを語る危うさに自覚的でありたいと思います。そうしなければ、それはきっと、「行き止まり」に逢着してしまう。「復元船サン・ファン・バウティスタ号」を擁していたこれまでの「宮城県慶長使節船ミュージアム」には「ソフト」の面での課題があった、と、復元船の解体へと至る一連の会議の最初に、はっきりと指摘されていました。そのことを、私たちは忘れないようにしたいのです。その「ソフト」の課題は、あるいはもしかすると、この「行き止まり」に起因していたのではないか、と、私は「物語の中の慶長遣欧使節」を追いかけてみて、考えています。

（3）『殉教の日本』

最後に、「白い常長」のイメージで語られる「慶長遣欧使節」の物語が、現実の世界に大きな影響を与えた出来事をご紹介しておきたいと思います。

二〇二三年、小俣ラポー日登美さんは『殉教の日本』という大著を上梓されました。そこには、物語としての「慶長遣欧使節」が、聖人・福者を巡るローマ・カトリック教会の物語と接続した史実が整理され記されていました。それは具体的には「長崎二六殉教者」が列福されて行く（殉教者を「福者」としてローマ・カトリック教会が正式に認定する）出来事と、接続していたのでした。

「長崎二六殉教者」とは、小俣さんの説明によると「一五九七年に豊臣秀吉統治下の長崎で磔刑による公開処刑のために命を落とした二六人の総称」です。その殉教者の内訳は「フランシスコ会士六人、彼らにつき従っていた一七人のキリスト教信者、そしてイエズス会関係者三人」でした。「宗教改革」の激動の中で、ローマ・カトリック教会の「聖人」崇敬は攻撃の的とされ、結果として「聖人」像の再構築が図られることとなり、列福・列聖の諸手続きは停滞することになった関係で、「長崎二六殉教者」の列福請願運動も足踏みを余儀なくされていたそうです。その状況を打開する役割を担ったのが「慶長遺欧使節」でした。使節一行の中には「長崎二六殉教者」の最期を目撃した者がいました。また、使節はその礫に用いられた木で作られたという十字架を持参し教皇に献上しました。そして、京都と江戸のフランシスコ会「帯の組」の会員から託された「二六人の列聖を請願する」手紙を、「慶長遣欧使節」を率いてローマに入ったルイス・ソテロ神父が持参していました。そうした使節の教皇謁見という華々しい出来事——つまり「白い常長」のイメージ——は、広くローマ・カトリック教会全体に波及したようです。このことが一つのきっかけとなって、「長崎二六殉教者」は福者として認定され、後に聖人となって行く手続きが開始されることになります。さらにそれが、ローマ・カトリック教会全体の「列福・列聖（「福者」と「聖人」を公式に認定すること）」そのものを再起動させることにもつながって行った、というのです。世界大に広がるローマ・カトリック教会の大きな物語が、「白い常長」のイメージで語られる「慶長遣欧使節」と接続して、動いた。その影響の大きさに、後世の私たちは驚かされます。

以上、「白い常長」のイメージを、「物語としての慶長遣欧使節」の中に探し、それが説得力を持ち続けるために必要なことを考え、そしてそのイメージの影響力の大きさを確認しました。

ここで、改めて、「白い常長」のイメージが現実の世界に実際に影響を与えたことを再確認したいと思います。「日本の誇り」や「列福・列聖」の回復が、確かにそこに見られたのです。そのこと自体の評価は様々に分かれることでしょう。ただ、「黒い常長」のイメージによって「白い常長」のイメージが補足されることの重要性を、私はここで指摘したいと思います。大がかりに・派手に世界を動かす力が「白い常長」のイメージにはありました。それは「復元船サン・ファン・バウティスタ号」の存在によっても明らかでした。しかし、そうした大がかりで・派手な事柄も、いつかは消えてなくなる。ですから、それでもなお残る事柄によって裏打ちをすることが必要だと思います。現実世界へとインパクトをもたらす「白い常長」のイメージは、個々人の内的世界を深化させる「黒い常長」のイメージによって、補完される。そのように物語られてはじめて、「慶長遣欧使節」は、息長くその価値を語り継がれるのではないかと考えるのです。

結　噂が絶えないように

以上、「物語の中の慶長遣欧使節」について、ご紹介をしてまいりました。全体を通して、その「時間の長さ」を感じます。つまり、山田耕筰がオペラにしようとした一九一〇年代以来、何度も何度も、「慶長遣欧使節」は物語として語りなおされてきました。それは作品として完成したものもありますが、むしろ作品となりきらなかったものが、実に多くあったことを思います。

例えば井上ひさしさんは、一九九九年に宮城県慶長使節船ミュージアムが主催した「サン・ファン・バウティスタ出帆記念講演会」において、「復元船サン・ファン・バウティスタ号」の威容に圧倒されたことを語り、「船の中」に入って「慶長遣欧使節」の物語を書きたいと抱負を述べています。同じ年に『わが友フロイス』というキリシタンを扱った物語を刊行した井上さんです。きちんと小説『神神の微笑』が突き付ける「黒船の問」を自覚しています。「つまり日本の忠義と神に対する従順をどう重ね合わせて一つにしていくかというところ」を、講演の中でも、井上さんは考えつつお話していいました。そして「一九九九年（平成一一年）仙台市出身でローマ在住の彫刻家武藤順九氏の彫刻『風の環PAX2000』が抽象彫刻としては初めてローマ法王宮殿・夏の離宮カステル・ガンドルフォに永久設置されることになり、この彫刻の台座として仙台城石垣の石を平和と友好の記念碑として贈ろう」という企画が起こり、二〇〇〇年にその台座に刻む碑文を井上ひさしさんが記すことになります。井上さんはその碑文に「慶長遣欧使節」の物語を語るのです。そうした積み重ねがあっても、遂に井上さんの手による「慶長遣欧使節」の物語は発表されることはありませんでした。彼がカリブ海を愛していたこと、一九八九年にカリブ海を舞台とした『グロウブ号の冒険』を未完に終わらせていたこと、「慶長遣欧使節」の足跡の中ではカリブ海がこれまでほとんど物語られてこなかったこと、そして司馬遼太郎さんとの対談をまとめた一九九六年発刊の『国家・宗教・日本人』の中で、井上さんは、遠藤周作さんの作品に触れながらフランシスコ・ザビエル神父について批判的に語っていること、等を考えると、遂に発表されなかった井上さんの「幻の物語」がどのようなものであったかを想像するだけでも、何か楽しい気持ちがしてきます。

たとえ、作品として完成させなくてもいい。素人の妄想の域を出ないものであってもいい。一人でも多くの人が、「慶長遣欧使節」の物語を、自分の言葉で語ることがあればと願います。

昔、「労働司祭」という人がいたそうです。労働者の身なりをして労働者と共に寝起きし働きつつミサをあげていた神父さんでした。人々がその神父に「どうしてそんなことをするのか」と質問しますと、「キリストの噂が絶えないために」と、その労働司祭は答えたそうです。

長く人々に語られ、実際に大きな影響を与えてきたのが「慶長遣欧使節」です。その噂が絶えないために、何かできればと思います。「物語の中の慶長遣欧使節」をご紹介してみましたこの講演が、そうした役割を少しでも担うものとなればと願って、私のお話を終えたいと思います。

ありがとうございました。

〈追記〉

本稿は二〇二三年二月一八日 東北キリシタン研究会第四回講演会（仙台市民活動サポートセンター）で行った講演（https://youtu.be/rVJV85hpfIU）を、大幅に加筆したものです。

カトリック教会における殉教の意義——愛は死を超えて

加藤　美紀

「友のために自分の命を捨てること、これ以上に大きな愛はない」（ヨハネ15・13）

殉教者の血から生まれたカトリック教会

本稿では、このキリシタン研究書の結びに代えて、なぜカトリック教会では殉教を価値あるものとして称揚するのか、殉教者を福者・聖人として顕彰するのか、という問いに答えることを目的として、結局カトリック教会における殉教とは何なのか、その本質を改めて考えてみたいと思います。

「キリスト教は終始一貫して『殉教宗教』と定義を下すことができる」という見解があります（『キリスト教における殉教研究』3頁、以下『殉教研究』と表記）。その理由は、「初期キリスト教、古代キリスト教の本質を『殉教』という歴史的事実と不可分に語り、理解することはヨーロッパ世界にとって常識化していた」からです（同）。

このようにキリスト教の本質と不可分の「殉教」は、国家権力や為政者からの政治的迫害下で起こりますが、世界史上、キリスト教弾圧が政策として組織的に長期間にわたって施行されたのは、ローマ帝国を除けば日本だけです。この日本で、阿鼻叫喚の拷問の最中にも棄教せず殉教する人々が多く生まれました。そうして、彼らの殉教が教会に豊かな実りをもたらしたという理解から、「日本のカトリック教会は、殉教者の血から生まれ、殉教者の血のうえに立てられた」(カトリック中央協議会)ともいわれます。

その日本の教会では、近年、殉教者の列福・列聖運動が注目されています。カトリック教会では、一九世紀に「日本二六聖人」(一八六二年列聖)、「日本二〇五福者殉教者」(一八六七年列福)、「元和の大殉教」(一八六八年列福)を殉教者として顕彰していましたが、二〇世紀後半以降はこれに「聖トマス西と一五殉教者」(一九八七年列聖)、「ペトロ岐部と一八七殉教者」(二〇〇八年列福)、および、高山右近(二〇一六年列福)を加えて、典礼暦で祝うようになりました。その数、福者三九六人と聖人四二人、計四三八人です(トロヌ・カルラ、二〇一九)。

こうした殉教者崇敬については、西洋の修道会主導の運動という側面があるとはいえ、日本のカトリック信徒のアイデンティティ形成に資することが指摘されています(同)。プロテスタントは元来、イエス以外の人物を聖人として崇めることはしないため、殉教者を教会で公認する規定もありません。これに対して、殉教者を崇敬する伝統は東方教会にもありますが、福者・聖人として列副・列聖するのはキリスト教の中でもカトリック教会固有の伝統的な霊性です。

このような殉教者崇敬の霊性については、時代遅れの英雄崇拝とみなし、殉教を美化することに抑制的な態度や、殉教それ自体に必ずしも肯定的ではない立場もある中で、カトリック教会は何ゆえに彼らを公に尊崇するのでしょうか。

ザビエルのキリスト教伝来とキリシタン布教の状況

まず、殉教とは何かを考える前に、日本にキリスト教が伝来してからの信仰の普及の状況を確認しましょう。本書で度々使用されてきた「キリシタン」という言葉は、「キリスト教徒」を意味するポルトガル語の cristão に由来し、「一五四九年のザビエルによるキリスト教（カトリック）布教開始より、一八七三年キリシタン禁制の高札撤去までの、日本におけるキリスト教およびその信徒をさす歴史的用語」（『キリスト教辞典』299頁）です。要するに、キリスト教伝来から禁教が解かれるまでの三百年余りの期間に限定したキリスト教とクリスチャンの呼び名です。

しかし、「キリシタン布教」という場合は、一五四九年のザビエルの布教から、最後の潜伏司祭である小西マンショが一六四四年に捕縛されるまでの約百年間を指します（『キリスト教辞典』301頁）。というのは、これ以降は、司祭主導ではなく、信徒たちだけで信仰を伝承しなければならなかったからです。この「キリシタン布教」の期間には、日本人司祭四〇人、イルマン（修道士）一〇五人を含む四四九人の宣教師が布教に従事し（例えば、一六〇九―一六一〇年にイエズス会士は日本全国に一三一名いたとされる）、彼らを補佐した伝道士（同宿）は四修道会の合計で四百人以上と見積もられます。

その結果、キリシタンは、一五四九～一六三〇年代初期までに累計約七六万人（幼児洗礼者含む）、一六一四年の徳川幕府による全国禁教令の発令時点で三七万人前後いたと推定され、徳川時代だけで教会は二五〇前後存在しました。一六〇〇年頃の日本の総人口は推定約一二〇〇万人ですから、ピーク時には人口比約三パーセントの信徒がいた可能性がありますが、これは、現在の約〇・三五パーセント（文化庁省『宗教年鑑』令和四年版によれば、二〇二二年時点で、日本全国のカトリック信者数は四三万一一〇〇人。二〇二三年一月時点の日本総人口は一億二四七七万人）と比べると、戦国時代から江戸時代にかけて、現代より遥かに伝達手段が限られていたにもかかわらず、地域によっては相当な勢いでキリシタンの数が増えていたことがわかります。その増加状況は、徳川第二代将軍、秀忠治世下の長崎では、「キリシタンであるだけで捕縛していると町全体が機能しなくなる」レベルでした（『殉教』168頁）。

信者数の増加だけではありません。「江戸時代を通してキリシタンが与えた宗教的、思想的、文化的影響はきわめて大きい」（『キリスト教辞典』299頁）とされますが、カトリックのキリスト教が当時の日本で相当の力を得ていたことは、信者数や教会の数だけでなく、殉教者の数によってもうかがい知ることができます。歴史学者のヨハネ・ラウレス氏（上智大学キリシタン文庫初代所長）によれば、日本の殉教者の数は、四〇四五人ですが、氏名・時期・場所など不明確なものも加えると、キリスト教伝来当初から明治初期までに、推定四万人が殉教したと見積もられます（『新カトリック大事典』第三巻、442頁）。とはいえ、殉教せず、少なくとも表向きは棄教したキリシタンも数多く存在しました。

「潜伏キリシタン」から「復活キリシタン」または「カクレキリシタン」へ

一七世紀半ばまでに宣教師は一人残らず殉教、あるいは国外追放されたにもかかわらず、幕末のキリシタン復活まで二五〇年間にも及んで信徒だけで信仰を伝承したという事実には驚かされます。キリシタンは一六一四―一八七三年の禁教期間をどのように生きたのでしょうか。その信仰伝承の組織的な仕組みは、役職者を中心としたコンフラリア（組講）において、教義と儀礼を伝達することでした（『キリスト教辞典』299頁）。この期間の潜伏時代の信徒を「潜伏キリシタン」と呼びますが、彼らはパリ外国宣教会のフランス人宣教師、ベルナール・プティジャン神父（一八二九―一八八四）による「信徒発見」以降、「復活キリシタン」と「カクレキリシタン」に分かれていきます。

時は幕末、開国から一一年を経た一八六五年、長崎に在留外国人のためゴシック調の大浦天主堂（二〇一八年世界文化遺産に登録）が建てられます。壮麗なヨーロッパ建築を一目見ようと集まる人々に混じって、浦上のキリシタン十数名が見物人を装って訪れますが、プティジャン神父は、教会の門前に佇む彼らのただならぬ気配に気づきます。神父が門を開け、聖堂内に進むと彼らもついてきて、神父が跪いて祈るや、彼らはいざり寄り、「ワレラノムネ、アナタノムネトオナジ」と打ち明けます。私たちの心は、あなたの心と同じ。それは、禁教下にもかかわらず二世紀を越えて密かに守り通してきた信仰の告白でした。これがヨーロッパに衝撃を与えたといわれる「東洋の奇跡」の物語です。

この歴史的出来事を境に、カトリック教会に復帰したのが「復活キリシタン」です。他方、「カクレキリシタン」とは、「一八七三年事実上のキリシタン禁教令撤廃後も、カトリックと仏教、神道、土着の諸民族信仰が融合した独自の信仰形態を現在にいたるまで継承している人々」を指し、「明治初頭に二万人前後いた」と推定されます（『キリスト教辞典』206頁）。

隠れキリシタンの心象風景

彼らは一体どのような信仰を育んでいたのでしょうか。「彼等がなぜマリア観音を必要としたか」（『切支丹の里』137頁）についての遠藤周作氏の文学的解釈は、読む者の心を深く揺さぶる洞察に満ちています。隠れキリシタンの心情は、神を正邪の裁き手、不正に怒り罪を罰する恐ろしい父とみなす「父の宗教」から、罪を赦し、秘密を庇い、傷を包み込む母のイメージに重ねる「母の宗教」へとシフトしていたのではないかという見立てです（同130–142頁）。

これに関連して、ユング派臨床心理学者の河合隼雄氏は、「隠れキリシタン」の心模様について、聖書の物語を口伝の記憶に頼って密かに記した『天地始之事』を手がかりとして、非常に興味深い考察を展開しています（「隠れキリシタン神話の変容過程」）。なお、「隠れキリシタン」という用語には、一般的に「潜伏キリシタン」と「カクレキリシタン」の両方が含まれるとされ、河合氏の論考でも両方を対象にしているように読めます。

この論考を私なりに理解したところによれば、江戸時代のキリシタン弾圧下、信徒でないことを証明するための踏み絵を踏んでもなお、独自の信仰を継承してきた隠れキリシタンたちは、キリスト教の教義の中でも、贖罪と聖母マリアへの崇敬にアクセントを置きながら、罪意識を原動力として償いを繰り返す霊性を育んでいたというのです。その具体的な方法は、暦を大切にすることでした。踏み絵は春先に行われることが多いため、悲しみ節、断食の日、針仕事や田畑の作業を休む日など、日にちを決めて避けるべきことやすべきことを細々と定めた暦に沿って、一年をかけて犯した罪を償い、次の春がくるとまた踏み絵を踏んで、毎年新しく暦どおりに償いを更新していく。こうして、隠れキリシタンたちは絵踏みの罪が赦されることを体験していたのではないかと河合氏は考察します。

キリスト教の教義は本来、十字架による贖罪の先に復活があることを宣言し、永遠の命への希望に招くものです。それなのに、隠れキリシタンが復活信仰を特徴づける喜びや希望よりも、自らの罪を悔い、悲しみ、赦しを乞う心性から抜け出せず、償いを繰り返すことは、ある意味でバランスを欠いているかもしれませんが、そうしなければキリスト教信仰を保つことができなかったのでしょう。そうした信仰は、できない子ほどかわいいと感じるような母心をもつ母性愛に救いを求める心性と相まって聖母マリア崇敬に傾いていくことも頷けます。確かに、隠れキリシタンにおいては、善悪を正し、罪を裁く父性原理よりは、弱者を庇護し、罪から救う母性原理にすがりつく心性が強まるということはよく了解できます。先述の「信徒の発見」の場面でも、キリシタンたちは「サンタマリアの御像はどこ?」と尋ねて、プティジャン神父に導かれ、美しい聖母子像の前で一心に祈ったと伝えられます。

踏み絵を踏んだキリシタンは、神に背いた罪人だと自らを恥じ、ざんきの念に堪えず、罪悪感に責め苛まれたことでしょう。踏み絵を踏まずに命に代えても公然と信仰を貫いた殉教者もいたのです。それなのに、私は自分の命を惜しみ、神に従いきれなかった。それでも、神を信じている以上、神に赦してもらわなければ生きていきようがありません。ところが、キリスト教の「原罪」の考え方はよくわからないし、一生の重荷のように感じられる。だから、隠れキリシタンたちは原罪の教えをなくしてしまい、その代わりに、暦に沿って忠実に償いを果たせば罪が赦される、というシステムを作り出します。そこが人間の面白いところで、元々の教義を変えてでもなんとしてでも生き延びるための装置を見つけ出すのです。これを疑似宗教だとか似非信仰だとか批判するのは簡単ですし、偽装するくらいならむしろ本当に転べばいいという考えもありうるでしょうが、それもできない、というところに彼らなりの生き方があるのです。ところが、禁教令が解かれ、絵踏みをする必要がなくなると、今度は自分が罪を犯したというはっきりした罪意識も自覚されなくなるので、やがて宗教性も失われていくのではないか、というのが河合氏の非常に興味深い指摘です。

なぜカクレキリシタンは、キリスト教を自由に信仰できる時代になっても隠れ続けるのか、という問いに対する答えがここにあるかもしれません。歴史学者の片岡千鶴子氏は、彼らが隠れ続けることの根本原因として「伝承の忘却」を挙げ、そもそもは「信仰を守るためのやむをえない便法であった」はずの仏教や祖先崇拝がいつしか心の拠り所となり、「カトリシズムの本質」を「喪失」しているのが実体であると指摘しています（『新カトリック大事典』第一巻、1067–1068頁）。この見解は、上述の河合氏の論考によって補完され、重層的になるのではないでしょうか。

これに関連して、フランシスコ教皇は、「私は罪人だ」という自覚は、神と人とをつなぐ生命線だと述べます。逆に言えば、罪意識がなくなれば、贖い主キリストを求める切実さが薄れ、神との絆が意識されにくくなるのです。ですから、隠れキリシタンが贖罪を中心とした信心を育んでいた点は目を引きます。隠れキリシタンの信仰形態が西欧キリスト教とは異なる様相をみせ、独自の変容を遂げているとしても、彼らが生き抜くために堪えていた年月の重みを思う時、第三者がその信仰の価値まで云々することはできないという思いが沸いてくるのです。少なくとも、現代の日本で禁教下に彼らが払ったのと同等の犠牲が強いられない以上、隠れキリシタンに対する判断は差し控えたいと思います。

コンチリサンの思想と死者の魂の行く末

ここで想起されるのが「コンチリサン」の思想です。コンチリサンとは、「痛悔」を意味するラテン語の contritio に由来し、宣教師が話すポルトガル語の contrição がキリシタンの間で転訛した言葉です。その意味するところは、キリシタン教理書の『どちりいなきりしたん』（一五九二）に、「科を悔ひ、悲しむ事、是コンチリサンとて、科を赦さるる道なり」とあります。言い換えると、コンチリサンとは「完全な痛悔」であり、「まごころより罪を悔い、再び犯さぬと決心してその赦しを祈ること」と説明されます（『新カトリック大事典』第二巻、1001頁）。

歴史学者の尾原悟氏は、「二五〇年間キリスト教の本質が失われることなく復帰できる内容を維持できたことは、世界のキリスト教史の上でもほかに例を見ぬ事実である」（『きりしたんの殉教と潜伏』288頁）と述べます。それでは、なぜキリスト教の本質を司祭不在の潜伏時代に伝えることができたのか。その重要な鍵として、尾原氏は『こんちりさんのりやく』（一六〇三）に注目します。

『こんちりさんのりやく』とは、潜伏キリシタンたちが罪の赦しを得るため「こんちりさん」、すなわち「完全な痛悔」を起こしてよき臨終を迎えられるように導く手引き書です。その内容は、江戸時代のキリシタン迫害下で、教会も司祭も秘跡もない二五〇年間の「コンヒサン」（ポルトガル語で「告解」を意味する confissão からの転訛）の特殊な形態でした。同書を貫くコンチリサンの思想は、キリシタン時代には既に深く根を下ろし、復活キリシタンの時代まで確実に伝えられてきました。これが「禁教下に正統的信仰を伝承する源泉となった」（『キリスト教辞典』303頁）と認められています。

歴史学者の川村信三氏（二〇〇一）は、『こんちりさんのりやく』が迫害下の民衆キリシタンの精神的支柱、すなわち、「心のよりどころ」として機能し、同書が彼らにとっていかに「慰めの書」であり「希望の書」であったか、を丹念に解き明かしています。

もう一つ、コンチリサンの思想に関連して、興味を惹かれるのは、キリシタンが死後について大変関心を寄せていたという事実です。「イエズス会日本年報」には、日本人は「死者の魂の行く末について非常に心を傾ける」と記録されています（『殉教』98–99頁）。死に際に告解することができなかった親の霊魂の行方を案じて、親の魂の救いのために自分の衣類を捧げものにする信徒もいたようです。

日本史学者の大橋幸泰氏によれば、江戸末期から明治初期にかけての大規模なキリシタン摘発事件「浦上四番崩れ」では、特に「来世救済願望が突出している」といいます。人間には「アリマ」（「魂」を意味するアニマ anima の転訛）というものがあり、死後、来世でのアリマの救済を実現してくれるのは唯一キリシタンだけと彼らは信じていたのだ、と。こうして殉教者は、来世における霊魂の救済を切実に望んでいたがゆえに、現世での迫害に耐え、信仰を表明して殉教を選んだというのです（『潜伏キリシタン』210–212頁）。

そういえば、潜伏キリシタンに伝承された日本人伝道士バスチャンの予言も、やがて告解を聴いてくれる司祭が黒船に乗ってやって来て、毎日でも告解できるようになる、という内容でした。告解の秘跡を受けて神に罪を赦されたい――。彼らの望みがどれほど切実であったかが切なく胸に迫ります。大村藩（現長崎県大村市）では秀忠による宣教師死罪令の発布後、変装した宣教師のもとに大勢の棄教者たちが告解のために詰めかけたといいます（『殉教』156-157頁）。それほど日本人は、死後の「魂の行く末」を気にかけ、魂の救済を熱烈に希求し、それがゆえに罪の赦しに焦がれていたのです。

キリストの証しとしての殉教

他方、禁教下でも公然と信仰を表明し、殉教する人々もいました。洗礼を受けるにとどまらず、殉教の死に至るまでキリシタンであることをやめなかった彼らの行為にはどのような意味があるのでしょうか。

「殉教」とは、広義においては「自らの生命を賭して信仰を証する行為」です（『キリスト教辞典』553頁）。しかし、殉教は周知のとおり、キリスト教の専売特許ではありません。『新カトリック大事典』では、ある宗教が権力者から弾圧され、迫害が起こる時、信仰のために受難と死を被る場合、彼らを犠牲者としてではなく、「信仰の証人」として積極的に評価してきたのがキリスト教とイスラム教だと説明します。「この証は歴史上、正統信仰の真理、道徳を守るために自らの意志で生命を捧げた人々の行為を示す重要な概念」です（第三巻、256頁）。

さらに語源を遡ると、現代の「殉教（伊 martirio、英 martyr）」を意味するギリシア語「マルティリア（martyria）」は、「証しする」ことを指す動詞martyreinに由来し、「歴史・法律・宗教のいずれの分野を問わず」、「証し」あるいは「証人」を意味します。ただし、キリスト教の伝統における用法では、「もっぱら血による証（あかし）を立てる者だけをさす言葉」（『聖書思想事典』429–430頁）でしたが、後世では、餓死、牢死、拷問や追放の苦難による無血の死も殉教とみなされています。

カトリック教会で殉教者と認定されるためには、①生命の犠牲、②無抵抗の死、に加えて、③信仰の証による死、④人々の信仰を喚起する死、等の条件が必要です。しかも、実際の殉教者認定には微妙な問題も絡み、手続きは簡単ではありません。その上で、キリスト教における「殉教者」とは、端的に言えば、「二世紀後半頃から、死をもってイエスがキリストであることを証明した人々」を指します（『新カトリック大事典』第三巻、259頁）。

キリスト教の殉教観

キリスト教殉教観の形成過程は、「三一三年のローマ帝国によるキリスト教公認まで」と、「キリスト教公認以降から現代まで」の二期に区分できます（『新カトリック大事典』第三巻、256頁）。

新約時代の最初の殉教者は、「使徒言行録」に登場するステファノとされますが、イエスの死に先立つ洗礼者ヨハネの死は、カトリック教会の典礼暦の中では殉教として記念されています。また、初代教会の中心的指導者であったペトロもパウロもローマで殉教し、ヨハネ以外の一二使徒は殉教したと伝えられていることからも、カトリック教会においてイエスをキリストと証明するために、殉教がいかに尊ばれてきたかがわかります。

カトリックの殉教観を遡れば、キリスト教の母胎である旧約聖書のユダヤ教思想にその源があります。預言者たちの苦難と死はキリスト教殉教者のモデルとなり、マカバイ記が記す律法学者エレアザル、七人兄弟とその母の殉教記事は、「とりわけ古代教会の殉教者像形成に深い影響を与え」ました（同）。エレアザルについては、表向きは律法に背くふりをしても、心の中で信じていればよい、という忠告を毅然として退けている点が印象的です。また、老母が七人の子どもたちに殉教するよう鼓舞し、「命をも惜しまないなら」「霊と命を再びお前たちに与えてくださる（二マカバイ7・23）、と復活を確信している様が迫力をもって伝わってきます。ただし、彼らの殉教は、神への忠誠ではありますが、より直接的には「律法のため」に行われています。

この点、森一弘氏は、旧約聖書を貫いているユダヤ教の殉教観に対して、ユダヤ教からの改宗者であるパウロが、「殉教」でさえ「愛がなければ無意味である」という悟りから、キリスト教にユダヤ教とは異なる殉教観を吹き込んだことを指摘しています（『殉教と殉国と信仰と』46頁）。つまり、キリストへの愛こそが殉教の本質であることをパウロが新約聖書の中で教えたということです。こうして、パウロが旧約聖書に基づくユダヤ教の殉教観を乗り越えて、カトリック教会独自の殉教観の形成に大きな影響を及ぼしたことは特筆に値します。

続くローマ帝国時代には、末期のディオクレティアヌス帝の大迫害に代表されるような大規模な弾圧が行われ、おびただしい殉教者が出ました。その中でも、一一〇年頃、トラヤヌス帝による迫害下のアンティオキア司教イグナティオスの殉教は有名です。彼は、「カトリック教会」という言葉を最初に使用した人物とも伝えられます。神学者の市瀬英昭氏は、イグナティオスの書簡から、彼の殉教の目的が「神に到達する」ため、「イエス・キリストの弟子となる」ため、「教会共同体のための捧げものとなる」ためであったことを指摘しています。この書簡は、カトリック教会公認の読書課において現代も読み継がれており、「キリスト教殉教観の原型」とされます（『新カトリック大事典』第三巻、257頁）。

殉教者への崇敬

殉教者崇敬については、四世紀には毎年ローマで殉教者が記念されていたことを示す『三五四年の年代記』という資料が存在します。これは現存する最古のラテン語『殉教録』、すなわち、教会の典礼用に殉教者の記念日を列挙した祝日の暦です（同261頁）。それ以前にも、二世紀後半の『ポリュカルポス殉教記』では、殉教者の遺物を尊び、死の記念日を祝っていたことが記されているため、この頃から民衆の間で殉教者が神にとりなしをする聖人として仰がれていたことがうかがえます。

興味深いのは、教会成立初期には殉教者崇敬が生じていたばかりでなく、彼らの遺骨や衣類は病気の治癒や奇跡をもたらすと信じられていたことです。誰が定めたわけでもないのに、殉教者の遺骸や遺骨、遺物には特別な聖なる力が宿るとされ、信徒は先を争って聖遺物に触れようとしたといいます。殉教者が崇敬され、彼らの聖遺物が信心の対象になることは日本も例外ではありませんでした。殉教を見物した人々は、殉教者の血潮を手で受けようとし、爪や切り刻まれた肉片、内臓さえも持ち去ったといいます（『殉教』81、113頁）。

この点、カトリック教会の公式見解では、聖遺物それ自体に特別な力があると認めているわけではありませんが、教会の認定条件として聖遺物の保存を求め、聖遺物崇敬を奨励してきたのは現代に至るまでの歴史的事実です。それはなぜかと言えば、殉教者は「キリストの証し人」として神から特別な栄冠を授かり、天の栄光に輝く偉大な聖人であると確信せずにはいられなかったからです。つまり、殉教には民衆の素朴な信心に強烈に訴えかけ、ここに真実があると魂を揺り動かし、自ずと称賛させるような真正性があったということです。それでは、殉教者を本物の信仰者だと感じさせずにおかないものは何であったのでしょうか。

キリシタンは福音を理解できたのか

キリスト教とは、紀元一世紀のイスラエルで神の国を開始し、神の愛を説き、福音を生きたことにより、ユダヤ教の指導者層に排斥され、十字架上で処刑されたイエス・キリストの生涯と死と復活により、人類の贖罪と救済が実現したと啓示する宗教です。キリスト教の信徒は、イエスの教えに従い、イエスと一致して愛を生きることにより、神の人類救済の業に参与し、永遠の命を得ると信じます。

しかし、ここで一つの疑問が湧いてきます。キリスト教が西欧から伝来した当時の日本で、たどたどしい日本語で解説される外国の宗教の教義を民衆はどの程度理解することができたのだろうか、と。彼らは果たして宣教師たちの語ることを、通訳を介してとはいえ、ちゃんと理解できただろうか。仮に話の骨子は理解できたとしても、微に入り細に入り了解できただろうか。メッセージの根幹は捉えられるとしても、実際の生活に適応する際に疑問が生じた場合、どのようにして戸惑いを解消していたのだろうか。あくまでも我流で自分の生活の文脈内で、ひいては日本文化固有のしきたりや慣習の範囲内で受容せざるを得なかったのではないか。その過程でキリスト教の本質が多少なりともデフォルメされて変質することを免れ得なかったのではないか。

この種の疑問はこれまで幾度となくキリシタン史や宣教に関わる研究の遡上に乗せられ、順応（adaptation）、適応（accommodation）、土着化（indigenization）、文化内受肉（inculturation）などの概念とも併せて議論されてきたとおりです。超自然的な恩寵を認めない立場からは、キリスト教布教と受容の動機をめぐって、次のような見解もみられます。そもそも植民地政策下のスペインとポルトガルには政治的・軍事的な思惑があり、宣教師は実のところ国家の征服戦略のための諜報員だった。大名はキリシタンになることで、領内の布教の保護と引き換えに貿易上の利権を得て武器を輸入し権勢を強化できるし、主君に対する忠誠と服従を旨とするキリスト教の教えが封建的支配の徹底に好都合と考え、双方の利害が一致したのだ。配下の家臣や領民は、領主の政治的な都合と世俗的な動機のもと、意味もわからず、強制的な集団改宗によって形だけの洗礼を受けたに過ぎない。潜伏キリシタンばかりでなく、殉教者ですら、キリスト教をその本質において理解していたわけではない、等々。キリシタンの信仰は、結局のところ神仏習合の典型であり、日本古来の祖先崇拝、神道・仏教・道教、現世利益的な民族信仰などにキリスト教的要素が混淆した呪術的多神教に過ぎないとみる立場もあります。

殉教についても、これまでに様々な解釈がなされてきました。いくら殉教といえども、武士であれば、主君のために切腹して殉死するのを名誉に思う感覚の延長線上で殉教したのだろう。民衆であれば、当時、民間で広まっていた呪術的信心から殉教が奇跡的現象を惹起することを期待したのではないか。実はキリストへの信仰からではなく宣教師への恩義ゆえに殉教せざるを得なかったのかもしれない。キリシタン弾圧という特殊状況下での独特な群集心理もあっただろう。日本のイエ制度やムラ社会特有の血縁や地縁のしがらみによって追い詰められた末の一種の生贄だったのではないか、等々。

これらの解釈には、キリスト教の奥深い教義は、学問の素養のない民衆に理解できるわけがない、という前提があるように思えます。つまり、キリスト教とはすなわち教義であり、教義の理解が正統信仰への道である、とする考え方です。確かに知解作業が信仰生活の助けになることは甚だしく、だからこそ、要理教育は受洗の前に欠かせないものとして、教会ではいつの世も重視されてきました。

この点について言えば、当時の日本の文化程度は高く、個人は十分に自由な人格的決断ができた可能性があります。というのも、日本全般の識字教育は進んでおり、西欧の神学書や信心書は翻訳版で広く読まれ、日本のキリシタンの神学および信心の様相は、「一六世紀の西欧と共時的状況にあった」とみることができるからです（『殉教研究』36–37頁）。また、キリシタン史を専門とする五野井隆史氏は、ザビエルの初期の宣教は、通訳のアンジローを介してデウスを大日に置き換えて行われていたものの、仏教の教えとは全く異なる印象を与えていたであろうと指摘しています（『日本キリスト教史』39頁）。後に原語主義に転換して、ラテン語のデウスの発音をそのまま使用しますから、それは尚更のことでしょう。さらに、「日本では男も女も、あるいは夫も妻も子供もそれぞれの意志にもとづいて、それぞれの宗派に帰依する自由を有している」というザビエルの報告を紹介しています（同）。

他方で、幼児が神を体験していたり、児童が神についての観念をもっていたりしても何ら不思議はなく、逆に、高度な知性を備えていると思われる人物が信仰の類に興味を示さないこともままあります。さらに、どれほど深遠な神学を研究しても、それに比例して信仰が深まるとは限りません。そもそも信仰とは自力で獲得できるものではなく、神からの恩寵であり、知性によって論証されるものではなく、直観によって体験されるものであるとされます。とすれば、信仰の道は教義の正確な把握によってではなく、イエス・キリストとの人格的出会い、神への愛と人への愛、において完成されるのだという点をここで思い起こさなければならないでしょう。実に、「人をキリスト信者とするのは、倫理的な選択や高邁な思想ではなく、ある出来事との出会い、ある人格との出会いです」(回勅『神は愛』一)と教皇ベネディクト一六世が述べているとおりです。一人ひとりのキリシタンにとって、何かしら信仰の核となるキリスト体験があったと想定しても許されるでしょう。

思えば、キリスト教の教義を難解にしているのは、後世の学者たちの議論であり、イエス・キリストの福音に遡れば、互いに愛し合うこと、平和と赦し、祈り、神の喜び、人間の幸福など、極めてシンプルなメッセージです。ただし、貧しい人は幸いである、という世の常識を逆転させる価値観や、自我に死んでこそ自己に生き、命を捨てる者は魂を救う、というパラドックスや、この世の命を超える永遠の命への招き、など際立った新しさを特徴とするため、すんなりとそのまま理解できない要素も散見されます。キリストの福音の中に、社会通念や世間的価値観を打破し、既存の思考枠組を超える内容が含まれるのは事実です。

高山右近の殉教が証しするもの

それでは、殉教者は何のために命を賭けたのか、何を信じて殉教したのか、殉教者は何を証したのでしょうか。それを考える上で、戦国時代の傑出したキリシタン大名、ユスト高山右近（一五五二―一六一五）の生き方は、多くの示唆を与えてくれます。高山右近は一九六五年、日本の教会が「信徒発見」百周年を記念した年に列福運動が再開され、二〇一六年「いつくしみの特別聖年」に列福されました。右近は殺されて血を流すような殉教をしたわけではありませんが、列福調査では、右近の生涯を「継続する殉教」「追放の苦難による殉教」と捉え、右近を「キリストの証人」としての「殉教者」と認めています。ちなみに、「殉教者は受けた刑罰によってではなく、その訴因によって成立する」という考え方はアウグスティヌスの見解に遡るようです（『概説キリシタン史』161頁）。

しかし、こうして現代の教会が右近を殉教者として認定するまでもなく、右近の列聖申請代理人アントン・ウィットワー氏によれば、右近が亡くなった当時から既に「殉教者」として尊崇されていたことを示す古い資料があります。江戸幕府によるキリシタン禁令下でマニラに追放された右近は、到着して四〇日ほどで熱病のため逝去しますが、マニラ市による葬儀に際して追悼文を認めたイエズス会フィリピン管区長のヴァレリオ・デ・レデスマ神父は「右近の人生は長い殉教生活でした」（一六一五年フィリピン年報）と述べます。

それでは、「殉教生活」とされる右近の人生にはどのような特徴があるのでしょうか。ここでは、日本カトリック司教協議会列聖推進委員会が編んだ『右近と歩む祈りの旅』（以下、『祈りの旅』）を基に、ラウレス（『高山右近の生涯』以下、『生涯』）、チースリク（『高山右近史話』以下、『史話』）、古巣馨（『ユスト高山右近』以下、『ユスト』）などの研究をはじめ、参考文献に挙げた他の研究も確認しながら、右近の人生を特徴づけるポイントを取り出してみます。

高山右近は一〇歳の時、山口でザビエルに出会った日本人修道士ロレンソ了斎から家族と一緒に洗礼を受け、日本人を高く評価していたイエズス会のオルガンティーノ・ニェッキ・ソルド神父（当時の京阪地区長）の霊的指導のもと、「教会の柱石」「伴天連の大旦那」と呼ばれる信徒の中心的存在に育っていきます。

右近の人物像については、彼がいかに人徳と品格と才能に溢れ、勇敢かつ志操堅固で、卓越した識見と魅力的な語り口も相まって、天下人・大名・武士から民衆、宣教師、外国人信徒に至るまで広く敬愛され、称賛される傑出した人物であったか、当時の種々の資料に記録されています。

戦乱の世で高槻（現大阪府高槻市）の城主となり、明石の地も治めた右近は、キリシタン禁教令を発し、棄教を迫る豊臣秀吉に対しても臆することなく信仰を宣言し、その結果、大名職も領地も失うことになりますが、その際の心境は注目に値します。

彼は時の天下人である「太閤様」に対して、「キリシタンをやめることに関しては、たとえ全世界を与えられようとも致さぬし、自分の霊魂の救済と引き替えることはしない」（『日本史』221頁）、「予は全世界に替えても、キリシタンの宗門と、己が霊魂の救いを捨てる意思はない」（「プレネスチーノ書簡」『生涯』349頁）と言ってのけます。「もし、秀吉の寵愛さえ失わなかったならば、日本で第一の大名、武将になっていたことだろう」とイエズス会宣教師のルイス・フロイス神父に言わしめた右近です（『ユスト』20頁）。時は群雄割拠の戦国時代、天下一の権力の座が手に届く位置にある才覚溢れる人物にとって、この世の栄華は誘惑とならなかったのでしょうか。

その時の境地を示すのは、家臣や友人たちに告げた次の言葉です。「我らの主なるデウスの名誉と栄光のために」「長年待ち望んでいた主の苦しみを共にできる機会を得たことを心底嬉しく思っています」（『日本史』224頁、『祈りの旅』12頁）。つまり、この世の栄華を惜しまず捨てることができた源には、神の栄光のために、イエス・キリストと苦しみを共にしたいという右近の熱烈な願望があるのです。それでは、自分の栄光ではなく神の栄光を求め、「主の苦しみを共にできる」ことへの望みはどのようにして生まれたのでしょうか。その謎に迫る鍵となるものが、右近が愛読した『スピリツアル修行』にあると考えられます。

愛読書『スピリツアル修行』を実践して

『スピリツアル修行』（日本文文語体のローマ字本、P・ゴメス編著、長崎コレジョ刊、一六〇七）とは、「イグナティウス・デ・ロヨラの『霊操』を範とする信心業の代表作」であり、「信心生活の最終目標であるキリストの受難に倣う黙想修徳書の集大成」（『キリスト教辞典』303頁）です。キリシタン時代の日本では、イグナチオの『霊操』が一般信徒向けに『スピリツアル修行』として書き換えられ、「信仰指南書として早くから信者たちの間に広まっていました」（『ユスト』127頁）。

神学者の川中仁氏（二〇一六）によれば、『スピリツアル修行』は、「アダプタドス（Adaptados）」と呼ばれる霊操の適用版テキストに当たりますが、その適用レベルは非常に高く、まさに霊操そのものの内容を備え、祈りの構造も本物にそっくりであるとのことです。この『スピリツアル修行』を通して、イグナチオの霊操が右近の信仰に大きな影響を与えたことがつとに指摘されています。

じっさい、右近が霊操を体験したことも史実として確認されています。それは二回とも人生の大きな試練の時期でした。すなわち、一五八七年（天正一五年）の豊臣秀吉による伴天連追放令発布の翌年と、一六一四年（慶長一九年）の徳川幕府による全国禁教令発布の後、マニラに追放される直前です。ここから、右近がキリシタン迫害下にありながら、聖霊の導きを識別して、よりよい道を選定する決断ができたのは、イグナチオの霊操の体験ゆえであることが示唆されます。

追放の地であるマニラに向かう船旅で、右近が最も大切にしていたものは『スピリツアル修行』であったというエピソードもあります。マニラ船の航海中、難に遭い、船室が浸水し、積み荷が水浸しになった時、「甲板で、濡れてしまった『スピリツアル修行』を、孫たちに手伝ってもらい、愛しそうに一枚一枚めくって、陽にかざす右近の姿」（『祈りの旅』28頁、『生涯』598–599頁）がありました。この場面は胸を打ちます。

流罪としての追放は、「より優れた殉教の形」といわれますが、どうして右近が棄教より苦しい殉教を選んだかと言えば、霊操では、苦しみそれ自体のためではなく、神の栄光のため、人間の創造の目的により合致する方を選ぶ、という方向づけがあるからこそではないか。ここに、イグナチオの霊操を特徴づける「もっとよく（magis）」の精神の結実を見ることができると思われます。

右近の決断を導いたイグナチオの『霊操』

『霊操』（Exercitia spiritualia）とは、聖イグナチオ・デ・ロヨラ（Ignacio de Loyola, 1491–1556）が神の恵みに向けて魂を訓練するための具体的方法を記した、黙想のための指導教本です。霊操は、ロヨラ自身の神秘体験に基づいていますが、学問的鍛錬を強化する過程で、自らが受けた神の恵みと霊的体験について、十分な自己省察と吟味を加えているため、個人的体験にとどまらず、一般的にも妥当する普遍性を備えているとされます。しかも、霊操は、種々の伝統的な祈りの諸要素を体系化したキリスト教的修行の集大成であり、カトリックの霊性の頂点をなす霊的遺産として世界的にその価値が認められています。

霊操の目的は、神秘体験それ自体ではなく、自分に対する神の御旨を見出すことにあります。このため、霊操においては、神からの呼びかけに目覚め、自己固有の使命を聴き取り、召命によりふさわしく応答するための決断に導かれます。具体的には、霊的指導者のもとに自らの記憶・感情・知性・意志を含めて、心身と精神を総動員し、全存在をあげて神の御旨を探し、全人格的な生路選定を行います。

右近の場合、オルガンティーノ神父の導きのもと、静寂と平安の中で霊的修行に打ち込める茶室や聖堂という環境にも恵まれ、真理を探究するにふさわしい良心の状態を保ちながら、たとえ数日ではあっても、本格的な霊操の全プロセスを体験することができたと思われます。

忠誠・犠牲・信義などを尊ぶ武将が、千利休の七高弟（利休七哲）にも数えられる茶人で、和歌や能楽もたしなんだ当代きっての教養人でもあったのですから、高度な霊的修行の指南書にも違和感を覚えなかったであろうと推察されます。毎朝、祈りとメディタサン（瞑想）を行う茶室にはキリストの聖画を飾り、茶室を神と対話するための瞑想の部屋として愛したといわれます。しかも、茶室は右近にとって聖堂であったばかりでなく、茶道の「一座建立」はキリスト教的共同体でもあり、茶道とキリストへの道は右近において地続きであったことをチースリクは指摘しています（『史話』256–261頁）。

また、『霊操』には、当時のメンタリティーとイグナチオ個人の気質もあって、忠誠・勇気・敬神などを重視する騎士道精神の影響があると指摘されていますが、右近にとっても『霊操』を範とする『スピリツアル修行』の中に、武士道精神との親和性を感じたかもしれません。例えば、小西行長は秀吉に対して「神に忠実な者こそ、真の忠義者、真の武士である」と右近を擁護したそうですから、キリスト教信仰は武士道と相通ずるものとして受け止められていたようです。じっさい、ルイス・フロイスの『日本史』の中で、右近は「キリストの騎士」と呼ばれていますが、イエズス会司祭がこの言葉を用いたのは、右近が『霊操』の体現者として映じたからではないでしょうか。

『霊操』の実りとしての愛の実践

『霊操』による霊的修行は、自分の力を超える聖霊に導かれながら、過度の自己愛から解放され神の愛の自由へと至る自己超越のプロセスと捉えられます。その実りは、神との神秘的合一や神への讃美にとどまらず、神と人類への具体的な行動を伴う奉仕に現われるとされます。

右近の人生には、まさにこの霊操の実りが具現化しているようにみえます。彼は父ダリオと一緒に

「ミゼリコルディアの組」の世話役を引き受けました。「ミゼリコルディアの組」とは、元々、「中世イタリアで始まった慈善のための信心会」です（『新カトリック大事典』第四巻、887頁）。一六世紀当時、ポルトガル宣教師たちは本国のやり方に倣って布教国でも組織しますが、教会奉仕だけでなく、「慈悲の組」とも呼ばれるように社会福祉の面でも重要な役割を担いました。具体的には、「死者の埋葬、貧者の救済、病人の介護」などです（同）。

右近は、失職した武士の面倒を見、遺族の生活を保護し、旅人の宿を世話し、身寄りのないキリシタンが亡くなれば、一国一城の主にもかかわらず、手厚く弔い、棺を担いで野辺送りをしたといいます。当時、死者の埋葬は、非人の仕事とされ、卑しめられていた時代です。さらに、家臣や仲間や多くの人々を洗礼に導き、告解の手はずを整え、キリシタンの臨終に立ち会っては慰め、苦しむ人々の魂への配慮に余念がありませんでした。二八年間も追放されていた金沢の地では、二百人以上の人々を信仰に導きました。ラウレスによれば、一五八一年（天正九年）には高槻領内の全住民二万五千人のうち一万八千人がキリシタンでしたが、それが右近親子の影響であることは言うまでもありません。日本人司祭の育成にも尽力し、一五八〇年には巡察師アレッサンドロ・ヴァリニャーノ神父に建設資金を提供して、つまり、私財を投じて、安土にセミナリヨ（神学校）を建てています。

このセミナリヨとは、現在の高等学校に相当する中等教育機関ですが、チースリクによれば、ヴァリニャーノ神父もオルガンティーノ神父も、ローマで文学と話術を最重視するヒューマニズム教育を受けており、宗教学を教授したヴィセンテ修道士は、日本文学にも造詣が深く、日本語の名説教家であったそうで、セミナリヨでの教育は相当充実していたと考えられます。その証左として、この高槻のセミナリヨで学んだパウロ三木は、殉教に至るまで信仰を成熟させせました（『史話』94頁、150–151頁）。

この他にも、関ヶ原の合戦後は、金沢にイエズス会の修道院と教会を建て、司祭の生活費を援助するなど、宣教に尽力しました。右近がこのような愛の行動、「ご大切の業」に励んだのは、右近の元来の性格・気質もあるでしょうが、やはり『スピリツアル修行』から力を汲み、深い霊性を育んでいたからこそ、尽きることのない熱誠に溢れて持続的に推進できたものと思われます。

信徒教育と殉教願望

もちろん、右近の霊性を育んだものは『スピリツアル修行』だけではないでしょう。当時、『イミタチオ・クリスティ（キリストに倣いて）』が『こんてむつすむんぢ』と書名を変えて出版され、広く読まれていたことがわかっています。この『こんてむつすむんぢ』を細川ガラシャ夫人に読むことを勧めたのは右近なのですから、本人も読んでいたに違いありません。この『イミタチオ・クリスティ』には、黙想と修徳によってキリストを模倣しようとする「新しい信心」（Devotio Moderna）の敬虔思想が流れ込んでいるとされ、キリストの受難と十字架の追体験を目指す内容なので、『こんてむつすむんぢ』を読めば、「新しい信心」の影響を受けたはずです。

また、典礼から受ける多大な影響も見逃せません。キリシタン時代にも復活祭と降誕祭は大切に祝われていました。高槻で聖なる過ぎ越しの三日間の典礼に与ったヴァリニャーノは、「まるでローマにいるような気がする」と驚きます。そこには美しく刺繍された祭服をまとう数多くのパアドレ（神父)、イルマン(修道士)、神学校の生徒たち、厳かな祈祷行列、大勢の聖体拝領、オルガンが奏でる聖歌、立派な天蓋に燭台、香炉、十字架顕示器に聖遺物、鞭の苦行までありました(『生涯』228-230頁)。

内面的な信徒教育も充実しており、高槻の教会でも、日曜日ごとに次のキリスト教最大の掟が唱えられていました(『史話』193頁)。「汝、アニマ(魂)、心、エンテンジメント(精神)、力およぶほど、デウスを大切に思ひたてまつり、次に我が身を思ふごとく、ポロシモ(隣人)を大切に思ふべし」(エワンゼリヨの抄)。

その「ご大切」の具体的な実践方法についても教えられます。当時、キリシタンに読まれた教理書『どちりいな・きりしたん』(国字文)では、キリスト者の証としての慈善のわざ「慈悲の所作」を挙げています(『キリシタン教理書』97-98頁)。飢え渇く人や着る物のない人に食物や衣服を与え、病人や受刑者を訪問し、行脚する者に宿を貸し、死者を埋葬すること。続いて、「スピリツにあたる七つのこと」では、精神的な慈善のわざとして、助言、教え、なだめ、戒め、堪忍、赦し、デウスへの信頼を勧めます。これは最後の審判についてのイエスの教えに基づくもので、当時のキリシタンは、この「慈悲の所作」を教理箇条とともに暗唱していたといいます。

さらに、宣教当初からキリシタンの間で殉教は「救済への道」と教えられ、殉教の意義・心得・模範を述べた『マルチリヨの鑑』、『マルチリヨの勧め』、『マルチリヨの心得』(宗教学者の姉崎正治氏がこの三編に題を付けて『マルチリヨの栞』としてまとめた)など、後世に「殉教文学」と呼ばれる書物を出版して殉教教育が行われていました(『キリスト教辞典』554頁など)。

例えば、イエズス会司祭が執筆したと推測されている『マルチリヨの勧め』では「殉教者の血は教会の種子となる」と殉教の意義が明記されています。『マルチリヨの心得』では、殉教の精神について、「神へのご大切（愛）」のために、自分の全てを捧げ尽くすことであり、「丸血留」は、血を流すだけでなく、プロシモ（隣人）を大切にし、仕えることによって「神へのご大切」を証するのだと教えます（『祈りの旅』40頁）。なお、「丸血留」とはポルトガル語のマルチル Martir の当て字で、殉教（者）を指します。日本における「殉教」「殉教者」の言葉の使用については、一八七八年（明治一一年）が最初の事例とみるようですが（『キリシタン史』161頁）、それまではラテン音訳の「マルチル（殉教）、マルチレス（殉教者たち）、マルチリオ（殉教者）」や「致命聖人」などの意訳が用いられていました（『殉教研究』8頁）。

ただし、これらの殉教文学よりも実際の殉教に際して影響力をもったのは、「ローマ帝国の原始教会における殉教者達の生涯を記した聖人伝」だとする説もあります（『概説キリシタン史』170頁）。いずれにしても、キリシタン時代、殉教願望は、宣教師のみならず、日本の信徒まで広がっていたのです（『殉教』192頁）。

キリストの御受難にあやかって

もう一つ、注目したいのは、キリシタンたちにイエスの御受難がよく理解されていたという事実です。元々、イグナチオの『霊操』は、罪の考察と痛悔から始めて、イエス・キリストの全生涯を黙想できるように構成されており、キリストの受肉、神の国の宣教、キリストの受難と十字架の死を経て、復活するまでを黙想します。ところが、『スピリツアル修行』では、三部四編の構成のうち、第二部は「御パシヨンの観念」と「四福音書より編纂されたキリストの受難録」の二編を占め、しかも、「御パシヨンの観念」の国字写本は、キリストの受難の黙想を含む第一部「ロザリヨの観念」とともに「キリシタンたちに愛読され、個々の信仰生活を支えた」とされます（『新カトリック大事典』第三巻、539頁）。つまり、キリシタンには、宣教師ばかりでなく、『スピリツアル修行』などの霊的書物を通してカトリックの正統信仰が伝わっていたことは確実視できますが、おそらく、キリストの復活についての黙想や復活信仰を中核とするよりは、イエスの御受難にあやかりたい、という想いがその信仰生活の基調をなしていたのではないかと想像されるのです。

これについては、殉教思想に詳しい哲学者の佐藤吉昭氏が次のように考察しています。日本に伝えられたキリスト教では、一六世紀当時の西欧の神学思潮を反映して、キリストの受難と古代キリスト教殉教者が模範として仰がれていた。それが殉教神学として殉教を実践するための手引きとなった可能性がある。他方、西欧における宗教改革運動のエネルギーともなった、「受難のキリストと古代殉教者への追体験を根底にした、信徒の自主的で熱烈な、しかもある種、感傷的な敬虔思想、信心業の成果」とみることもできる。いずれにせよ、西欧の神学および信心業が日本での殉教を鼓舞したと同時に、宣教師による日本の殉教報告は西欧の教会を賛嘆させ、「いわば東西間の思想的大環流」が行われていたのではないか、という見立てです（『殉教研究』34–35頁）。これは非常に重要な指摘だと思われます。

殉教者に復活への希望はあったのか

もちろん、殉教者たちの心に復活への希望がなかったというわけではないでしょう。その証左の一つとして、一五八九年のイエズス会準管区長ガスパル・コエリョの書簡が挙げられます。秀吉の追放令に屈せず、信仰を貫いたために大領地を失い、追放の身となった右近は、苦難の最中でさえ「以前よりも満足した様子で、嬉々としており」(『生涯』393頁)、「顔は晴れ晴れとしていたので」(『ユスト』124頁)、その「快活さ」にパアデレたちも驚嘆したと伝えます。併せて、「彼は実にその生命までも、我らの主なるイエス・キリストのためにささげる確固たる希望のうちに生きている」(『史話』237頁)と記しています。

驚くべきことに、キリストのために領国を失うことは、右近にとって大したことではなかったのです。ここに、パウロの書簡の言葉「キリストのゆえに、わたしはすべてを失いましたが、それらを塵あくたと見なしています」(フィリピ3・8)という感慨がこだましているようにもみえます。パウロがイエス・キリストを知ることのあまりの素晴らしさに思わず全てを手放してしまったのと同じことが、右近にも起こったに違いないのです。そして、苦難の最中でもいや増していく右近の「快活さ」は、彼が信仰において既にキリストの復活の喜びに浴しているとまでは断定できなくても、少なくとも、復活への確かな希望をうかがわせるものではないでしょうか。

それを裏付ける右近自身の言葉が残されています。秀吉の追放令下でも信仰を捨てないことを家臣たちに伝える中で、自分はあなた方の忠誠に対してこの世で報いてあげることはもはやできない身分になるけれども、「予は、限りなく慈悲深いデウスのみ手が、その栄光のみ国において、永遠で完全な報いをそちたちに与え給うことを信じている」と「喜びあふれる晴れやかな面持ちで語ったので」した（「プレネスチーノ書簡」『生涯』358－359頁）。

さらに、追放の地マニラで死ぬ前には、「私の死後、見てください。それら（神の御名に栄光を帰すために行ったわざ）は、いっそう大きくなるでしょう」と言い残し、「予はわが主にまみえ、喜ぶためにすぐにでも旅立つことを望んでいる」（『生涯』609頁）と語ったと伝えられています。つまり、死んでそれでおしまい、ではなく、死してなお新しい命が永続することを予感し、死の先で主イエス・キリストに会えることを確信していたこと、言い換えれば、天国への希望や救霊の確信を抱いていたと考えられるのです。

また、右近がオルガンティーノ神父らに語った次の言葉からは、右近の殉教観がはっきりと読み取れます。「世界の教会は、殉教者の死によって高められてきました」、「神は、ささげられたいのちを受け入れ、必ず日本の教会の礎としてくださいます」（「一五八七年度日本年報」『ユスト』121－122頁）。実は、教皇シクストゥス五世は後述する右近への励ましの書簡の中で、キリスト教が殉教の証によって広められてきたことを綴っているのですが、それが右近の手に届くのは一五九二年のことなので、それ以前に右近が同様の確信を抱いていたことは特筆に値します。

それでも、キリシタンたちが復活よりはイエスのご受難に心を寄せていたという事実は、迫害下での信仰を特徴づける、看過できない重要なポイントだと思われます。苦しむイエスと共に私も苦しむ。苦しむ私のためにイエスも共に苦しんでいる。このようなイエスとの一心同体的な苦しみの連帯感。さらには、苦しむキリストの肢体の一部として私も一緒に苦しんでいる。すなわち、苦しむキリシタンの仲間と皆一緒に苦しんでいる。そうしたキリストの体である教会共同体との連帯感。迫害下という極限状況でキリシタンたちがこうした特別なイエスとの絆を、さらには教会との絆を実感し、苦しみの中でイエスと一つになること、教会共同体と一致することの意味を極めて深いレベルで、ひときわ強烈に体験していたとしても不思議はありません。

コンチリサンはマルチリヨに通じる？

ただし、先述した「コンチリサン」の思想は、尾原氏の解釈によれば、肉体の生命を捧げて愛を証しするマルチリヨ（殉教）とその本質を同じくするものです。なぜなら、マルチリヨとは、キリストのクルス（十字架）に現われた「ご大切」を証しすることですが、「コンチリサン」はキリシタン迫害という極限状況下でクルスにおける「ご大切」を生き抜く愛のしるしだからです。マルチリヨにとっては、パッシヨ（受難）の後にパライゾ（天国）が与えられるわけではなく、クルスに「ご大切」がある限り、よみがえりと永遠の命があるのだから、クルスそのものがゴロウリア（栄光）であった。それと同じように、潜伏キリシタンにとっても、「コンチリサン」、すなわち、憐れみ深い親なるデウス（天の御父）の愛により、人間の全てをクルスで担ったキリストの「ご大切」に打たれて完全な痛悔を起こすこと。そうして、生命そのものである「ご大切」を生活の中で生き抜くならば、そこに愛がある限り、必ず永遠の命へのよみがえりがある。つまり、パッシヨ・クルスとゴロウリアとの関係は、「時間的・段階的経過ではなく、クルスそのものがキリシタンにとってゴロウリア」であった（『きりしたんの殉教と潜伏』284–290頁）。

尾原氏の研究に従い、キリシタンを内的・霊的に生かしていた「コンチリサン」の思想をこのような趣旨で理解するならば、イエスのご受難への共感と、復活への希望は切り離すことはできず、十字架と復活が不可分であるように、殉教者にとっても、パッシヨの中にグロウリアを見ていた、ということなのかもしれません。

恩寵としての殉教

もう一つ、右近を理解する上で重要な点として、殉教は実に「ベルーフ」、すなわち「召命」であり、神の恵みであることも忘れることができません。第二バチカン公会議の結晶の一つである『教会憲章』四二項では、殉教とは、人類の救いのために進んで死を受けた師に弟子があやかる行為であり、「卓越した賜物、愛の最大の証明」であると述べます。しかも、これを補強するように、「この賜物はわずかの者にしか与えられない」と続け、殉教は、自力で獲得するものではなく、神から授けられる特別な「賜物」であることを強調します。

キリシタンの間で、殉教者は神の御前で最高位の栄光で光り輝くと教えられていたこともあり、右近は元々、殉教への憧れをもっていたようですが、当初、彼の望む殉教は、英雄的に血を流して一瞬のうちに天に召される、いわゆる文字通りの殉教でした。しかし、『祈りの旅』では、たとえ誠実で崇高な決意であれ、殉教は人間の決断によるものではなく、神の恵みによるものであることを知るために、右近はさらにへりくだり、キリストの十字架の道をたどる必要があったと指摘します。いくら望んでもすぐには殉教できないという状況が、右近の動機を純化し、誠にキリストのための愛の殉教となるように導いたのでしょう。右近が自らの意志で殉教したというよりも、神の愛の力が右近を通して働き、神自らが証しされたのだと、同書は解説します（40頁）。

マニラへの乗船少し前に右近は、「予はキリストのために生命を捧げることが許されるほど、大いなる恩寵にふさわしくないことを恐れている」（『生涯』593頁）と語ったと伝えられています。この言葉から、右近が、殉教は神の「恩寵」によるものと悟り、その偉大な恵みに自分は値しないのではないかと恐れる謙遜の境地に達していたことがわかります。

これは右近に限りません。キリシタン関係資料には、「日本人のキリシタン達が壮麗な衣裳を纏い、晴れやかな表情で殉教に臨んだことが頻繁に記されて」います（『概説キリシタン史』169頁）。江戸時代初期の一六二二年、日本最大の殉教といわれる「元和の大殉教」の際、火刑に処せられる殉教者たちの「従容迫らざる態度」に、長崎西坂の見物人たちから「生来の心の強さだけでそのようにできるわけではない」という驚嘆の声があがったとされます（『殉教』199頁）。このように殉教には、キリシタン以外の人たちにも人間業を超える偉大な力が働いていることを実感させずにはおかない超自然的な迫真性があったのです。

口で否と言っても心で諾と言えばよかったのではないか

ところで、殉教を考える際に、浮かんでくる素朴な疑問があります。それは、キリシタンは殉教などしなくても、口ではキリスト教に否と言って、心の中で諾と言えば神に赦されたのではないか、という考えです。事実、右近が秀吉の追放令にひるまず棄教しようとしなかった時、友人たちは、「心の中ではキリシタンでいても、関白殿下のお怒りを招かないように、表向きはキリシタンではないように言えばよい」(『生涯』360頁)と勧めています。右近は彼らの友情に感謝しながらも、これ以上語らぬようにと朗らかな面持ちで答えます。

これについて、教会ではどのように教えていたのでしょうか。実は驚くべきことに、布教の最盛期に殉教を奨励していたイエズス会司祭が、迫害が激化する時期には、外見上信仰を捨てるふりをしても、後で告解すれば赦されると教えていたというのです(『殉教』47頁)。

これについて、キリシタン史学者の浅見雅一氏は貴重な史実を紹介しています。カトリック教会の信仰告白の原則は、次のイエスの言葉に根拠があります。「人々の前でわたしを知らないという者は、わたしも天の父の前で、その人を知らないと言う」(マタイ10・33)、「人々の前でわたしを知らないと言う者は、神の天使たちの前で知らないと言われる」(ルカ12・9)。これに基づけば、いかなる状況でも信徒は信仰を公に告白すべきである、ということになります。

また、浅見氏は、殉教の模範として前述のエレアザルの事例を挙げます。エレアザルは、表向きに異教を受け入れたふりをすればよいという勧めを断りますが、それは「高齢の自分が生命を惜しんだと思われて若者達に悪影響を及ぼす」ことを避けるためでした。つまり、表面的には棄教を装い、内面的には信仰している、というダブルスタンダードは許されない、という解釈です。

ところが、イエズス会の日本準管区長ペドロ・ゴメスは、これを承知の上で例外規定を設けたというのです。それは、迫害者がキリシタンを殺害するために信仰を問いただす場では、「罪なくして信仰告白を回避できる」という教えです。公には信仰を否定したとしても、事後に告解すれば赦されるのだから、「徒らに生命を落とすべきではない」と説いていたといいます。このゴメスの殉教書（日本語）は、一五九八年に長崎で印刷されており、それがどのくらいキリシタンの間で読まれていたかはわからないものの、キリシタンの表向きの棄教を正当化する勧めが宣教者側から発信されていたという事実がありました。しかも、迫害者側にもキリシタンの徹底的な取り締まりを避け、表向きの棄教で見逃そうとする向きがありました（『概説キリシタン史』165–172頁）。

それにもかかわらず、殉教するキリシタンがいたという事実は驚愕に値します。彼らは殉教することを自ら自由に選んだということです。迫害の嵐が激化する中、棄教を迫る拷問の方法も桃山時代から江戸時代にかけて残虐性を増し、左耳の切断、斬首からやがて磔、熱湯地獄、火あぶり、水責め、穴吊りなど凄惨を極めていきました。殉教者本人には栄光を味わわせないように苦しみを長引かせ、じわじわと心理的に苛んでいく。民衆にはグロテスクな死に様を見せしめにして、耶蘇教が邪教であるとの嫌悪感・恐怖感を植え付ける意図もありました。それでもなぜ彼らは殉教に赴いたのか――。殉教者たちの極めて深い精神性と神の偉大な恩寵という側面に現代人はもっと多くの関心を寄せる必要があるのではないでしょうか。

殉教は命の軽視なのか？

ローマで天正遣欧少年使節（一五八二）を迎えた時の教皇シクストゥス五世は、秀吉のキリシタン禁令発布と、日本のキリシタンの代表的人物である右近の追放の報を受けて、一五九〇年、右近宛てに激励の書簡を送りました。現存するのは控えのみですが、ここで教皇は、右近の「追放という境遇」を殉教として捉えています。この書簡ではいみじくも「見た目にはいのちが軽んじられるような殉教という証」によってキリストの教えが広められたと記しますが、まさしく、命を重んじる宗教であるはずのキリスト教が、命を捨てるかにみえる殉教を称揚するというのは、実に奇妙なパラドックスです。

実を言えば、新約聖書の中にイエスが弟子に殉教するよう命令している箇所は見出せません。しかし、ローマ帝国によるキリスト教迫害下で古代教父は、「わたしのため、また福音のために命を失う者は、それを救うのである」（マルコ8・35）というイエスの言葉を「受難の模倣と殉教の要請」として理解しました（『新カトリック大事典』第三巻、256頁）。

このことを考える上で、聖書の「いのち」の概念について確かめる必要があります。聖書学者の大貫隆氏によれば、新約聖書の原典ギリシア語では、「いのち」を表す二つの単語が用いられています。わかりやすい箇所では、ヨハネ福音書に「自分の命を愛する者は、それを失うが、この世で自分の命を憎む人は、それを保って永遠の命に至る」（12・25）とあり、ここで「自分の命」には「Ψυχή（psychē）プシュケー」、「永遠の命」には「Ζωή（zōē）ゾーエー」という単語が使われています。大貫氏の解説に従えば、プシュケーは「衣食住によって生きている自然的・身体的生命」を表し、ゾーエーは「神から備えられている終末的賜物・超越的な命」を指します。

この区別は優劣や序列ではなく、両者は不可分に結びついているという理解を前提としますが、殉教は、身体的なプシュケーを捨てて超越的なゾーエーを得ることであるといえます。プシュケーを失うことによって、この世における自我は死にますが、ゾーエーを得ることによって、永遠の命において自己は生きる。これが霊魂を救うプロセスだと理解することもできそうです。

聖書には、「神は、その独り子をお与えになったほどに、世を愛された。独り子を信じる者が一人も滅びないで、永遠の命（ゾーエー）を得るためである」（ヨハネ3・16）とあります。天の御父の愛は、御子キリストを通して、人間をゾーエーに導くことを望んでおられる。誰一人滅びず、全ての人がゾーエーを得ること。これがキリストの受肉の究極の目的であることがここに開示されます。この御言葉は、ゾーエーの命が、神の愛しておられる現世を遥かに超える究極の価値をもつことを如実に表しています。そうであれば、殉教も、プシュケーを捨てること自体が目的ではなく、ゾーエーのあまりの素晴らしさに魅了された人にとっては、プシュケーとプシュケーにまつわるこの世的な事象が大した重みをもたなくなることの帰結ではないかと思われます。しかし、そこで見落としてはならないことがあります。それは単に、ゾーエーの価値とプシュケーの価値を比べて、ゾーエーの方が永続的で値高いから、価値あるものの方を選び取る、というような理念的なことではなく、イエス・キリストのあまりの素晴らしさに惹きつけられ、魂を奪われた結果として、イエスと何もかも共にしたい、イエスと同じ人生を歩みたい、イエスと苦楽を分かち合い、イエスと同じ命を生きたい、イエスと一体化したい、という魂の望みが根本にあります。ですから、殉教は自分を痛めつけたり、体を卑しめたり、命をおろそかにすることを目的としたものではありません。だからこそ、殉教を聖化するのはその意向なのです。

前述の教皇シクストゥス五世の書簡は「あなたは天の国の富を得ることになるでしょう」と締めくくられていますが、この世の価値を遥かに超える、より高次元の価値に実存的に惹きつけられていなければ、殉教は人間の自然性にとって不可能なことです。殉教者の偉大さも、プシュケーの生命を超えるゾーエーの超越的価値に魂のまなざしを開くことによって初めて理解できるものなのでしょう。

信仰以外の次元に還元できない殉教

ここまで日本のキリシタンの代表格の一人、福者・高山右近の生き方を貫く特徴的な要素をみてきました。その結果、右近の人生は、司祭・修道士との連携協力、ミサをはじめ秘跡を中心とする教会の構築、世界の教会とのつながり、ミゼリコルディアによる共同体づくりと愛の実践、霊的読書とスピリツアル修行による祈りの励行、茶道と武士道という日本文化との融合、などの点で卓越していたと同時に、それらが人格の中に統合されていたことがわかりました。

そうした生き方を極めていく過程で、古巣が「降りていく人」として描き出すように、まさに右近はこの世で有利な立場に生まれついていたにもかかわらず、キリストのゆえに全てを失い、神の子でありながら十字架の死に至るまで御父への愛に応えたキリストに倣いました。ところが、そうした徹底した自己無化（ケノーシス）の下降線は、キリストと共に復活し、永遠の命へと続く上昇線に切れ間なくつながっています。右近は十字架の死ばかりでなく、復活の栄光に至るまで、キリストと一致したに違いないのです。

それはなぜかと言えば、右近の全存在がイエス・キリストへの愛に燃え上がっていたからです。右近が自らの命を惜しまずに捧げ尽くすことができたのは、キリスト教の教義に心酔したためではなく、イエス・キリストと人格的に出会い、根源的な神の愛を実存の深みで体験したからに他ならないでしょう。これは右近に限ったことではありません。殉教は結局、愛からしか理解することができない、愛ゆえの愚かしい行為であり、神と実存的に一致したからこその、神の愛に応える人間の愛の極致だったのです。ところが、十字架に現われた神の愛に自由に応えた結果、喜んで死に赴いた殉教者の信仰は、宗教に「魂の救い」よりも「心の癒し」を求める現代人にとっては恐ろしく、極端にもみえ、理解しがたいものに映るかもしれません。

この点、日本人のキリスト教観に大きな影響力をもつ遠藤周作氏は殉教をどのように捉えていたのでしょうか。言うまでもなく遠藤氏は、棄教者・背教者など、いわゆる「転び者」の心理に寄り添い、現地調査と資料精読を重ねた上で入魂の傑作『沈黙』を世に送るなど、文学者として弱者の救いを真摯に追究した偉大な作家です。遠藤氏は殉教者になれなかった弱者に光を当てる一方で、殉教者に虚栄や狂気しか認めない近代合理主義には反撥しており、殉教者の崇高な勇気を信仰以外の次元に還元する人間観を斥けつつ、殉教を否定するどころか、殉教者に憧れと畏敬の念を表することをためらいません（『切支丹の里』20頁）。遠藤氏はまさに、「告解室で秘跡を通して出てきた時のあの生まれかわったような悦びを、再生の幸福感を」（同131頁）知る人なのです。

現代人は殉教者から何を受け継ぐのか

それでは、カトリック教会の殉教者崇敬を通して、現代人は殉教者から何を受け継ぐのでしょうか。ここで想起されるのは、カトリック教会で絶えることなく受け継がれてきた修道生活の歴史です。西方教会における修道制度の創設は六世紀に遡りますが、殉教か棄教かの二者択一を迫られる禁教時代には存在しなかったことから、修道生活は形態の異なる一種の殉教であり、殉教の精神の体現であると伝統的に理解されてきました。修道生活は福音的勧告に関する公的誓願を立てた者が行いますが、その本質において、神の愛が真の救いであることを人格的に体験したところからスタートします。殉教の本質も結局は神の愛こそが真の救いであることを命懸けで証明することだといえるでしょう。「友のために自分の命を捨てること、これ以上に大きな愛はない」（ヨハネ15・13）。イエスは十字架に架けられる前夜、最後の晩餐の席で弟子たちにこのような遺言を残しました。それは誰よりもまず、イエス自身のことであったでしょうが、そのイエスを完全に模倣した殉教者は、イエスのために命を捧げることによって神への最大の愛を証した人たちであると言い切ってよいのです。

一九八一年、歴代教皇の中で初めて来日した聖ヨハネ・パウロ二世教皇は、長崎・西坂の日本二六聖人記念碑前で、「私はこの殉教者の丘で、愛がこの世で最高の価値をもつことを、高らかに宣言したい」と語りました。殉教は福音の精神の体現であり、殉教によって「愛は死より強いことを証明しました」。だから、私たちも神への愛と隣人への愛に基づいて生涯をつくりかえるように、というメッセージを発しました。

同時に教皇は、殉教が「復活したキリストに基づく希望のしるし」であることにも私たちの目を開かせました。その響きは、二〇一九年に長崎・西坂公園を表敬訪問したフランシスコ教皇のスピーチにもこだましています。「まがうことなくこの聖地は、死についてよりも、いのちの勝利について語ります」。そう述べると、殉教の地を「何よりも復活を告げる場所」と宣言しました。確かに、命を賭して守り抜いたキリシタンの信仰の礎には、いかなる事態によっても、どのような被造物によっても、「わたしたちの主キリスト・イエスによって示された神の愛からわたしたちを引き離すことはできない」という確信（ローマ8・38–39）に基づく永遠の命への揺るがない希望があったに違いありません。愛には死を超える永遠至上の価値がある。ここに何ものによっても奪われ得ない絶対的な希望がある――それが殉教者から現代に生きる私たちへのメッセージではないでしょうか。

今日の日本においてカトリックの信仰を伝える意義は、まさにここにあります。神の限りない愛と復活への揺るぎない希望。この福音を自由に宣教することができることの恩恵を噛みしめながら、より大いなる喜びへと迎え入れてくださる神に祈りたいと思います。禁教下で神のために命を捧げた殉教者の生き方が、非キリスト教社会の中で福音的価値の実現を目指す現代のキリスト者の道標となり、福音を生き抜く自由と喜びに浴した殉教者の精神に倣うことができますように。どのような人生においてもおそらくそうした機会があり、日常的に遂行可能な「隠れた殉教」を通して、神の限りのない愛から溢れる永遠の命への希望を証していくものとなれますように。

カトリック教会の典礼暦における「殉教者の記念日」のミサ入祭唱は、私たちをこうした希望へと招いています。

「キリストを信じ、キリストの愛のために命を捧げた殉教者は、天の国でキリストともに終わりなく喜び歌う」。

主要参考文献

青山吉信『聖遺物の世界――中世ヨーロッパの心象風景』山川出版社、一九九九年

秋山聰『聖遺物崇敬の心性史――西洋中世の聖性と造形』講談社、二〇〇九年

浅見雅一『概説 キリシタン史』慶應義塾大学出版会、二〇一六年

イグナチオ・デ・ロヨラ『霊操』門脇佳吉訳、岩波書店、一九九五年（Ignace de Loyola, Texte autographe des Exercices Spirituels et documents contemporains, 1525-1615)

海老沢有道『高山右近』吉川弘文館、一九八九年

海老沢有道『スピリツアル修行――キリシタン研究』教文館、一九九四年

海老沢有道・井手勝美・岸野久編『キリシタン教理書』教文館、一九九三頁

遠藤周作『切支丹の里』中央公論社、一九七四年

大貫隆『聖書の読み方』岩波書店、二〇一〇年

大貫隆他編『キリスト教辞典』岩波書店、二〇〇二年

大橋幸泰『潜伏キリシタン――江戸時代の禁教政策と民衆』講談社、二〇一九年

尾原悟『きりしたんの殉教と潜伏――キリシタン研究』教文館、二〇〇六年

片岡弥吉『日本キリシタン殉教史』時事通信社、一九七九年

加藤美紀『生きる意味の教育――スピリチュアリティを育むカトリック学校』教友社、二〇二〇年
河合隼雄「隠れキリシタン神話の変容過程」『こころの最終講義』新潮社、二〇一三年
川村信三編『キリシタン歴史探求の現在と未来』キリスト教史学会監修、教文館、二〇二一年
教皇ベネディクト十六世回勅『神は愛』司教協議会秘書室研究企画翻訳、カトリック中央協議会、二〇〇六年
共同訳聖書実行委員会『聖書 新共同訳』日本聖書協会、一九八八年
髙祖敏明編『潜伏キリシタン図譜』潜伏キリシタン図譜プロジェクト実行委員会、かまくら春秋社、二〇二〇年
五野井隆史『日本キリスト教史』吉川弘文館、一九九〇年
佐藤吉昭『キリスト教における殉教研究』創文社、二〇〇四年
時空旅人編『潜伏キリシタンの真実』三栄書房、二〇一八年
下園知弥・宮川由衣編『宣教師とキリシタン――霊性と聖像のかたちを辿って』西南学院大学博物館、二〇二一年
上智学院新カトリック大事典編纂委員会編『新カトリック大事典』第一巻（ア〜カラ）・第二巻（カリ〜シモ）・第三巻（シャ〜ハキ）、研究社、一九九六年・一九九八年・二〇〇二年
高木一雄『東北のキリシタン殉教地をゆく』聖母の騎士社、二〇〇八年
高瀬弘一郎『キリシタン時代の研究』岩波書店、一九七七年
高橋哲哉・菱木政晴・森一弘『殉教と殉国と信仰と』白澤社、二〇一〇年
只野淳『みちのくキリシタン物語』春秋社、一九九〇年
谷真介『キリシタン大名 高山右近』女子パウロ会、二〇一一年
H・チースリク『キリシタン史考――キリシタン史の問題に答える』聖母の騎士社、二〇〇九年
H・チースリク『高山右近史話』聖母の騎士社、一九九五年
X・L・デュフール他編『聖書思想事典』Z・イェール翻訳監修、小平卓保他訳、三省堂、一九九九年
ドン・ボスコ編集部『高山右近 歴史・人物ガイド――その霊性をたどる旅』ドン・ボスコ社、二〇〇〇年
日本カトリック司教協議会列聖推進委員会編『右近と歩む祈りの旅――ユスト高山右近の列聖に向けて、八日間の黙想』カトリック中央協議会、二〇一六年

日本カトリック司教協議会列聖推進委員会編「ユスト高山右近帰天四〇〇周年記念シンポジウム講演集――ユスト高山右近の信仰を育んだ霊操」カトリック中央協議会、二〇一六年。（アントン・ウィットワー「現代の教会と社会に対する右近の殉教の使信の重要性」、川中仁「高山右近と霊操――高山右近とイグナチオ・デ・ロヨラの霊操の精神」、溝部脩「キリシタン時代の霊性」）
『日本語対訳 ギリシア語新約聖書〈四〉ヨハネによる福音書』川端由喜男訳、教文館、一九九五年
日本一八八殉教者列福調査歴史委員会『キリシタン地図を歩く――殉教者の横顔』ドン・ボスコ社、一九九一年
東馬場郁生『きりしたん受容史――教えと信仰と実践の諸相』教文館、二〇一八年
古巣馨『ユスト高山右近――いま、降りていく人へ』カトリック司教協議会列聖列福特別委員会監修、ドン・ボスコ社、二〇一四年
宮崎賢太郎『潜伏キリシタンは何を信じていたのか』KADOKAWA、二〇一八年
安高啓明『踏絵を踏んだキリシタン』吉川弘文館、二〇一八年
山本博文『殉教 日本人は何を信仰したか』光文社、二〇〇九年
ヨハネス・ラウレス『高山右近の生涯――日本初期キリスト教史』溝部脩監修、やなぎやけいこ訳、聖母の騎士社、二〇一六年
ルイス・フロイス『完訳フロイス日本史〈四〉秀吉の天下統一と高山右近の追放』松田毅一・川崎桃太訳、中央公論新社、二〇〇〇年
市瀬英昭「アンティオキアのイグナティオスにおける殉教理解――その聖餐観へ接近するために」南山大学人文学部キリスト教学科編『南山神学』三八号、二〇一五年、八五―一〇八頁
カトリック中央協議会「殉教地西坂と日本二十六聖人記念館を訪問」一九八一年二月二六日、https://www.cbcj.catholic.jp/catholic/pope/johnpaulii/popeinjp/martyr/（二〇二三年五月二四日閲覧）
カトリック中央協議会「日本における殉教者、今日的意味とその位置づけ」二〇〇八年、https://www.cbcj.catholic.jp/catholic/saintbeato/kibe 一八七 /mean/（二〇二三年五月二三日閲覧）
カトリック中央協議会「教皇の日本司牧訪問 教皇のスピーチ 殉教者への表敬 長崎・西坂公園」二〇一九年一一

月二四日、https://www.cbcj.catholic.jp/2019/11/24/19820/（二〇二三年五月二四日閲覧）
川村信三「『こんちりさんのりやく』の成立背景と意義──キリシタンの精神的支柱としての特異性」『青山学院女子短期大学総合文化研究所年報』第九号、二〇〇一年、九七–一二六頁
佐藤泰彦「殉教者を顕彰することの今日的意義とその問題点」同志社大学一神教学際研究センター編『一神教世界』第七号、二〇一六年、四一–五七頁
トロヌ・カルラ「日本の殉教者の歴史的記憶と宗教的アイデンティティ」京都大学現代キリスト教思想研究会編『アジア・キリスト教・多元性』第一七号、二〇一九年、二三–三四頁

あとがき

「一粒の麦が地に落ちて死ねば、多くの実を結ぶ」（ヨハネ12・24）

本書は、仙台白百合女子大学カトリック研究所が主催した講演会の中から、キリシタン研究に関する講演を採録し、併せて、二〇一六年、本研究所所員の高橋陽子氏と川上直哉氏を中心に立ち上げた東北キリシタン研究会の成果の一端をまとめたものです。

第Ⅰ部では、キリシタン全般に関わる講演録を掲載いたしました。巻頭は、上智大学キリシタン文庫所長を経て上智大学理事長などを歴任された髙祖敏明氏による『潜伏キリシタン図譜』に贈られた二〇二一上智大学コムソフィア賞授賞式記念講演のダイジェストです。消滅寸前、散逸の危機にある潜伏キリシタンの文化財を五年がかりで全国を巡って掘り起こし、信仰者の生き方を浮き彫りにした、英訳付きの稀有な学術的記録として、図譜が後世への希望の遺産であることが理解できます。

日本近世史研究の碩学、平川新氏は世界史の大航海時代と日本史の戦国時代がいかにクロスしていたかについて、戦国時代から江戸時代初期にかけてのキリシタンを巡る歴史に光を当てて描出します。ヨーロッパ列強の宗派間・国家間の対立をはらむ植民地政策と世界侵略、ザビエルの布教の背景、キリシタンが激増した要因、豊臣秀吉のバテレン追放令と朝鮮出兵、徳川家康の鎖国政策、伊達政宗の遣欧使節の真相に触れ、「帝国」としての日本の立ち位置から歴史の謎に迫ります。

キリシタン史・日欧交渉史研究を牽引する川村信三氏は、二〇一七年にローマで開催された日本・バチカン国交樹立七五周年記念シンポジウムでの講演「なぜ潜伏キリシタンがカトリック教会の信仰を表現したエッセンスを紹介します。この中で、潜伏キリシタンが二五〇年存続できたか」の「東洋の奇跡」は、「コンフラリア（信徒組織）」、「バスチャンの予言」、「こんちりさんのりやく」の三つのキーポイントによって可能となったことを興味深い歴史資料に基づいて説得的に解き明かします。

遠藤研究の第一人者である山根道公氏は、遠藤作品が描くテーマを現代の日本人が背負う魂の問題として解釈し、人間の営みを日常の「生活の次元」と命の源・魂の故郷とつながって生きる「人生の次元」に分けて捉え、信仰や殉教の問題を紐解きます。また、支倉常長をモデルにした代表作『侍』を取り上げ、同作品に投影された自伝的要素を指摘し、天の住人が人生の旅路であえぐ人間を助ける「聖徒の交わり」というカトリック信仰の観点から遠藤文学の本質を鋭く洞察します。

第Ⅱ部では、東北キリシタン研究会の成果の一端をご紹介しました。

東北キリシタンを祖先にもつと思われる歴史愛好家の高橋陽子氏は数多くの講演の中から二つの講演録を収めました。前者では、かつて『宮城県民新聞』に「キリシタン聖地」として掲載された岩手県の旧大津保村のキリシタンの足跡を掘り起こし、それらが地域独自の文化として大切に継承されている様子を描き出します。後者では、福者甘糟右衛門と共に殉教した松木一族に関する資料を紐解きます。また、米沢北山原の殉教を報告した宣教師パウロ神父の足跡を通して、仙台藩の禁教、殉教の経緯を辿ります。また、パウロ神父が捕縛後に収監された江戸の牢屋敷にみる信仰の強さ、尊さ、人間の美しさを現代の視点から著しています。アンゼリス神父、フェレイラ神父、千々岩ミゲルの事跡など興味深い歴史も紹介しています。

女性史研究家の佐藤和賀子氏は、キリシタン遺跡のある宮城県米川村の村議に、戦後初の女性議員の一人として選出された沼倉たまきの生涯を紹介し、彼女が創刊して一五年間発行された米川新聞に掲載されているキリスト教関連記事を取り上げ、米川地区の後藤寿庵墓碑や集団洗礼等に触れながら、戦後の米川地区の人々に隠れキリシタンの精神が息づいていたことを論述しています。

キリシタン美術に造詣の深い佐藤芳哉氏は、これまで注目される機会の少なかった福島キリシタン史に光を当て、キリシタン関連とされる興味深い資料と遺物を根拠として、大名・蒲生氏郷の入信に始まる宣教と迫害と殉教の歴史に接近するとともに、会津の鶴ヶ城ゆかりの洋風画《泰西王侯騎馬図屏風》が会津に伝来した経緯を紐解くことによって、当時の国際情勢と制作の政治的・外交的意図を考察しています。

東北の被災支援を牽引する神学者の川上直哉氏は、慶長遣欧使節を描いた小説や戯曲、漫画をピックアップし、それらの作品が物語る支倉常長の対極するイメージを「黒い常長」「白い常長」と二項対立的に対置させて補完的に描出することによって、キリシタン文学を通貫する、キリスト教として到来した「西洋」と「日本」の「どちらが勝つか」という「黒船の問」を突破する可能性を秘めた、魅力的な解釈を提示しています。

なぜ、今、キリシタンなのでしょうか。キリシタン研究は一九七五年をピークとして、七〇年代に興隆した後、一時下火になったものの、二〇〇〇年代には新たなステージに入ったといわれ、ここ数年は研究の機運が緩やかに高まりつつあるようです。キリシタンについては、日本を代表するカトリック作家、遠藤周作氏の傑作『沈黙』（一九六六）を刊行五〇年を経てハリウッドで映画化したマーティン・スコセッシ監督の『沈黙──サイレンス』（二〇一六）、「長崎と天草地方の潜伏キリシタン関連遺産」の世界文化遺産認定（二〇一八）などを巡って、一般社会においても関心が払われ、新聞・テレビなどマスコミに取り上げられることも少なくありません。

同時に、キリシタンは、通俗的・観光的なイメージ、あるいは、文学の主題、または歴史学の研究では解釈やトーンが多様に異なるテーマでもあります。潜伏期の謎を解明し、その真相に迫ろうとする立場でも様々です。二世紀以上にも及ぶ禁教政策下で日本の伝統的宗教を装い、密かに独自の信仰形態を伝承した潜伏キリシタン特有の文化、厳しい迫害の中で信仰を証するために命を散らした殉教者の悲劇とロマンの歴史、背教者・棄教者の知られざる心理、キリシタン弾圧の実態など、どこに焦点を当てるか、どの角度からみるかによっても印象は大きく分かれます。

その中で、カトリック教会が描くキリシタン史は、護教目的ゆえに美化されているという批判もないわけではありません。いわゆる「銃と十字架」で、植民地政策と布教活動をセットで捉え、キリシタン時代の宣教師を本国ポルトガルとスペインによる征服戦略の手先とみなす見解もあります。そうした誤解を招く要因として、カトリック教会がある時期、国家の歪んだ植民地政策のもとで原住民の人権を侵し、土着の文化を破壊するような、犯罪に等しい布教を行った事実が挙げられるでしょう。この誤った布教は教会内部でも深刻に問題視されたからこそ、過去の過ちに対する真摯な反省の上に立ち、特に第二バチカン公会議を機に、他宗教や異文化との共生を目指す新たな宣教路線に転換してきました。

それにしても、キリシタン時代の宣教師の多くは、神の国の実現を目指して人々の「魂の救い」「霊魂の救済」のために宣教したことを覚えていたいと思います。キリシタン大名にしても、そのすべてが海外貿易や軍事的援助など政治的・物質的利益と引き換えに外見上の信仰を装ったわけではありません。キリシタン時代という世界史上稀にみる特殊な状況において、キリシタンになった大名が、武士が、民衆が、「これこそ我が人生の光だ」と感じる瞬間は本当になかったのか。彼らのコアとなる信仰体験など決してなかったと断言できる根拠はないのです。慟哭の時代を生きたそれぞれが真摯にキリストを探し求めた過程がこの特筆すべき歴史の一部を形づくった。その中核には、時代的・社会文化的制約によって損なわれることのない純粋な信仰の光が輝いている。その光を受け継いで、信仰の灯を燈し、次世代へとつないできた人たちがいるからこそ今日の教会がある。そう思わずにはいられません。制度としての宗教に懐疑の目が向けられ、カトリック信仰の勢いも表に見えにくい今の日本にあって、そのことをカトリック大学のカトリック研究所からカトリックの修道者として伝えないわけにはいかないという使命感を覚えます。

本書に掲載したキリシタンに関する論考が読者の皆様にとって、苦難を乗り越え、希望を見出すための励ましとなり、一人の例外もなく人格の尊厳と自由を尊ぶ世界を再創造するための一助になれば幸甚の至りです。

本書の刊行に当たり、ご執筆いただきました先生方には多大なご尽力を賜りましたこと、心より御礼申し上げます。先生方が本研究所を通して貴重な業績の一端を惜しみなくご紹介くださらなければ、本書が日の目を見ることはありませんでした。先生方お一人おひとりに深く感謝申し上げます。

また、教友社の阿部川直樹社長は「近年、ＳＮＳ等で復古主義の論調が強まっており、キリシタン迫害を正当化する言説も多くなりました。そんな中、専門家によるキリシタン関連のご講演は、大変意義深いものです」と本書の趣旨をご理解くださり、出版のために終始温かいご配慮を賜りました。そして、榎本デザイン事務所の榎本幸弘社長は、いつも誠心誠意、素晴らしいデザインの表紙・カバーを製作してくださいました。ここに厚く御礼申し上げます。

最後に、本書の刊行のためにご協力いただきました仙台白百合女子大学とカトリック研究所所員、図書館職員の皆様、特に、万全の準備で講演会開催に臨み、常に精魂を込めて綿密な編集作業を遂行してくださる浅岡京子氏に心からの謝意を表します。

むすびに代えて、講演会にご参加いただきました皆様と本書をお読みくださいました皆様、そして、キリストの福音のために命を賭けた全ての信仰者のために感謝の祈りを捧げます。

二〇二四年三月一九日　聖ヨセフの祭日

仙台白百合女子大学カトリック研究所所長　加藤　美紀

執筆者紹介（五十音順）

加藤　美紀（かとう・みき）
仙台白百合女子大学カトリック研究所所長（二〇一四〜二〇二三年度）、二〇二四年度より仙台白百合女子大学学長。同大学人間学部グローバル・スタディーズ学科教授。日本カトリック教育学会全国理事。上智大学外国語学部ポルトガル語学科卒業後、日本貿易振興機構ＪＥＴＲＯ（ジェトロ）総合職勤務を経てシャルトル聖パウロ修道女会会員。東北大学大学院教育学研究科博士前期課程修了。上智大学大学院総合人間科学研究科博士後期課程修了。博士（教育学）。単著『〈生きる意味〉の教育――スピリチュアリティを育むカトリック学校』（教友社、二〇二〇年）、単著『アンジェラスの鐘――希望への招き』（オリエンス宗教研究所、二〇二二年）。編著『いのちと霊性――キリスト教講演集』（教友社、二〇二三）。

川上　直哉（かわかみ・なおや）
日本基督教団石巻栄光教会牧師。仙台キリスト教連合被災支援ネットワーク・東北ヘルプ代表。東北学院大学非常勤講師。仙台白百合女子大学カトリック研究所客員所員。神学博士（立教大学）。専門は組織神学、とりわけP.T.フォーサイス及び「現場の神学」。主著『被ばく地フクシマに立って』（ヨベル、二〇一五年）、『ポスト・フクシマの神学とフォーサイスの贖罪論』（新教出版社、二〇一五年）、『活けるキリスト』（ヨベル、二〇二二年）など。

川村信三（かわむら・しんぞう）
上智大学文学部史学科教授（イエズス会司祭）。上智大学キリシタン文庫長。一九五八年神戸生まれ。上智大学、教皇庁立グレゴリアナ大学を経て、米国ジョージタウン大学より博士号（Ph.D. 歴史学）取得。専門はキリシタン史、日欧交渉史、キリスト教史。主な著作として、『戦国宗教社会＝思想史』（知泉書館、二〇一一年）、『ヨーロッパ中近世の兄弟会』（東京大学出版、二〇一四年）、『キリシタン大名高山右近とその時代』（教文館、二〇一六年）、編著『キリシタン歴史探究の現在と未来』（教文館、二〇二一年）など。その他、東京カトリック神学院講師（教会史）。カトリック中央協議会列聖・列福委員会諮問委員、NHK大河ドラマ『軍師官兵衛』キリスト教考証、マルティン・スコセッシ映画『沈黙・サイレンス』歴史監修などを担当。二〇一八年より角川文化振興財団主催（朝日新聞社共催）の「日本・バチカンプロジェクト」の研究部門座長。JAXA宇宙大航海時代検討委員会委員。

髙祖　敏明（こうそ・としあき）

一九四七年広島県生まれ。カトリック麹町聖イグナチオ教会主任司祭。上智大学名誉教授。一九七六年上智大学大学院博士後期課程単位取得。同年より上智大学（助手、講師、助教授、教授）。一九九九年より上智学院理事長（～二〇一八年三月）。二〇一八年より聖心女子大学学長（～二〇二三年三月）。専門は日欧米教育交流史。主著『ルネサンスの教育思想』上・下（共著、東洋館出版社、一九八五～八六年）、『「東洋の使徒」ザビエルⅠ』（共著、上智大学出版、一九九九年）、『プティジャン版集成 解説』（丸善雄松堂、二〇一二年）、『ジョヴァンニ・バッティスタ・シドティ』（監訳・解説、教文館、二〇一九年）、『イエズス会教育の歴史と対話』（共著、知泉書館、二〇二〇年）、『潜伏キリシタン図譜』（共著・発行責任者、かまくら春秋社、二〇二一年）など。

佐藤芳哉（さとう・よしや）

一九九〇年福島県生まれ。公益財団法人諸橋近代美術館主任学芸員。立教大学大学院キリスト教学研究科博士課程前期課程修了。修士（文学）。専門はキリスト教美術、特にキリシタン美術。美術館では主に教育普及活動を担当し鑑賞教育に注力する。会津若松ルネッサンス協議会にて会津若松市周辺のキリシタン史を調査し、『キリシタンと会津――祈りの光と影』調査研究報告書（二〇二一年）作成に協力。

佐藤和賀子（さとう・わかこ）
仙台白百合女子大学カトリック研究所客員所員。仙台白百合女子大学等非常勤講師。東北大学大学院文学研究科博士後期課程修了。博士（文学）。専門は近現代女性史。主要論文「東北六県における女性の政治参画」（鈴木岩弓・田中則和編『講座東北の歴史　第六巻』清文堂出版、二〇一三年）、「軍医坂琢治と妻しまの授産事業――「宮城授産場日誌」をてがかりに」（荒武賢一朗編『東北からみえる近世・近現代』岩田書院、二〇一六年）。

高橋陽子（たかはし・ようこ）
仙台白百合女子大学カトリック研究所客員所員。山形大学文理学部文学専攻卒業。専門は国語国文学。仙台白百合学園中学・高等学校専任教諭及び講師（一九六六～二〇一〇年三月）。

平川　新（ひらかわ・あらた）
宮城県慶長使節船ミュージアム館長。東北大学名誉教授。一九五〇年福岡県生まれ。東北大学大学院文学研究科修士課程修了。専門は江戸時代史。東北大学東北アジア研究センター教授、同センター長などを経て、二〇一二年より災害科学国際研究所の初代所長（～二〇一四年三月）。二〇一四年より宮城学院女子大学学長（～二〇二〇年三月）。二〇二二年より現職。

山根道公（やまね・みちひろ）
ノートルダム清心女子大学教授。遠藤周作学会代表。一九六〇年岡山県生まれ。早稲田大学第一文学部卒、立教大学大学院修了。博士（文学）。一九九八年よりノートルダム清心女子大学キリスト教文化研究所に勤務、二〇一七年より二〇二一年まで副学長。日本文学とキリスト教を研究テーマに遠藤周作等に関する論文、著作を発表。また、遠藤と志を共にする井上洋治神父が日本におけるキリスト教の文化内開花（インカルチュレーション）を目的に一九八六年に創設した「風（プネウマ）の家」運動を共にし、現在も引継ぎ、その機関誌「風（プネウマ）」の編集・発行を担う。『遠藤周作文学全集』全一五巻（新潮社、一九九九～二〇〇〇年）の解題・年譜担当。『井上洋治著作選集』全一一巻（日本キリスト教出版局、二〇一五～一九年）の編者・解題を担当。『遠藤周作事典』（遠藤周作学会編、二〇二一年）共同責任編者。著書に、遠藤周作探究Ⅰ『遠藤周作　その人生と「沈黙」の真実』（日本キリスト教文学会奨励賞、日本キリスト教出版局、二〇二三年）、遠藤周作探究Ⅱ『遠藤周作『深い河』を読む――マザー・テレサ、宮沢賢治と響きあう世界』（同、二〇二三年）『遠藤周作と井上洋治――日本に根づくキリスト教を求めた同志』（同、二〇一九年）。監修に『遠藤周作　366のことば』（同、二〇二三年）他。共著に『文豪ナビ　遠藤周作』（新潮文庫、二〇二三年）他。

東北キリシタン探訪

発行日………2024年3月25日　初版

編　者………仙台白百合女子大学カトリック研究所
発行者………阿部川直樹
発行所………有限会社 教友社
275-0017 千葉県習志野市藤崎6-15-14
TEL047(403)4818　FAX047(403)4819
URL http://www.kyoyusha.com
印刷所………モリモト印刷株式会社

ISBN978-4-911258-03-3 C3016